2018年度宁波市社会科学
学术著作出版资助项目

怎样上好**阅读课**

文本研习·问题探讨·活动体验

高中语文阅读课型研究

纪勇◎著

山西出版传媒集团 北岳文艺出版社
BEIYUE LITERATURE & ART PUBLISHING HOUSE
·太原·

图书在版编目(CIP)数据

文本研习 问题探讨 活动体验:高中语文阅读课
型研究 / 纪勇著. —太原:北岳文艺出版社,2018.12
　ISBN 978-7-5378-5820-5

　Ⅰ.①文… Ⅱ.①纪… Ⅲ.①阅读课–教学研究–高
中 Ⅳ.①G633.332

中国版本图书馆CIP数据核字(2018)第290184号

书　　　名:文本研习 问题探讨 活动体验:高中语文阅读课型研究
著　　　者:纪 勇
责任编辑:曹 韧
助理编辑:薄阳青
装帧设计:张永文

出版发行:山西出版传媒集团·北岳文艺出版社
地　　　址:山西省太原市并州南路57号
邮　　　编:030012
电　　　话:0351-5628696(发行部)
　　　　　　0351-5628688(总编室)
传　　　真:0351-5628680
网　　　址:http://www.bywy.com
经 销 商:新华书店
印刷装订:山西人民印刷有限责任公司

开　　　本:710mm ×1000mm 1/16
字　　　数:300千字
印　　　张:23.5
版　　　次:2018年12月第1版
印　　　次:2018年12月山西第1次印刷
书　　　号:ISBN 978-7-5378-5820-5
定　　　价:78.00元

内容提要

　　新课程改革一直重视学习方式的变革，强调以学生为主体的学习方式创新。"文本研习""问题探讨""活动体验"等学习方式受到专家学者和教材编者的高度关注。语文教材在编排课文时亦按照这些概念来分别处理。然而，作为教材，对这类概念并未做出详细解说，涉及这些课文的具体教学形式也没有明确要求。因为没有明确的指导意见，老师们感到比较迷茫，笔者只能根据自己的理解，进行着自己认为是正确的教学活动。在调研了大量课堂教学之后，再研读相关理论著作，发现不少课堂教学与教材的编写思想有着很大的距离，许多课例与文本研习、问题探讨、活动体验的课堂应有的形式有较大出入。这样的盲目教学，对教学效率的提升颇有影响。我们以此问题为研究对象，力求通过相对集中的文献阅读、课例研究、教学实践，在分析梳理的基础上对文本研习课、问题探讨课、活动体验课的概念界定、课型特点、应用原则、基本模式以及各类文体的阅读教学特点加以阐述，以期对这三种课型有个从实践到理性的深刻认识，对教学实践中遇到的问题有些较为明确的辨析，对教学实践有点积极的指导意义。

　　本书重点研究了四个方面的问题：阅读教学目标、内容选择与阅读教学课型，文本研习课型，问题探讨课型，活动体验课型。梳理了课程标准对阅读教学目标的五方面十二条规定性表述，从学生通用核心素养与学科核心素养的形成角度梳理出阅读教学形成性目标的四个方面：唤醒阅读兴趣，积累阅读方法，养成阅读习惯，形成阅读能力。对阅读课型、文本研习课型、问题探讨课型、活动体验课型进行了概念厘定。总结出文本研习课的三个特点：主体性、限定性、发展性，问题探讨课的三个特点：问题为教学主线，探讨为教学形式，思维为训练重点。活动体验课的三个特点：内隐外显兼具，以内隐性为主；获知陶冶并存，以陶冶为主；活动自悟同在，以自悟为主。总结出文本研习课的两种基本课型：教师诱导型、学生读悟型。活动体验课三种课型：主题型活动体验课，环节型活动体验课，延伸型活动体验课。提出文本研习的三条原则：预设性与生成性相结合的原则，接受性与探究性相结合的原则，显效性与隐效性相结合的原则。文本研习课的"三化（问题明确化，方法具体化，过程细致化）、三重（活动重实效，积累重清晰，应用重创新）、三思（求索要发散，结论要聚合，创思要拓展）"要求。问题探讨课教学的两个要点：引导学生学会发现问题，引导学生思考问题、探究问题。活动体验课要处理好的几组关系：教师与学生的关系，文本与活动的关系，活动与体验的关系。在新课程教学理论的指导下，比较明晰地对三种课型从概念到操作做了体系性构建，明确了教学中的一些似是而非或模糊不清的问题。

关键词：高中语文　课型　文本研习　问题探讨　活动体验

目　录

绪　论

作为人类社会最重要的交际工具、信息载体和人类文化的重要组成部分的语文课，承担着学生核心素养的养育重责。语文奠定着中华民族的人格精神基调。基础教育阶段的语文课，是印染人生底色的课程。不管学生将来从事什么工作，运用语言进行交际的能力，理解信息和传递信息的能力，都将是伴随学生一生的基本因素。正因为这门课程的意义重大，人们对这门课程的期望值也不断提高，提高语文教学效率的呼声一直很强。自吕叔湘尖锐批评"十年的时间，两千七百多课时，用来学本国语文，却是大多数不过关，岂非咄咄怪事"以来，广大语文教育工作者更加孜孜探求、矻矻实践，从理论到实践，都积累了大量的成果，教学效率的提升也是有目共睹的。但是，追求永无止境，困难层出不穷。语文教学的效率，一直是人们探究的重要问题。我们在不断地接近目标，但离目标依然有着不小的距离。

语文课是培养学生核心素养的主要学科，但是，对于核心素养的理解，怎样在语文学科中进行核心素养的培养，大家还一直处于探索状态中。学生丰富的语言积累究竟应该怎样进行，良好的语文学习习惯究竟有哪些，应该怎样培养，学生良好的语感究竟应该怎么优化，怎样引导学生掌握最合适的语文学习方法，怎样在语文教学中突出促进学生思维品质的优化和提升，怎样进行审美熏陶，怎样培养学生的理性思辨能力，怎样提升学生的文化素养，等等，似乎线索很多，条块纷繁，我们怎样整合教学思路，理清教学结构，一直是我苦苦追求的所在。

从大的方面讲，语文课的教学思路，无外乎"阅读"和"写作"两种，实践中，阅读与写作是无法截然分开的。尽管如此，要真正弄清事物的本质，探寻出可以遵循的规律，还是得进行"解剖"，划块切分，细探机理。多年前，有人常讲"语文课是不可捉摸的"。我就不信这个邪，一直追求语文教学的"有可捉摸"。写作有写作教与学的可捉摸之处，阅读有阅读教与学的可捉摸之处。在探索中，我悟出语文学习的基本规律可以用三个词语概括，就是"思考""言说""写作"。养成思考的习惯，对生活、学习中的问题要善于思考，思考和不思考不一样；对思考过的问题，对人言说和不对人言说不一样；对言说过的内容，写作与不写作不一样。对教师而言，思考能力、言说能力与写作能力显得更为重要。教师要以其昭昭使人昭昭，必须经由思考、言说与写作之路。只有把读懂文章之路、写好文章之路弄得透彻，把教学生阅读和写作的规律弄得透彻，才可能进行有效的教学。

新课改倡导新的学习理念，提出了"文本研习""问题探讨""活动体验"等学习方式。这些学习方式到底是怎么回事？怎样教学生运用这些学习方式？我们有必要把它研究清楚，才能有效培养学生运用这些学习方式进行学习的能力。

作为阅读课，从教的角度讲，课本用"文本研习""问题探讨""活动体验"来标识课文，既然这么清楚地标识，则必然意味着他们各自学习的方法有所不同，教的方法也应该有所不同。于是，我们有理由理解为可以用三种基本课型来分别教学这些课文。那么，究竟什么是文本研习课、什么是问题探讨课、什么是活动体验课以及三者之间是什么关系呢？这三种课型究竟有怎样的具体要求，他们之间又有怎样的区别呢？在教学操作实际中，究竟怎样才算达到了要求呢？在广泛的听课研讨活动中，我们发现许多老师都是根据自己的理解，进行着自己认为是正确的教学活动，更多的是不追问什么课型，按照自己原有的习惯进行着千篇一律的教学操作。在交流中也发现，有相当多的老师对于这些新的提法感到疑惑颇多，认为那只是专家学者在书斋里想出来的所谓"新理念"，其实就教学而言，只是换汤不换药。特别是在一些被称之为比赛课、选拔课的影响下，人们的疑惑更多了。有一些课是"做"出来的，是经过众多"高手"包装出来的，并且都冠以"新课改"的名头，由于组织的力量，"专家"的褒扬，媒体的炒作，世人"崇名"的心理，这些人被包装者成了"名师"，这些课也便成了模仿的范本。尽管这些课可资借鉴的地方很多，但是，有些课似乎越来越缺乏一种语文味，外在的东西太多，而紧扣文本的东西太少，尤其是常常听到"请同学们配合""谢谢同学们对我的配合"等教学语言时，感到教育观念的偏失严重。尤其可怕的是，对那些课真正该学的东西借鉴不多，不少人倒是热衷于那些所谓的"创新形式"。因为，评价标准求新，众人趋利心理主导，反倒忽略了语文课本质的"常规"形式。在片面的求新意识指导下，该研究的问题反倒被忽视了。

面对诸多现象，我们深切地感到，究竟"文本研习"是谁在研习？"问题探讨"要不要"以文为本"？"活动体验"可不可以脱离文本来进行？作为专业语文教师，对这三种课型的具体操作模式以及相关问题应该研究清楚，达到以己之昭昭，使人之昭昭的目的，从而提高教学效率。因此我们选定这三种课型作为我们的研究对象。我们力求通过相对集中的文献阅读、课例研究、教学实践，在分析梳理的基础上对文本研习课、问题探讨课、活动体验课的概念界定、课型特点、应用原则、基本模式以及各类文体的阅读教学特点加以阐述，以期对这三种课型有个从实践到理性的深刻认识，对教学实践中遇到的问题有个明确的辨析，对教学实践有积极的指导意义，如果能通过研究，弄清一些问题，使我们的教学从盲目混沌状态走向自觉清明，使语文教学的科学性得到进一步张扬，教学效率得到更有效的提高，从而使语文的学科尊严得到进一步的提升，就感到非常欣慰了。为了这个目标，我们采用文献研究法、课例分析法、实践探究法等研究方法，尽可能多地占有资料，尽量吃透课程标准精神，理解课程改革理论，深入课堂，调查走访，比较探究，条分缕析地弄清一些问题，希望能够引起关注和争鸣。

第一章　阅读与阅读素养

阅读，有广义与狭义之别。广义的阅读，包括对于人的世界、对于自己内心的认识，既包括具体的、物象的对象，也包括抽象、理念的对象。如阅读世界，阅读自然，阅读人生，阅读苦难，阅读岁月，阅读朋友，阅读敌人，等等。狭义的阅读是指阅读承载的文化文明的媒介质，阅读对象主要指纸质读物、电子读物等。阅读是人类认知世界、传承文明、获取知识与智慧的主要途径之一。

阅读素养，则是指长期历练而获得的阅读意识、阅读态度、阅读方法、阅读智慧、阅读毅力以及阅读知识与能力的积淀。阅读素养，需要培养，需要历练，需要逐步优化。俗话说，会读读门道，不会读读热闹。只会读热闹的，热闹过后，一般不会获得多少智慧，或者所获甚少。而只有读出门道的，才是读出了学问，读出了智慧，读出了创新，读出了成功。阅读教学的任务，主要就是教学生"会读"，就是培养学生的好的阅读素养。

第一节　阅读力与人的素养

一个人阅读素养的核心是阅读力。具有了阅读力，就是学会了自己阅读。阅读力越强，自己阅读的欲望越强、能力越强，阅读就会更有效。

阅读力包括阅读意识、阅读态度、阅读策略、阅读方法、阅读毅力，阅读品质等。

阅读意识，是指有没有阅读欲望，阅读欲望是强还是弱。阅读欲望，又与对阅读的认识有关。对阅读价值的认识，对阅读意义的理解，影响阅读欲望的强与弱，长效与短效。有人带着对知识的追求、对个人修养的执着欲念来阅读，认为读书能促进人的成长，促进人的幸福，腹有诗书气自华，他就会保持对阅读的长久的欲望和兴趣，他就会觉得阅读就跟吃饭一样，是人的一种生活必须，读书是人的一种生存状态。有的人呢，是为了"热闹"而读书，为了故事而读书，当更具吸引力的"热闹"和欲望来临时，他就会减弱或失去阅读的欲望。当然，人生阅读需要从"热闹"和故事开始，有人在这个阶段很快迈入了深一层次的追求境地，而有人则停在这个层次无法举足，于是，阅读者的层次就出现了分化。还有人被应试教育所影响，为了考试而阅读，为了完成"作业"而阅读，慢慢地，减弱了甚至丧失了阅读的兴趣。我们务必明白，意识决定行为。阅读目的越明确，对阅读的价值理解越清楚，阅读行为就越持久、越有效，阅读也才会更感受到乐趣，形成良性循环。阅读目的不明确，对阅读的价值理解偏失，就会影响阅读的动力，影响阅读的效果，恶性循环，就慢慢丧失阅读兴趣、阅读欲望。为什么有人随时随地都会带着书，随时随地都会读书，而有人一拿起书就瞌睡，根本原因就是阅读意识的区别。

阅读态度，是指对待阅读所表现的基本心理状态。阅读态度有多种呈现形式，如主动的，被动的，积极的，消极的等等。主动阅读者，其内因是目的明确，欲望强烈，自己会主动找读物，找时间，争分夺秒地阅读。阅读是他的一种生存状态。随时可阅读，随处可阅读。他对阅读有一种强烈的欲望和兴趣。他为了获取更多的知识与智慧而阅读，他因阅读而快乐；他为了提升自己的人生境界而阅读，为了修炼自己的人格品质而阅读，为对人类有所为而阅读，志趣高雅，理想远大，不用鞭策自奋蹄。他有自己的阅读计划，有自己的阅读读物，有良好的阅读习惯。被动阅读者则不同，他们表现出的行为态度是，被任务压着阅读，被人逼着阅读，为了"作业"阅读，也有的是为了与同学比照而阅读，为了考试而阅读，为了应付检查而阅读。自己没有多少阅读欲望，没有自己的阅读计划，没有自己的阅读读物。诸如除了课本以外再不读什么课外读物一类的行为，都是持被动阅读态度者。持积极阅读态度者，精神饱满，情绪热烈，表现出一种快乐的情态，会随着读物而情绪波动，与书中的人物共命运同呼吸，与书中的思想感情共鸣。阅读中，会勾勾画画，会做笔记，会自己思考，会提纲挈领，会学思结合，会学着运用。消极阅读者，则表现为文字不入于心，机械看文字，不会思考，很少对内容感兴趣。行为上表现为精神不专注，常东翻翻西翻翻，很难完整地读完一篇文章，更难读完一本书。阅读态度不同，自然阅读效果就不一样。

阅读策略，包括：第一，读物选择策略。读物选择的目的，是配合课文学习的目的，还是扩大视野的目的，还是专项研究的目的，还是休闲消遣的目的，等等，在片段时间，片段阶段，可以有片段目的，需要有所了解，最好能听取导师意见，比较忌讳盲无目的。不过，有些时候，也需要随意阅读，也许在随意阅读中发现自己的兴趣所在，甚至有可能成就自己一生的事业。第二，读物选择原则。选择读物，根据年龄和辨识力、思想定力等不同状况，要遵循一些原则，如尊重思想性、艺术性原则，强调选取传播正能量的书来阅读。在辨别力和思想形成阶段，要选择符合社会主义核心价值观的书来读，尤其要注意摒弃那些传播低俗、娱乐至死、造谣抹黑的有毒读物。第三，读物选择规律。要遵循适当性策略、攀高性策略等，也就是要适当注意适合的年龄读适合的书的原则，要略微提升一点读书层次，有向上行的倾向，让书促进自己进步。第四，阅读计划策略。阅读可以自由与计划结合，逐渐过渡到以计划为主。在培养兴趣和扩大兴趣视野阶段，可以自由阅读，但也不是绝对自由，先要听取有专门知识的老师的指导。在有了一定的积累后，要逐渐强化计划性。计划的内容，一般是读什么书，在什么时间读，用什么方法读，强调循序渐进，养成良好习惯。要注意运用凭兴趣入门的阅读策略，有目的的重点修为阅读策略，为研究或创作而读的策略等。第五，阅读促进策略。主要是为了使兴趣不断浓厚，让兴趣变为习惯，让习惯变为生活动力，促进人生辉煌。可采用同伴合作策略，读写结合策略等。

阅读方法，最重要的知识是关于方法的知识。方法是学习力的重要组成部分。阅读方法是阅读学习力的重要组成部分。世界上的书浩如烟海，终其一生也不能尽读；中小学十二年，甚至加上大学，老师不可能总是教学生阅读。学生毕竟是要自己学会阅读的。教学生学会阅读是教学的基本目的之一。教学生学会阅读的重要内容之一是教学生学会阅读方法。怎么理解词语、句子，怎么理解文章（书）表达的文面意思和深层意思，怎样批判性地阅读，怎么理解文章（书）的表达技巧，怎么吸取文章（书）的营养，怎么在读书过程中激发创新思维等等。这些方法都是具体的，可见的，可琢磨的。学习这些方法，是要经过长期历练的。所谓"学而时习之"。所谓读书方法，前人积累得很多很多，也可谓是汗牛充栋，需要老师指导。一般讲，学习方法有常规的，如默读法、诵读法、五官并用读书法、笔记读书法、猜读法、分段记读法、五遍读书法、一目十行法、精读法、略读法、跳读法等等。也有特定的，适合于某类人、某个人的特殊方法，如张溥的"七录读书法"，可以借鉴其思想，但不一定仿效。阅读教学所要研究和教授的主要是各类文本的阅读方法，各类文本的解读方法。这是需要教师做专门研究和历练的，是语文教师必备的看家本领之一。

阅读毅力。同做任何事情一样，阅读也需要有毅力。有人总讲自己对阅读没兴趣，其实质问题是缺乏阅读毅力，看了几页书就耐不住寂寞了，觉得读书没有打篮球好玩，没有翻手机刷网页好玩。有人讲，要使书读起来有趣味。趣味是相对的。对那个领域里的内容有热爱的情感，即使在常人看来很枯燥的内容，他也会感到有趣。金岳霖说逻辑很好玩。一般没有研究的人或者研究不深的人，你去读一读，看看"好玩不好玩"。要把书读出兴趣，需要一定的毅力。阅读毅力，主要表现在两个方面：一是对所读之书有坚持读下去的坚持力，即使是硬着头皮读，也要坚持读下去。在这一点上，没有必要过分强调"兴趣"。二是过去的教育，片面理解"兴趣是最好的老师"，把兴趣强调过了头，导致一些学生不认真读书就以"没兴趣"为借口，也导致一些学生自己不好好读书，还要责怪老师讲的引不起他的兴趣。教育规律中有两条：一是兴趣不是万能的。没有认真去学，就不会有兴趣。有人面对即使是很有兴趣的故事书，也是读不上三两页就瞌睡的。究其底，是他没有阅读意识，没有阅读动力，没有阅读毅力。二是对不好的读物有抗拒的毅力。毒药往往裹着糖衣，鸦片总是让人飘飘欲仙。有人专门写这类坏书毒害人，作为阅读者，必须有毅力抗拒这类书对人的诱惑。还应拒绝其他各类游戏、嗜好对人的诱惑，舍得丢弃一些东西，而把时间用到读书上来。

阅读品质，是指个人的阅读素养和质量，是阅读基础积淀、阅读方法修养程度、阅读习惯优化水平、阅读效率高低、阅读理解力强弱、阅读创造力强弱等等因素的综合体现。阅读品质影响阅读效率。培养良好的阅读品质是阅读者自己的必修功课，是阅读教学者的责任。培养阅读品质，首先，必须有健康的养育意识。良好的阅读品质是需要培育的，培育良好的阅读品质是有规律可循的。任其自然，有时也可以有些收效，但是有目的地培养，有计划地培养，毕竟走向更为优秀的概率更大。其次，要尊重阅读规律，运用科学的方法进行培育。理论与实践相结合依然是必须遵守的规律，离开实在的阅读实践讲方法，方法只能停留在条文上；一味地强调阅读实践而没有方法探索与导引，实践很可能效率不高甚至无效，甚至影响到能不能坚持下去的问题。有人读了一辈子书，结果一事无成，成了两脚书橱，就算不上方法正确，也不能算是会读书，更不能称其为有良好的阅读品质。再次，也是很重要的一点，就是要有坚持的毅力。培养一种良好的品质，既要有目的性、计划性，更要有坚持性。在一件事上，长期坚持，很可能造就一个"专家"；没有坚持的毅力，企图一蹴而就，一般都不会有什么成功的希望。能坚持探索，本身就是一种良好的品质。

人，总是素养越良好越受人欢迎，事业也会越来越成功。人的素养，除了接受人的教育以外，除了在实践中提升以外，最主要的养育途径是读书。读好书，促进人的良好素养形成和提升；但是读不好的书，其作用恰好相反。读好书，长期坚持，有利于人的良好素养逐步发展，永生不息；不坚持读书，故步自封，很可能陷入经验主义或过去的知识圈圈之内而自以为是，成为性格古怪的人。常听人说，某某人是个读书人，但性格古怪，不近人情，把他归咎于读书过多。这是错误的，这种人算不得真正的"读书人"。他曾经读过几本书,要么是后面不再读书,不接受新知识、新思想,不接受新事物,"自以为很有知识",其实他的所谓知识是死知识;要么是他的读书方法不对,死读书,读死书,读书不联系实际,不与自己的修养挂钩,不会思考问题,不善于处理人际关系;要么是读书策略错误,选择了不该读的书读,中了毒,着了魔,走了邪。所以,读书,一定要慎重,对人的素养提升来说,要注意"兴也读书,死也读书"。所以,读书要学习,要接受教育。这便是阅读教学不可不研究、不可不慎重的原因。

第二节　阅读的基础与发展

阅读基础无非物质基础和非物质基础。

所谓物质基础，主要指如下几点：

首先是指有书可读。也可以分为几个方面，社会有书，有书店，有图书馆，有阅览室，这一点，现在很多地方都成为建设的标配，借书读似不再成为问题。再就是家里有书，办公室有书。这一点可能还有强化的必要。许多人有手机而没有书，认为该读的东西手机里都有。其实不然，真正的读书习惯，读书品质，还是要靠实体的书来养育。实体的书，翻阅和再读，勾画研究，都有必不可少的功能，这功能是手机不能替代的。尤其是进入研究阶段的阅读，更是需要实体的书。在大办公桌上，摆放出此时需要研究的问题，各种参照，对比分析，方便快捷。有些地方，学校里教师办公室配备很"生活化"，配备有冰箱、电烤箱等等，唯独缺少书柜、扫描仪等读书配备；教师办公桌上除了教材教参与作业，很少有其他书籍，这就是一种物质配备的缺陷，也反映了领导人治校思想的偏误。办公室，尤其是学校教师办公室应该氤氲着书香气息，彰显着学术气氛。现代家庭，应该有自己的书房。有书房，就有一种环境，有一种氛围，有一种熏陶。容易让人养成读书就是一种生活的意识。要有自己的书，要有买书的习惯。有买书习惯，容易养成读书习惯。选书本身，就是一个阅读过程。选择过程中，就在引导自己的阅读趋向，激发自己的阅读动力。自己的书可以不必考虑图书借阅期限，可

13

以反复读，可以批注书写。尤其是进入研究期，拿着自己的书，阅读起来更方便。古人袁枚写过《黄生借书说》，提出了一个观点"书非借不能读也"，影响甚广。在实践中我感觉到：书非买不能读好。这也是有理有据的。读书需要心情平静，拿着自己的书阅读，没有其他任何心理负担，更利于专心阅读。有自己订阅的报刊，有自己购买的图书，不必担心这书被别人借走了，不必担心在自己正要使用的时候要考虑另谋借阅途径，也少了借阅图书时所要花费的时间。从心理学角度讲，拿着自己的图书，有一种优雅的优越感，容易强化自己的爱书情结。有爱书情结，更有利于养成阅读习惯，有利于读出成果。

阅读需要非物质基础，主要是指阅读意识、阅读欲望、阅读精神、阅读方法、阅读策略等等。

阅读意识是阅读行为的基础。知道阅读，懂得阅读对人成长的促进作用，愿意阅读，喜欢阅读，有了这些，才会有阅读行为。

阅读行为以阅读欲望为基础。没有阅读欲望，就没有好的阅读行为。阅读欲望有天生的成分，但主要要靠后天养成。没有阅读，就不可能有阅读欲望。有了阅读欲望，需要挑选合适的读物，需要正确的读书方法。此时，指导者（教师）的作用就显得非常重要。

阅读精神影响阅读行为。阅读靠精神支持。阅读兴趣是需要精神支持的。为什么有人拿着书本就聊无兴趣而瞌睡连连，就是因为缺少阅读精神支持。阅读也是一种劳动。如果认为阅读就是像小孩玩游戏一样的"快乐"，那是培养不出真正的阅读人的。说阅读有兴趣，是快乐，是幸福，那是从情感力量、精神力量的角度来认识的。有人即使是拿着非常精彩的故事书也读不起兴趣，那是他精神上根本就没有认为读故事是一种快乐，他的快乐就是喝酒、打麻将，就是踢球、唱歌、跳舞。有良好阅读精神的人，随身带书，随时阅读，不必说阅读就非净身洗手斋戒不可，大可不必正襟危坐，如临大敌。有阅读精神的人，读书就如吃喝拉撒一样自然如常。

阅读方法影响阅读行为。有良好的阅读方法，能影响到阅读兴趣。有方法，会阅读，有效果，就会越阅读越有兴趣；反之，兴趣丧失，行为变懒。做任何事情都一样，播种就希望有收获，有收获才会有兴趣，激发更大的动力。常听人说，学语文没有方法，如果有，就是多读多写，别无他法。这是从根本的哲学意义上说的，不能理解错了。做任何事情，都有具体方法，阅读也不例外。要教阅读，不能忽视方法这个基础，不能不去研究阅读方法，不能以种种说法为不懂阅读方法找借口。

阅读策略影响阅读行为。策略是智慧的体现。阅读同做其他任何事情一样需要智慧。盲目蛮干，收效甚微，还可能适得其反。阅读本身是为了养育智慧，而做阅读这件事情，也需要智慧为基础。作为智慧体现形式之一的策略，会影响阅读意识、阅读方法、阅读效果。比如选书策略、循序渐进的计划策略，用对了，就可以使阅读更有收获，进而促进阅读意识强化，促进阅读兴趣更浓；阅读意识更强，阅读兴趣更浓，就能促进良好阅读品质的养成，形成良性循环，使阅读成正态发展趋势。

阅读是过程，是手段，发展才是目的。孔子言明"学而时习之"，王阳明主张学以致用。自古以来学问家都讲究学习是为了应用，应用促进学习。阅读是一种学习，只有在阅读中实践，在实践中阅读，相互促进，才能发挥阅读的作用，也才能促进阅读的持续，也才是阅读的真正目的。阅读而不应用，那是死读书、读死书，读得再多也没有价值。有人说，读书不用是为"两脚书橱"，愚以为读书不用连两脚书橱都不如。书橱作为藏书之具，装在里面的书，别人还可以阅读，还有价值；一个人一天到晚读书而不应用，不能去发挥应有的价值，对社会、对他人没有任何价值，如果是更极端的，自己读书自己的修养也没有什么提高，读成了"古怪人"，连家里人都无法接近他，他纵有满肚子学问，从社会学角度看，一点价值都没有。我们务必注意从小养成一种意识：

读书是一种生活方式，但必须是为发展服务的，为自己的人生发展服务的，为社会的发展服务的，为人类的发展服务的。读书是为了创造更多价值，就像吃饭是为了活着，活着是为了个人幸福、家庭幸福、他人幸福，是为了为社会做出贡献一样。读书为掌握知识、增长智慧、增强能力、修养自己的德行、创造社会财富，这不是功利主义，是读书的真正的价值所在。

第三节　阅读的策略与方法

读书是一项综合性智力工作，需要讲究策略与方法。阅读的策略与方法很多，研究者已有非常多的研究成果。作为中小学培养阅读兴趣、能力阶段，需要特别注意以下策略与方法。

一、意识养育策略与适度孕育方法

一般而言，现在的人们文化水平普遍提高，对孩子从小就在进行阅读意识熏陶，孩子绝大多数从小就有阅读的欲望。但是，一部分孩子到了上学阶段，随着年级的攀升，因为作业繁多等等原因，阅读兴趣和欲望就逐渐出现分化现象，并且分化现象越来越严重。有些学生因为暂时地放弃阅读，久而久之便会丧失阅读兴趣和欲望。所以，阅读意识的养育有五层基本意义：第一，阅读意识不是一蹴而就的，而需要长期坚持，适时养育，适时优化，适时提高。第二，阅读需要坚持的意识，需要细水长流的意识，就如同吃饭，不可能猛吃一顿便可以数天不吃不喝。第三，要有方法意识，有探索意识，有创新意识。阅读要长期坚持，必须有合适的方法，使读有所得；有探索意识，具有对未知的强烈好奇心，具有探奇求幽的追索欲；有创新意识，读思结合，读创结合，有融会贯通的意识与方法，有读书而生新知的成就感、幸福感。第四，要有扩大领地和步步攀升的意识。有人喜欢强调读自己喜欢的书，固然有一点道理，但如果拘泥于此限，则既很难保持长久的读书兴趣，也影

17

响以后的创造性才能的发展。我曾著文分析某教师"某某历史学生不熟悉便不应安排读某类文章"的言论,指出其极端狭隘性和对学生发展的不利影响。读书要不断地向未知拓展,才能有进步。读书的拓展,一在横向上发展,不断扩大阅读面,不要只局限在读考试书上。有些学校、教师、家长把学科课本和参考书以外的书通通斥之为"闲书",一律禁止阅读、禁止其进教室,这是很不好的。读书有时不能太功利,"急用先学"固然是一种策略,但是,在大多数时候,读书是为了积累,是为了涵养智慧,尽可能地读一点专业以外的书,尽可能地读一点"跨界"的书。读书面宽,见多识广,才可以避免狭隘。目前的社会,过度竞争带来了很多弊端,把学生甚至教师的读书口味搞坏了,一味地强调"个性","自我意识"变质为"极端个人主义",出现了很多不好的习惯。一在纵向上发展,是指要读一点自己不懂的书,要深入地精读一些书,带着研究的态度和眼光读一些书,占据一片学术"根据地"。要啃一点难懂的书,理论的书。不读理论性强一点的书,培养不起理性思维精神。不要低估了学生的阅读理解力。我有个高一的学生,有一天来找我,和我讨论《周易》,实际上是他说得多,他要找一个对话对象,表达自己的阅读心得。要纠正"碎片化"阅读带来的弊端。第五,要有读经典的意识。现在有一种很不好的舆论,总是在不负责任地说,经典不新鲜,经典过时,经典不好懂等等。而实际上,经典才是奠定人生基础、学术基础的根本养料。要认清不符合规律的所谓创新的危害。鲍鹏山讲,中国古代有"三堂":学堂、祠堂和中堂。现在后两堂被"创新"掉了,人变得没有忌惮,没有底线了。仅剩的"学堂"里,圣人被赶走了,请了一大批动物与孩子们为伴。课本要求背诵"西瓜大芝麻小"之类而少了背诵经典诗文,把一些"有趣"的东西塞进孩子的脑子里,而丢弃了营养终生的经典。这些话讲得有道理。正因为人们不读经典,还要动不动就批判经典,比如批判"学而优则仕",错解"民可,使由之；不可，使知之"等等。什么叫"学而优则仕"？有学习意识，有正确的学习态度，要良好的学习方法，有顽强的学习毅力，又有除了求生存以外的精力，就应该出来做事，也就是"为人民服务"。这何错之有？什么是"民可使由之不可使知之"？把人家说的标点点错了，还要批判人家。老百姓明白道理，可以担当责任，就由着他们去做事；老百姓不明白道理，不会做事，就要教化，让他们明道理，懂规矩，会技术。这何错之有？要有读原典的意识，要有深究意识。这样才能真正读好书，读出智慧来。这样才算会读书。

读书方法，前人总结了很多，我们可以适当选用。需要注意的是，前人总结的方法，要变成我们运用的方法，还必须经过实践这个中间环节，否则，文字的东西变不成我们的方法，变不成我们读书的习惯。阅读方法，不管是跳读法、精读法，还是笔记法、联想法，都需要在阅读实践中蕴育成为我们的阅读方法。

二、文本解读策略与分类理解方法

文章（包括专著）写作是有规律的，解读作品需要遵循阅读的规律，还要遵循解读的规律。要学会阅读，必须讲究解读策略，即在阅读过程中，要有意识地学习解读的一般规律与方法，还要学习不同文体的特殊解读规律与方法。一般说来，初始阅读，学习和运用的是一般阅读方法，比如从识字法、析字法、解句法做起，到形成语感法、感受篇章法等等，到年级稍高，就要开始接触问题分类阅读法。比如读论述文有读论述文的方法，读文学作品有读文学作品的方法，即使是文学作品，读诗歌与读散文的方法不同，读散文与读小说的方法不同等等。如果我们用读说明文的方法去读诗歌，就会责怪"南朝四百八十寺"何人见得了。

文本解读，经过这么多年代无数人的研究总结，已经成了具有独立理论和方法体系的专门学科——阅读学、解读学，有很多大部头的著作。作为中小学生，也许专门去读这类著作不是很现实，但读读也许更好。而作为教师，则是必须去读的。要深透地研究解读学原理，精通各种解读方法，这样才能在教学中"以己昭昭使人昭昭"。况且这些理论和方法，正如前文所说，是需要在实践中历练才能熟练掌握的。教师学习解读理论，需要长期甚至是终生的研究、历练。选择做教师，就是选择了终身学习。当今有一些人学历可能很高，但是不懂人的学习与成长规律，更不懂教育规律。一些人总是认为教师工作很轻松即源于此。无知者无畏，自认为可以乱说而不负责任。当然也可能有极少数教师也不是很清楚这个道理，所以拒绝学习，不爱参加培训，听教授讲课就打瞌睡、玩手机，还要责怪培训没有针对他的需要。有教师责怪学生不好好学习，不好好听讲，殊不知自己的形象给学生起的是什么作用。所以，教师自己不能写出几篇解读文章或著作，就没有切身的阅读体会，就可能上不好课，也很难有效地培养出会读书的学生。建议教师认真钻研解读学术著作，切身体验、实践，写出自己的解读文章，以深化对解读方法的理解。在此基础上，有意识地梳理教学中需要使用的解读方法，最好能形成文字，帮助学生掌握基本解读方法和不同文体的特殊解读方法，提高阅读有效性，催生阅读兴趣，养成阅读习惯。

三、思维规律策略与方法综合运用

阅读讲究思维方法。中小学生阅读，不要过分强调"个性"。研究者指出逻辑性思维方法和形象性思维方法，也指出人可能呈现出片段特长，但是，有三点需要注意：第一，逻辑性思维与形象性思维固然不同，但是，它们的界限并不是泾渭分明的，很多情况下很难截然分开。第二，人的思维形式可能有特长，但大多数并不是先天决定的，而是后天习养而成的。长期运用某种思维方法，就可能使其成为特长，就如同人的器官，由于使用方式、使用频度不同而呈现出不同发展走向一样，思维方式、思维特点是训练的结果。第三，中小学阶段是思维唤醒、生成与发展的奠基阶段，具有基础性，需要全面打基础，不宜过分强调特长、偏向、"个性"。基础铺得越宽，越厚实，发展的后劲越足。

我们讲思维方法，一是为了研究方便，利于弄清规律，提高运用效率，二是为了学习者理清线索，勾画思维图，提高学习效率。没有这种总结提炼不行，有了总结提炼，使用时也不宜机械死板，而要综合灵活地运用。比如我们常讲读书要读思结合，要理性思考与形象思考结合等等。比如学习物理化学，没有形象思维方法的运用，有很多东西就根本无法理解。

阅读，是一种综合能力训练活动，对其规律的研究是无止境的。对我们教师来说，研究阅读，研究阅读思维、阅读方法，还有很大的空间，值得我们去投入精力，探索出能使读者受益的东西。

第二章　阅读教学目标与阅读教学课型

目标是行为所预想达到的结果。目标清楚，行为才会专注于一个方向，心才会收获预想的效果。凡做事，须首先清楚为什么做，做什么，做出什么。阅读教学行为也是一样，需先明白为何要进行阅读教学，阅读教学教什么，要达到什么目标，也就是要帮助学生养育哪些方面的素养。

做任何事情，一般都有一些基本模型。讲课，也有基本模型。怎么讲解，怎么练习，怎么组织，怎么衔接，怎么推进，怎么检测，都有基本的范式。这是常理。所以，讲课，也有课型。我们的教学长期以来，一直是在探索中形成课型，又根据新的发展变化改革旧的课型，创建新的课型，一直循环往复。没有课型，很可能会把课讲得不像课；课型一旦过于死板，则会千篇一律，导致教学效率低下，更何况万事万物都在发展，课型也应该不断发展。

第一节　阅读教学目标的确定

一、课程标准关乎阅读教学的要求

教育是为了学生的全面发展，离开了学生的发展，我们的教学就没有任何意义。那么，语文阅读课究竟要学生获得什么、发展学生的哪一"面"？

智慧智力，文化修养，思维能力，品德教养，等等，这些固然都是学生应该发展的，但是语文阅读课之所以要以独立的教学形式存在，必然在共性的发展目标外有它独特的内涵。《全日制义务教育语文课程标准（实验稿）》《普通高中语文课程标准》（实验）提出的语文课程的核心目标是提高学生的"语文素养"，与其他课程一起承担使学生奠定全面发展基础的任务（课程标准对"语文素养"的表述是比较笼统的，尚需认真研究）；在高中"课程目标"中又分解成五个方面要求，即积累与整合、感受与鉴赏、思考与领悟、应用与拓展、发现与创新。这几点也只是原则性的目标，是抽象的概念，操作性并不强，需要进一步研究细化。在高中"必修课程"一项里涉及阅读与鉴赏教学内容的又有十二条意见①，分别从不同角度对学生应该获得的和发展的内容做了阐

①中华人民共和国教育部：普通高中语文课程标准（实验）［M］.北京：人民教育出版社，2003年版，第4—9页。

述，这应该是阅读教学目标"纲领性"表述。这里有三个层面的问题需要提请注意和研究解决。

1. 第一个层面

对"标准"五个方面和十二条内容要融会贯通地理解消化。这五个方面和十二条意见都有概括性，属于理性层面的要求，是指导阅读教学的"原则、方向、范围"，不是具体操作目标细则。它们只是从不同侧面对阅读教学做"原则"的规定和指导。这个理性指导是必要的。但是需要明白，分解也是为了综合，对这些"方面"和"条"，务必融会贯通地理解和把握。只有站在这个理性认识的高度，才能全面地把握语文阅读的教学目标。

在把握五个方面时，要重点认识如下几个问题。

（1）积累与整合

强调的是有理性的积累，是一种提升性的积累，是在梳理中的积累，是在探求方法的过程中的积累，而这个要求本身就暗示着一种类似于"体系"性的东西，这个"体系"是什么，我们必须研究。"语文素养"到底包含哪些内容，作为某一个特定的学段或年级究竟要达到哪些最低积累目标，阅读教学要积累哪些知识和形成哪些能力，这些内容尽管是抽象的，难以像数理化那样清楚明白地界定，但是，也不能因为难以界定就任其模糊而成为一本糊涂账，让人无可捉摸。语文课需要哲学意义上的模糊性，但是，我们不能因此就总是让语文课"不可捉摸"。纵观几千年母语教育史，先人们实际是一直没有停息过对母语学习规律性、体系性的探索，我们现在当然也应该着力研究。就阅读教学而言，应该包含以下几个基本方面的积累：母语经验的积累，文化承载的积累，表达技巧的积累，思维方式的积累。具体到目前"文选式"教材的课文，哪一篇侧重用来教什么，是需要精心选择的。那种"题海式"的所谓"积累"，显然是有悖于"课标"精神的，盲目重复式的积累也是反科学的。

（2）感受与鉴赏

强调"品味语言，感受思想、艺术魅力，发展想象力和审美力"，在语言层面强调"现代汉语语感"和"对古诗文语言的感受力"，在思想和审美层面，强调自然和人生的多姿多彩、民族情感和情操道德，在艺术审美层面，强调艺术与科学的美，提高审美境界。而这些又需要通过"阅读优秀作品"来实现。这实际指示我们在"用教材教"的时候必须考虑这几个目标，选择可以品味的语言、值得感受的思想和艺术魅力、利于发展想象力和审美力的因素。那么，作为教师，必须具有这几个方面的知识和先于学生的感受能力。

这里需要研究的基本问题是：第一，如何引导学生感受。现在的课堂强调学生的第一感觉是对的，但是，对这种第一感受需不需要稍微做点理性的归纳，以便能够举一反三？一节课一节课总是学生的第一感受，需不需要感受能力的纵向和横向的发展？发展哪些？教师在过程中需要给予什么样的引导和指导？第二，如何引导学生鉴赏。需要发展学生怎样的鉴赏能力？鉴赏需不需要总结一些基本的原则和方法、途径、要点？也就是怎样的"眼"才是鉴赏作品的"慧眼"？怎样引导学生练就这双"慧眼"？第三，感受和鉴赏是什么关系，在教学中怎样处理这种关系。从听过的一些"公开课"中，我感觉到，目前的问题是盲目的感受有了，理性的归纳缺乏，鉴赏任务没有得到有目的的落实。

（3）思考与领悟

似乎是强调方法，但在教学中，却影响到内容的选择。比如，那种只有教师灌输分析，而没有学生的阅读体味，只有学生脱离文本自说自话的所谓"对话"，却离开了对文本的深入探究，都是背离阅读教学目标正道的。有一节关于《荷花淀》的公开课，课文成了说话的"引子"，整节课只有很短的时间与课文有关，很快教学就从"水生嫂"引发开去，学生唇枪舌剑争论"男女地位"问题。这样的教学显然是不适宜的选择。阅读中如何思考，从哪些方面思考，从哪些角度思考，需要哪些品质，怎样培养这些品质，都是我们教学内容选择必须关注的。

（4）应用与拓展

应用与拓展是方法，也是教学内容，更是选择原则。这里有几个关系问题必须处理好。一是中和外的关系。我们强调尊重多元。但现在有两种偏向干扰教学目标：要么盲目地崇洋媚外，用虚无主义的态度对待中国文化；要么过分妄自尊大，坐井观天地对外一概排斥。二是古和今的关系。要坚持继承与发展的辩证观。到现在有人还是持否定古代作品教学的意见，甚至有教师对选读新中国成立后农民生活变化的作品也持反对态度，说"学生对那个时代的生活不熟悉，选这种作品教学干什么"。学习古诗文不是为了学习写作古诗文，它是一种文化积累。一个人的文化积累和思维开发离不开对各个时代各个国家的文化的了解。三是应用与文化的关系。要强调两者和谐发展。目前过分强调应用化的社会导向，严重干扰了语文教学内容的选择。最典型的就是高考考什么课堂就教什么，为分数而教为分数而学，甚至"为得四分而背诵几百条名言诗句划不来"的话也出自我们的语文教师之口。校园、家庭读书的单一作业化已不鲜见。教学目标是否能准确定位将影响到一代人的综合素养。必须明白，语文教学不仅仅为了应用，更重要的还有文化修养和智慧启迪。

（5）发现与创新

发现与创新是方法论思想，是与上面所讲密切相关的。这个条目下所列内容始终要干预我们的教学目标，要落实到具体的教学操作过程中。在理解这个教学目标时，应该有意识地从载体（课文）中发现能够引导学生发现和创造的因素，加以条理化，使之成为教学内容的有机成分。要使这种挖掘和选择科学化，首先教师应该研究，明白在相应的学段应该有哪些"发现"的路径和方法，有哪些创造的意识和思维形式，能在教学中自觉地引导学生运用片段方法去发现，去养成创造的意识，在学生"感受"的基础上，学会举一反三，即或简要或深入地总结一点规律性的东西。尽管有些东西是需要"随机生成"的，但是，理性的准备也是必不可少的。

对十二条内容，要强调，这十二条是阅读教学选择必须综合考虑的要素，有些条目看似与阅读教学内容无关，其实是密切相关的，比如第一条，它实际上告诉我们，教学内容的选择不能绕过思想内容这一关，而思想内容又不能只是单一的色调，我们要欣赏"杨柳岸晓风残月"的阴柔，也要欣赏"大江东去"的豪放。我们欣赏沈从文的人情人性，也不应排斥鲁迅的匕首刀枪，他那也是一种爱，更深沉的爱。我们不反对卿卿我我，也没有理由诋毁指点江山激扬文字。我始终认为，语文不是政治，但是决不能排斥政治；语文不可能包打天下，但语文绝对离不开天下。作为第一线教师千万不能忽视这一条而进入教学内容选择顾此失彼的误区。

2. 第二个层面

必须研究阅读教学的序，在教者的知识结构和教学智慧中，必须明确明与暗的目标体系，轻重缓急注重排布。就目前而言，新课程改革实际上还只是一种过度，课程标准只提出学习目标，而没有规定具体学习内容，操作性不强，新教材仍然是选文式文本，分单元的标准又比较含糊，特别是选文式教材，就每一篇文章而言又是"一枝一叶一世界"，究竟具体"教什么"，往往呈现复杂性。编者可能是心中有体系，教者则往往未必能站在高处，鸟瞰全局，做三年或六年综合排序。而学校的教学人员的安排与调整，又往往忽视教学内容的整体结构性。语文教学虽然有统一的"大纲"或"课标"，有统一的教材和教参，实际上教师处理的随机性很大，往往是"一室之内而四季不同"。这些又是阅读教学无序循环、低效往复的原因之一。

目前，应该从三个方面同时着手解决阅读教学的"序"的问题。首先，国家应该组织专门课题组，研究教学内容之序，构建适应时代发展的"语文素养"的知识体系，明确或大致明确各个学段的教学内容纲目。这个研究需要大、中、小学和专业部门的联合研究，应该做好调查，广泛听取社会其他行业的意见。其次，地方教研主管部门或业务指导部门要组织一批骨干教师做专题攻关研究，广泛给予大多数教师以现实的指导。教师培训部门也应该在这方面组织具有现实性的培训。强调公开课、示范课、研究课等具有研究性和导向性的活动，要强调教学内容选择的评价标准，从"好看不中用"的误区中走出来。这项工作要成为教师专业化培养的主要内容之一来重点抓好。最后，学校教研活动、课题研究，要把阅读教学之"序"作为重点项目来抓，要聘任核心骨干带领大家认真研究课程标准和现行教材，明确各个学段各个年级甚至各篇课文最适宜的教学内涵要点，然后编织一个适合于本校实际的教学之序，鼓励有特色的教师形成自己独具风格的教学之序。这项工作要发挥教师个人和学校管理两方面的积极性，尤其是在教研活动上的积极导向务必正确，坚决走出教研活动名存实亡或一学期三两次事务性会议的浅表做法的低谷。

3. 第三个层面

面对具体的教学目标，我们必须研究如何具体落实。比如"从整体上把握文本内容、理清思路、概括要点"，既要用同类文体的不同文本做例子，发现有多少可以运用的方法或者思路，循路以入，举一反三，又要用不同文体的文本做例子，发现其特点。这与原来的备课活动很近似，但需要着重强调或突出重视的是要站在怎样用这个"例子"教的角度思考问题，根据整体教学计划，在现时段选文中寻找教什么的内容，而不是每见到一篇文章都不分轻重地来一次"重复"，或者就自己熟悉的说说，不熟悉的放过。不必要的重复不是温故知新。

为了纠正教师"满堂灌"的错误做法，我们祭起了"感受（感悟）"这个大旗，为了扭转过分"科学化""知识化"的偏向，我们拾起了"语感"这个传统法宝。但是，我们必须走出"非此即彼"的简单思维误区。明白"感受"的积累很重要，但是一定要上升为一定的理性，才有助于形成和增强能力。我们需要语感，同时也很需要知性。语感不是学习母语的唯一途径，不能让语感成为我们去深入研究弄清问题、讲清问题的逃遁借口。因此，我们必须着力研究每一篇课文的现时段可用的教学内容。比如，《赤壁赋》一文，作为文化内容，需要了解"赋"的形式，理解作者的思想情怀以及表现这种思想情怀的思路。作为知识内容，需要分清哪些是要用于巩固的知识，哪些是新出现的需要掌握的知识。在整体"体系"的观照下，筛选这一篇选文的教学内容，发挥它作为"例子"的作用，落实"用教材教"的思想。

二、阅读教学目标的形成性理解

阅读教学目标从学生素养的形成角度理解，可以分为四个方面。

1.唤醒阅读兴趣

"阅读兴趣，指的是对阅读活动的一种注意倾向、积极态度和喜爱程度。"[①]按照《全日制义务教育语文课程标准》的说法，"阅读是搜集处理信息、认识世界、发展思维、获得审美经验的重要途径。阅读教学是学生、教师、文本之间的对话的过程。"而《普通高中语文课程标准》又给对话说加了与"教科书编者"的对话，加了"是思想碰撞和心灵交流的动态过程"。这些说法理性十足。其实，我们仔细思考一下，不管是获得信息、处理信息，还是各种对话，都是站在自己的角度去获

①王文彦，蔡明.语文课程与教学论［M］.北京：高等教育出版社，2006年版，第200页。

取未知的东西。人们对未知总是充满好奇心的，这就是兴趣。人从很早以前，就有这种对未知的探求欲望本能，孩子一张开眼睛，到了能打量世界的时候，就是以极强的好奇心探求着未知的世界，这种探求欲是很强的。这种探求欲是比较简单的，随着年龄的增长，他的探求对象和时空度都有所不同，使用的探求方法也不同了，需要借助各种媒体和手段来实现目的。人从原始的以眼、耳、口、舌等器官探求未知的方式，过渡到用其他方式，是需要特别教育的。借助媒体阅读就是一种新型的探求未知的手段。由于种种原因，人从原始探求到阅读探求的路途中出现了千差万别的情况。阅读是要借助文字媒体的，这就必然的需要教育。有了教育，并不等于就都有了阅读的欲望，因其教者、学者、环境、读物等等情况的不同，人的阅读欲望呈现千差万别的情况，有的人停留在感官探求的阶段不再使用新的方式，有的在使用阅读这样的方式的过程中，因出现各种各样的特殊情况，欲望慢慢沉睡。比如，不当的阅读教学方式，就会很容易造成阅读欲望沉睡，熄灭阅读欲望之火；不好的读物倒了读者的胃口；频繁的考试干扰，使人视阅读为畏途。从这个意义上说，阅读教学的目标之一，就是唤醒人本有的探求未知的欲望。

自古至今，人们都很重视对阅读兴趣的激发，把它作为形成恒久阅读动力的一个措施。孔子说："知之者不如好之者，好之者不如乐之者。"①尽管，孔子在这里把"知之""好之""乐之"做了层次区别，但是，任何一个后一层次，都必须以有了前一层次为基础。就如阅读，你不去阅读，怎么会喜欢阅读？不去从阅读中找到趣味，怎么会对它产生兴趣？你不去反复阅读，反复收获，享受阅读的快乐，怎么会以阅读为乐？王文彦、蔡明认为孔子的话"道出了兴趣发展的三个阶段。'知之者'可视为兴趣产生的初始阶段，是由需要所产生的兴趣，可以称之

---

①徐志刚.论语通译［M］.北京：人民文学出版社，1997年版，第69页。

为'理趣'；'好之者'可视为兴趣产生的中期阶段，是对事物或活动本身的兴趣，可以称之为'情趣'；'乐之者'可视为兴趣形成的高级阶段，是由审美所产生的兴趣，可以称之为'乐趣'。"①现实的问题是，学生在小学也还有部分同学阅读，还有教师强调指导学生阅读，初中就慢慢开始"不敢阅读"了，中考的题目就逐渐代替了文章的阅读、文学的阅读，到高中，要想读书，就已经要成为"地下工作者"了，学生读书是要遭到家长和一些教师的"劫杀"的。如此逐渐远离阅读，学生何来阅读兴趣？因此，把唤醒阅读兴趣作为阅读教学的目标之一，是具有战略意义的。

　　唤醒阅读兴趣还有针对教学方法提升的意义。朱熹说："教人未见意趣，必不乐学。"②确实，教学方法之正确与否，对能否激发阅读兴趣至为关键。阅读教学要实现唤醒兴趣的目标，就必须努力使教学具有意趣，这是语文教师无法绕开的一个重要研究课题。死板的"五段式"教学，僵死的模式化教学，缺乏激情的木偶式教学，缺乏深入研读的表面化教学，可能都是与意趣关系不大的。能唤醒阅读兴趣的具有意趣的教学，至少应该是具有激情的、具有切实体验的、重视体验活动的、具有深刻见解的、让人有所收获的、具有活泼形式的。

　　《语文课程标准》在课程目标中提出了阅读与鉴赏的十二条要求，其中第十条要求"具有广泛的阅读兴趣"，在选修课程目标中提出"培养鉴赏诗歌和散文作品的兴趣"，"培养阅读古今中外各类小说、戏剧作品（包括影视剧本）的兴趣"。③这就明确了语文阅读教学，不仅要唤

---

　　①王文彦，蔡明.语文课程与教学论［M］.北京：高等教育出版社，2006年版，第200页。

　　②朱正高.近思录通解［M］.上海：华东师范大学出版社，2010年版，第256页。

　　③中华人民共和国教育部：语文课程标准［M］.北京：人民教育出版社，2003年版，第8—10页。

醒学生的兴趣,还要培养其广泛的兴趣。

前人的言论和理论说明,兴趣要得以持久,需要有认识的前提,需要有理性的境界。事实也证明,兴趣如要持久,需要明确的目的,需要恒久的动力。只有当学生把阅读当作自己生命中的一项不可分离的活动的时候,阅读才能成为他的主动要求;也只有阅读成为他的主动要求的时候,其兴趣才能勃发和恒久。兴趣会促使他自行挑选读物,在这种主动的情境中,才能充分享受阅读的乐趣。阅读还需要一种审美的眼光,需要一种审美的境界。阅读活动,无论是课内的还是课外的,只有处于一种享受审美愉悦的境界的时候,这项活动才会激发人的无限兴趣。阅读教学就是要研究怎样带领学生在阅读中发现美、欣赏美、品味美、追求美,在美感享受中,乐趣无穷地享受阅读生活。

2. 积累阅读方法

阅读能否准确理解,能否享受到快乐,在很大程度上取决于是不是掌握了正确的阅读方法。法国生理学家贝尔纳说:"良好的方法能使我们更好地发挥运用天赋的才能,而拙劣的方法则可能阻碍才能的发挥。因此,科学中难能可贵的创造性才华,由于方法拙劣可能被削弱,甚至被扼杀;而良好的方法则会增长、促进这种才华。"[①]

语文课本选择了一篇一篇的课文,这些作为"例子"的课文究竟培养学生哪些阅读方法,课程标准并没有做出明确的规定,教材也没有做出具体要求,需要教师仔细研究,适当选择。这无疑既增加了教学的难度,也为教师提供了研究的空间。作为基本的要求,应该包括以下内容:

---

①朱绍禹、傅永安、刘淼,语文课程与教学论[M].北京:中国社会科学出版社,2007年版,第156页。

（1）读书的方法

要引导学生学会朗读，把无声的文字化为有声的语言，把视觉活动转化为各种感官综合运用的综合性活动，从而深入理解、准确把握文本的思想内容和作者的思想情感。教会学生怎样识读，怎样处理重音，怎样合理停顿，怎样处理节奏等，既要学会朗读，也要学会默读。

（2）理解的方法

教学生掌握从理解基本字词入手把握内容的方法，要教学生掌握理解文本的基本内容的方法，掌握分析作者的观点态度的方法，掌握鉴赏作者的艺术技巧的方法。具体地说，比喻知人论世法、字句斟酌法、虚实结合法等等。

（3）鉴赏的方法

要教学生掌握鉴赏、研究文章的基本方法，如横向比较法、纵深探究法、设身处地法、查找资料法等等。

（4）选择读物的方法

要教学生学会挑选读物的方法，学会挑选供研究的读物、供欣赏的读物、供参考的读物和供消遣的读物。

3. 养成阅读习惯

"养成良好的阅读习惯，使学生形成阅读的自觉意识和自觉行为，也是阅读教学的重要任务。"[①]良好的阅读习惯能影响人的一生，能决定一个人的发展趋势。良好的阅读习惯主要包括以下方面：

（1）喜欢读书的习惯

教师的责任是要引导学生喜欢阅读，发现和感受阅读的乐趣，使阅读成人生的一大爱好，使阅读成为其相伴终生的习惯。纯粹的应试教育

———————————

①朱绍禹、傅永安、刘淼，语文课程与教学论［M］.北京：中国社会科学出版社，2007年版，第157页。

走向极端的恶果是，打消了学生的阅读兴趣，使学生害怕阅读，不喜欢阅读，一毕业就将书全部烧掉，与书拜拜。教师必须研究培养学生喜欢读书习惯的方法，在自己的教学实践中养成学生喜欢读书的习惯。

（2）与书为友的习惯

学生根据自己的家境情况，逐步拥有自己的图书，以便与书相伴。有订报刊、读报刊、用报刊的习惯。这不仅是纯粹的阅读问题，也是人格养成的举措。好报好刊如良师益友，经常前来，切磋交流。这样定时不定时地经常前来的朋友有一个重要作用，就是不断提醒和督促人抢时间阅读，积极向上，不懈进取。

（3）读思写结合的习惯

读书与写作按理应该是孪生兄弟，读中有写，写中有读，才是完满的读书的生活。养成边读边思边记笔记的习惯，是受益终生的，它不仅利于读的深入，也利于积累资料，学以致用，还利于创造。读书的目的一是享受，二是创造。凡是学有成就者，都是读书借脑，创出新意的。写读书笔记，写读书心得，又是促进阅读深入的有效办法。

（4）鉴赏研究的习惯

阅读不仅是吸收信息，获得愉悦，还能提高能力，提升品位。在阅读中要养成鉴赏与研究的习惯。所谓鉴赏，就是辨别作品的高下，去追求高品质高品位的作品，促使自己的人生不断提升；去赏读作品，欣赏思想和艺术，要提升自己的艺术品位，享受阅读的快乐。研究就是会质疑，会探究，会引发新的思考。

4. 形成阅读能力

阅读能力是阅读教学的重点任务。中学语文阅读能力培养的主要目标是：

（1）阅读感受能力

包括识字解词能力，理解文句能力，感知文章意思的能力。

（2）阅读理解能力

具有明白字词句篇的表面意思，还能明白其内在的隐含的潜在意思的能力，具有感受作者的思想感情的能力。

（3）具有感受和理解文章之美的能力

包括欣赏思想美和形式美的能力。具有运用一定的方法，获得情感体验和熏陶的能力。

（4）阅读评价能力

具有对作品的是非、高下进行评价的能力，包括对思想内容的评价，对艺术手法的评价。

（5）阅读迁移能力

具有探究性阅读的能力，能够纵横比较，进行发散性思考，会联想想象，能触类旁通，善闻一知十。

（6）阅读创造能力

具有在阅读中发现问题的能力，具有在阅读中触发新见的能力，具有在阅读中生发创作发表的欲望和发表的能力。

三、阅读教学目标对阅读课程教学设计的意义

同做任何事情一样，阅读教学目标明确，方法得当，行动有力，是成功的基础。阅读教学要确保成功，固然因素很多，而目标则是基础的基础。阅读教学目标对阅读课程教学设计的意义主要体现在以下三个方面：

1.规定阅读教学设计的方向，确保阅读教学的价值

做正确的事比正确地做事重要。明确了阅读教学目标，就肯定了这件事情是值得做的，就是选定了所做的事情的正确性。在这样的前提下，设计教学才是正确的，这样的阅读教学才是有价值的。阅读教学设计要思考的是怎样用正确的方法教学的问题，阅读教学目标是规定我们

进行阅读教学的方向。方向明确，才能保证阅读教学的正确性、价值性。否则，南辕北辙，缘木求鱼，方法越好，离实现目标越远，徒劳无益。

有一些阅读教学设计，使人感觉到总是不伦不类，不一定是设计方法问题，而很可能是教学目标不明确，或者教学目标设定错误的问题。如有位教师教学《诲人不倦》，设计使用微信对话的形式教学，风趣幽默，甚至带有搞笑的成分，没有留时间让学生读文本，也没有教学生读文本，原典的思想内涵是什么也没有涉及，这样的教学把经典阅读的根本任务忘记了（或者根本就不知道），这样的教学是不可取的。这位教师设计教学时，很可能是先想到教学形式，而没有想到这节课的教学目标，把经典阅读弄成了"戏说"甚至是"恶搞"。这样的教学可能热热闹闹，但教学效果却很值得怀疑。一节课，没有教会学生基本的阅读经典的方法，而只是留下了被曲解了的一些支离破碎的故事，后患是无穷的。为什么很多人读不懂"学而优则仕"，读不懂"民可，使由之；不可，使知之"？与阅读教学浅尝辄止、一见定论有关。阅读教学务必纠正这种歪风。

2. 明确阅读教学设计的内容，确保阅读教学的效率

阅读教学目标确定以后，就基本规定了这节课（主题单元）的教学内容。一般思路是，围绕目标选定教学内容，通过教学内容的学习实现教学目标。教学目标根据普通核心素养和学科核心素养来确定，针对这个教学目标，教师选定相关的教学内容，即使是同一篇课文，如果设计的教学目标不同，教师在这篇文章里选取的教学内容也可能不一样。这就是"课文无非是例子"的注脚。例如，教学杨绛的《老王》，如果教学目标设定为"理解多个事件记叙安排技巧"和"理解通过细节表现人物形象的方法"，那么，就明确了教学内容的选择侧重在找出事件、划分事件及其划分方法、理解事件的顺序以及怎样理解事件的顺序上；侧

重在找出细节以及怎样找细节、分析细节与人物的关系上。如果教学目标设计为"理解作者通过细节和不动声色的语言表达深刻思想感情"，那么，教学内容的选择，就要侧重在对细节和语言的揣摩上，在简洁和平淡的语言中揣摩出蕴涵在文字里面的意思。有时这意思，也许并非作者原初所想表达出来的，但是，读者在品味的过程中，未必就不能感觉到这种意思。文学作品中的"形象大于思维"表达的就是这层意思。这也就是经常会听到人们议论的"高考试题的某些意思连作者本人都答不出"的现象。作者写这些内容，写这句话时，确实没有想到这一层意思，但是，语言一旦写出，就是一个客观事实，读者未必就不能读出隐藏在里面的这层意思。这是符合阅读学原理的。这样的教学目标，就规定了这节课的教学内容就是要教出这种"品味""揣摩"的策略、方法、路径，让学生"有可捉摸"，提升阅读理解能力。

针对教学目标的教学内容设计，能保证教学的效率，否则，不管什么样的教学目标，拿到一篇课文都不分青红皂白，事无巨细，细细分析，就是会出现"教学任务完不成"的状况。"一篇课文能讲一个周"，这并不一定反映出教师水平高，相反，不会取舍，恰好反映了教师不会设计教学目标和有针对性地选择教学内容。

教师是专业人员，把事理弄清弄透，就会从容面对诸如"高考阅读题连作者都答不出"的外行责问。作者会写文章，但并不一定精通阅读学。教师要教阅读，则必须精通阅读学。

3. 暗示阅读教学设计的方法，确保阅读教学的路径

教学目标的设计，需要在核心素养目标观照下，根据学科核心素养目标的指引，结合具体学习材料，落实到三维目标，细分起来，可以有许多类别。其基本类别无非两类：一类是可显性检测的知识能力类目标，一类是不容易显性检测的情感态度价值观目标。这两类目标在教学中很难彻底分离，但是具体到一节课，有时细分起来，还是有所侧重

的。实现这两类目标，在具体的教学内容方面有所区别，尤其在具体教学方法上也有所区别。这样的区别，影响到教学设计的方法也会不同。比如，实现有些教学目标，需要教学内容的宏观性，大背景，宽视域，多内容。比如说泛读引导吧，设计教学方案时，就需要运用宏观方法；而有些需要品味、需要揣摩才能达到目标的教学，则需要运用微观细致的设计方法。有些教学目标的实现，则需要宏观与微观结合，如"主题学习""群文学习"，既需要宏观设计，又需要微观设计，从宽广视域中选择合适的教学内容，从方法上或前瞻性上引导，或实践中体会总结，用重点解读探索规律，用自行阅读品味规律，用拓展阅读形成能力，也就是所谓的精读与泛读的结合。在这种种片段阅读教学设计中，教学的行进路线是不一定相同的，前行的速度、节奏也不一定是等同的。实现教学的高效率，这些都是不能不考虑到的。

第二节 阅读教学内容的选择

落实阅读教学目标，需要有教学载体。目前的主要教学载体是课文。面对综合体的课文，仁者见仁，智者见智，如何处理，才能最有效地实现教学目标，需要研究。其研究的思路之一是对课文的教学内容进行挖掘和选择。

一、理解：选择教学内容的前提

选择教学内容的前提是深入研读文本。研读文本，需要教师具有较强的文本解读力。解读力，是语文教学成功的基石。

解读文本，主要包含三个方面：

解读文字，知中华文明之源；解读词语，懂中华语言魅力；解读篇章，明文章写作之技巧，蕴中华精神之精粹。

解读力是语文教师的看家本领，是高于一般解读能力的带有语文教师专业特点的特殊解读能力。

1. 解读力是语文教学成功的基本前提

现在，高效是大家都挂在嘴上的口号。可是，什么是高效？效，就是效果、效率、效益。

怎样才算是高效率的阅读教学？阅读教学能引导学生准确探求出文章的真意，才有可能是有效的教学；阅读教学能够引发学生自己探究的兴趣，激发起强烈的求知欲望，才有可能是有效的；阅读教学能够引导学生掌握阅读的基本方法、获得或提升阅读能力，才有可能是高效的。以下，从三个方面略做阐释。

（1）准确解读是教学有效的前提

阅读教学的最基本的前提是解读文本。阅读教学最基本的要求是引导学生准确理解文本信息。要引导学生准确理解，首先是教师要准确理解。对文本信息不能准确理解，就谈不上有什么教学效率。德国浪漫派宗教哲学大师施莱尔马赫在其《解释学》一书中确定了解释学的基本范畴：对文本的"理解"和"说明"。在这个理解和说明中，避免误解和对文本的创造性解释是解释学的核心问题。语文阅读教学主要任务是教学生学会准确理解文本的方法，形成准确理解的能力。何为准确理解？就是无限接近文本的真实思想情感。有的教师在教学《念奴娇·赤壁怀古》时，引导学生批判苏轼作为封建士大夫的消极人生观；有的教师在教学《始得西山宴游记》时，告诉学生文章的主旨是最伟大的美都在最平凡之处；有的教师教学《庄子：当我在走投无路的时候》，认为庄子的怪诞是因为他想从政而不得，人们读《庄子》是因为走投无路了而寻求慰藉。

对文本的准确解读，不仅体现在对教材的阐释上，也表现在对学生疑问的回应和对学生误读的拨正上。如教学杨绛的《老王》，老师帮学生找到描写老王"少亲情无依靠"的"不幸"时很有见地，引导学生抓住"有个哥哥，死了，有两个侄儿，没出息"进行品味，扣住两个逗号细品读，"'有个哥哥'，感觉老王有亲情的依靠，不免为之高兴；高兴之余，猛然间，'死了'两字却带来了无言的悲伤；悲伤之余，紧接着'有两个侄儿'，又给人一希望，表明他还有亲人的；但'没出息'，又让人的情感从希望的高峰跌到绝望的深渊。在短短十四字中，杨绛让我们的情感跌宕起伏，为老王喜悦，为老王哀伤；此外，将'死了'与'没出息'放在最后，更加突出、强调了老王孤苦无依的悲凉处境。倘

若语序改为'有个死了的哥哥，有两个没出息的侄儿……'或者去掉
'，'改成'有个哥哥死了，有两个侄儿没出息……'不论从情感体验
上还是突出强调上，都将大为失色。"这是很有见地的。但是，在整体
评价这句话时，说"这是一句看似平常的话，但细品之下，却是芳香清
纯、韵味无穷、情感喷薄而出"，"两个'，'激起了万丈情澜"，似乎
是不准确的。这个句子也实在品不出"芳香清纯"，也不必过分夸张为
"万丈情澜"。对这样的误读，教师应有清醒的意识，予以恰当的引导。

　　如解读《最后的常春藤叶》，我们往往把更多的注意力放在歌颂贝
尔曼的大爱精神上。其实，我们关注一些细节，就会发现苏艾更让人感
动，医生也叫人感动。

　　　　医生走后，苏艾到工作室里哭了一场，把一张日本餐巾纸擦得
　　一团糟。然后，她拿起画板，吹着格拉泰姆曲调，昂首阔步走进了
　　琼珊的房间。
　　　　"哟，我从没听说过这么荒唐的话。"苏艾装出满不在乎的样
　　子数落她说，"老藤叶同你的病有什么相干？……我倒忘了，大夫
　　今天早晨告诉我，你很快康复的机会是——让我想想，他是怎么说
　　的——他说你好的希望是十比一！……现在喝一点汤吧。让苏艾
　　继续画画，好卖给编辑先生，换了钱给她的病孩子买点红葡萄酒，
　　也买些猪排填填她自己的馋嘴。"

　　这写出的是一种怎样的情怀呀。读作品，我们知道，这两人也只是
合租房子的萍水相逢之人，当伙伴生病后竟是如同亲人般的呵护有加。
这样的情怀确实也令现在的人羞愧啊！

　　苏艾的呵护，有物质方面的也有精神方面的；贝尔曼是精神方面的
呵护。

43

　　写这样两个人，不，还有医生，他们对琼珊的呵护，结合小说全文，我们发现，作者意在呈现城市现代文明发展与精神世界的错位。物质文明不一定能够拯救一切，精神文明却有可能使人获得新生。同时，贝尔曼、苏艾、医生都在对琼珊实施拯救，但拯救方式不一样，苏艾、医生实施的是外在拯救，这从医生的话里可以看出，贝尔曼实施的是内在拯救，一个构成他救意义，一个构成自救意义。

　　对文本的准确解读，还表现在教学设计上。有位老师教学《山居秋暝》，先指导学生把诗归纳为"空山新雨图""明月松溪图""归浣图"等几个画面，然后要求学生分组讨论如何绘制这样的几幅画面，并将绘制的成果展出。这个教学环节设置的依据是苏轼评价王维的诗是"诗中有画，画中有诗"。但这里就出现了理解上的误读，"诗中有画"的"画"是"画意"而不是"画面""画技"。

　　如有的老师在综合解读的基础上选定教学内容为讨论祥林嫂的"罪"与"不幸"。祥林嫂为何要捐门槛？祥林嫂为何把夫死子亡当作她的"罪"？这明明是她的"不幸"嘛，"不幸"为何成了"罪"？一步步推下去，发现她生存的社会环境导致了她的一系列"错位"。作者正是要通过祥林嫂这样在迷茫与追求中死去的展示，表达她深广的忧愤和悲悯情怀。

　　（2）广博解读是教学取舍的前提

　　一个文本中具有教学意义的因素可能是很多的，但是，面对的学生不同，各年级段的教学任务不同，教师的教学意图不同，对众多的教学因素可以也应该有所取舍。而取舍的前提，便是教师对教材的广博地研读。对与教材有关的材料做广博研读，这就是所谓的教师有一江源源不断的水，根据需要选择一瓢给学生饮。同时，教师的广博解读，也为学生开阔眼界，养成博览与广思的习惯起榜样作用。

　　例如《庄子·秋水》，教学参考书中列举了一些解读材料，各种刊物也发表了老师的不同解读，也都说出了自己的理由。课文《秋水》是一则寓言，寓言的寓意是什么，解读意见众说纷纭，如"人贵有自知之明""个人的见识是很有限的""满招损，谦受益""克服个人主观性防止片面性""自大源于无知，知耻者近乎勇""有比较才有鉴别"等等，但也有意见认为，这些都是从儒家的角度对文本做的解读，其与作为道家思想代表的庄子思想本意是否一致，就需要仔细研究。天津师范大学的马志英认为，庄子通过这个寓言要告诉世人，不被外物的大小、贵贱差别损害，要突破形（存在）与识（存在反映）对自身的约束。认识对象的无限、认识机能的有限决定了人在外物面前始终是自卑的。大之上还有大，贵之上仍有更贵，无论处于哪一层面都是要受到更大更贵的挤压，人要懂得主动避免挤压与损害，所以要建立一个超越大小、贵贱的评判标准，这个标准就是是否尽乎天性。尽乎天性，哪怕是像夏虫、蝼蚁那样的小物都可以成为自在的生命存在，所以庄子的哲学思想是要为万物尤其是人建立强势的精神体系，万物都可将自身等同于"天"，都可在对本性的全身心体验中获得自身的存在快乐。拥有强势精神的人不被富贵诱惑，不在外物中迷失，不受外在尺度的有意损害，他全然就是自身生命的主宰。

对《祝福》的解读，几十年来，出现了许多值得借鉴的思路，我们去做一个广泛的阅读，获得对文本的多样理解，便于我们做教学取舍。

《教师用书》中认为作品"揭露了封建礼教吃人的本质"。高远东认为它"展示了以儒道释三教构成的'鲁镇社会'将她逐渐吞噬的清晰过程和思想图景"。

对国民劣根性的批判。国民性是一种国民共有的文化心理，是一种不自觉的"集体无意识"。冯骥才称之为"集体性格"。张业芸：《祝福》中许多人的感情和行为，已经超出了麻木与冷漠，甚至达到了残酷的程度。何洵怡：鲁迅与林语堂的共同点是揭露国人弱点，唤醒昏睡者，"获得蜕变的信念和勇气"。

生命个体的悲剧。吴纪梁：《祝福》不单是祥林嫂的悲剧，不单是文化杀人的悲剧，礼教杀人的悲剧，也是一代负责任的知识分子的悲剧，革命者的悲剧。傅丽霞：在时间面前，在生命面前，在自然面前，人大约是悲剧的。鲁迅受尼采的影响，潜意识里有着浓厚的生命悲剧感。

启蒙的危机。《祝福》的特定时间选择，表现出上流社会和下层社会的祸福相谬、心灵阻隔，完成民族精神信仰体系的重建，任务是何其艰巨。反映了一个探索者艰难困苦的反思和自省的轨迹，抒发了启蒙者的悲哀。

反映的是对宗教信仰的思考。祥林嫂与其说是死于想做奴隶而不得，莫如说是死于信仰而无所信。礼教编织了一张巨大的社会伦理罗网，却没有赋予她内在的精神寄托。既没有给她提供生的信念，也没有给她提供死的归宿。

祥林嫂不仅仅是旧社会地位低下、命运悲惨、受迫害和摧残的劳动妇女形象，她身上也有着不可忽视的"美"。她具有坚持着、思索着、挣扎着、探询者的自觉自省意识，受压迫却追求尊严。正是这样的一位从愚昧向智慧转变的人物的追求与探索的失败，向读者提出了值得思考的问题：为什么从蒙昧到觉醒的路这么难走？

鲁四老爷仅仅是顽固、虚伪、自私、冷酷的地主阶级知识分子的典型吗？他重祭祀、尊礼仪，他的典型语言：可恶。然而，在他身上难道就没有体现一点作为一个读书人的善良与人性？他计算工钱，他没有计较卫家山人抢走了祥林嫂，不是也值得思考吗？

从文本的细节里、语言里寻找作者想要表达什么的蛛丝马迹。旧历的年底毕竟最像年底。这看似平静冷漠的语言，实际要表达的意思是，旧历的年底，不是民国之后确定使用的公历的年底，它要强调的是，年底的祝福仪式深深地浸润着中国古老的文化传统，指向中国深邃而又复杂的文化背景，在这看似平静冷漠的表象下流露着深沉的忧思。

人们对祥林嫂的称呼：大家叫她祥林嫂。大家仍然叫她祥林嫂。人们也仍然叫她祥林嫂。这仅仅是说人们的习惯吗？它要表达的是人们都受着封建伦理观念的深刻影响，人们对祥林嫂再嫁的态度，这就是传统的力量。祥林嫂在这样的环境里遭鄙视是必然的。就像现在的某些观念不是一下子就能用行政命令改变一样难。

教学如何取舍？我们无非要从文本内在因素中去寻找"正解"，同时，也可以由此引导学生深刻理解所谓"知人论世"，所谓解读视角的选择等。

（3）深刻解读是教学设计的前提

钱梦龙说，语文教学，第一位的、首要的是自己反复品读课文，直至体悟出作品的具体特点、奥妙，而后才进入教学设计，否则就本末倒置了。王荣生说："教什么比怎么教更重要。""教学内容比教学方法更重要。"阅读教学的教学内容就是要"抓住文本的精华、精髓"。精华、精髓从哪里来，从深读文本中来。我在设计《一滴眼泪换一滴水》时，就反复阅读课文，读出自己的感受，我是这样理解和设计教学的[①]。

我对学生说："欣赏小说，如果能找到一个通贯全篇的突破口，一点即通，全篇即活，即可势如破竹，触发感悟，便会思如泉涌。"学生既兴奋又疑惑。我见已经吊起了学生的欲望，便说："今天我们就来阅读《一滴眼泪换一滴水》，试着寻找一个突破口，达到欣赏全篇的目的。"学生开始阅读，寻找自认为可以突破的口子。交流期间学生谈出了各种意见。我在简要评价后，抓住两位同学说的"卡西莫多奇丑"和

———————

①纪勇.《一滴眼泪换一滴水》一点突破教学案例［J］.语文教学与研究：2008年第10期，第54—55页。

"爱斯梅拉达奇美"两个观点入手，引进"比较"的概念。请学生抓住这奇丑和奇美比较，深入研读文章。研读前我为学生做了点拨："所谓'比较'，就是运用相关联系思维对作品进行相关分析，以达到同中求异，异中显同，深刻认识作品意蕴的目的的方法。比较，可以有内部比较、外部比较之分。外部比较，主要指不同作家的比较、同一作家不同作品的比较等；内部比较，只指同一作品内部的比较。我建议今天咱就用内部比较法来欣赏课文。"

接下来，同学们进入文本研习状态。我看大家读到一定程度了，便请大家自由交流，并不时地参与他们的交流，给予一点点拨，如要选好角度，要变化角度，作品中不同人物的比较，其实同一人物外在和内心、此时与彼时也可以比较等。学生讨论一阵后，我们一起提炼了以下内容，作为学生研习的结果：

就节选部分而言，卡西莫多是核心人物。以他为轴心，有六重对比。第一重是内对比，即人物自身的外在形象与内在品质的对比。他的外表是极其丑陋的，他是"聋子！独眼！驼背！怪物！"人们从他"奇丑的脸上""只能看到一个野人或笨人受惊后的表情"，他"脊背像圆拱顶，两腿像弯曲的柱子"，胸脯"突起"，肩膀"长着许多硬皮和汗毛"。然而，就是这个"可怜丑恶的家伙"，有着人的善良的本性，他在受刑时表现出超人的顽强和忍耐，可在爱斯梅拉达给他送水喝时，他"生平第一次流出了眼泪"，这是感激的泪水，是人性的泪水。他后来拼力保护爱斯梅拉达，把邪恶的克洛德·孚罗洛推下高楼，他自己甘愿以死陪伴在死去的爱斯梅拉达身边。后五重是外对比。第二重是卡西莫多与爱斯梅拉达的对比，一个奇丑无比，一个则美若仙子，然而，外在的不一样，却有着内在的一样，都有一颗纯洁、善良、美好的心灵。卡西莫多受人指使劫持爱斯梅拉达，而爱斯梅拉达却以德报怨，在其受刑时，从内心里同情他，为他送上最需要的水，她的行动连卡西莫多最初也误以为是来报复他的。她的行动让卡西莫多第一次感受到了人间的温暖，就连那么麻木的"看众"也受到人性复苏的启示，拍手叫好。第三重是卡西莫多与其养父克洛德·孚罗洛的对比，一个外貌丑恶，内心善良；一个则道貌岸然，内心自私阴险。克洛德·孚罗洛，可谓英俊文雅，但他指使卡西莫多劫持爱斯梅拉达；在卡西莫多替他顶罪受刑时，他却不闻不问，装作没看见，"用两只踢马刺踢着骡子急忙转身走开了，好像在逃避一声耻辱的呼唤似的"。第四重是在对待卡西莫多的态度上，爱斯梅拉达与克洛德·孚罗洛的对比，外表都是"美"的，而内在的心灵却大不一样。卡西莫多受刑，从渊源上讲，罪源在克洛德·孚罗洛，受害者是爱斯梅拉达；从亲情关系上讲，克洛德·孚罗洛是卡西莫多的养父，卡西莫多在为他服务，而爱斯梅拉达是"外人"，是受害者。但是，卡西莫多最需要关爱时，两人表现出截然不同的态度，内心的美丑判然。第五重是对待卡西莫多受刑，爱斯梅拉达与围观群众的对比。围观群众对一个可怜人被打得死去活来，不但不同情，还起哄、嘲笑、辱骂，向他投石块、垃圾，在卡西莫多求水喝时，无人理睬；而爱斯梅拉达却伸出人性之手，放出人性的光彩。第六重是围观群众前后态度的对比。在爱斯梅拉达送水之前，他们极显帮凶者、落井下石的丑态，而之后，又是一个180度大转弯，为爱斯梅拉达叫好。原来作者看似信手安插的人物，却处处都在相互对比的位置上，引发我们进行联想思考，推究作者所要表达的真谛。而这些都是借用比较的手法来发现的。

同学们见讨论如此有收获，异常兴奋。我问他们还有什么疑问，他们似乎感到很满意，一时没有疑问了。我抓住刚才的话尾说："作者处处对比，引发我们思考，推究作者要表达的'真谛'，那'真谛'到底是什么？"是呀，刚才只顾兴奋，没有深究真谛是什么。学生感到了自己的缺陷，又陷入阅读思考之中。我启发学生说："这些对比究竟表现了什么？这可能也不是一眼就能看透的，需要渐悟。所谓'渐悟'，就是对一个现象、对一个问题的理解把握，对一个艺术手段的欣赏，需要反复阅读，几经思考，逐步接近本质。比如刚才找出六重对比是一次性找出来的吗？不是。是逐步悟出来的。现在对每一重对比进行再感悟，看看其用意是什么。"

学生沿着这个思路，逐步理出了感悟，我们一起做了一些归纳：

第一重对比，让我们想到，外表的丑并不一定决定内在的丑，极丑与极美在一定情景下能够完美结合。但是，能不能由此推出外表美的人内心就一定丑呢？第三重对比，似乎在引人入彀。一个外表极丑而内心极美，另一个则外表极美而内心极丑。但第二重对比，却又否定了这种推测。爱斯梅拉达外表是极美的，而内心也是极美的，外在与内在达到了和谐一致。外在丑的也有内心美的。

外在美的也有内心美的，内心的人性之美与否并不必然的与外在形象有关。第四重对比加深证明了这个观点，两人外在都美，但并不一定内在心灵都美。至此，我们发现，关于人性美的哲理思考，才是这一系列对比安排的真意所在。人性之美是内在的，它并不以人的身份、地位、外貌等等来决定。那么，究竟是靠什么来决定的呢？在选段中似乎也并没有回答这个问题，但是，另外两个对比，却使思考再加深了一步。爱斯梅拉达与围观群众的对比，让人想到一般人的善良、淳朴，往往与麻木、愚昧相一致。善良、淳朴，往往缺乏思考，导致容易相信，很会上当受骗；而麻木、愚昧，则往往被掩盖了人性，成为看客，甚至成为客观的帮凶。围观群众对卡西莫多可笑、可悲的态度，似乎是因为，他们觉得卡西莫多是干坏事的人，理应受到侮辱、惩罚。其实，深入一步思考，会发现这是一种人性的美被蒙尘的体现。爱斯梅拉达的人性之举，很快唤醒了他们的人性意识。于是，他们的转变就显得顺理成章。这种唤醒，还体现在卡西莫多身上。爱斯梅拉达的以德报怨之举，是极其自然的，这就是内在的素质。而恰恰就是这种内在的美，让卡西莫多感受到了人世间的温暖，唤醒了他潜在的内美特质。人性美是需要以爱来唤醒的。把上述种种对比的意义综合起来思考，它启示我们：人性是错综复杂的，人性中的美与丑是相互冲突的，也是对立存在的。人性中的美是需要唤醒，是可以唤醒的。人们追求美是有希望的，人应该追求和拥有美的德行。

在浅显中读出深意，在平常中悟出不一般。深层次的解读不仅是对学生深刻理解文本的引导，更是促进了学生思维水平的提高。例如，《老王》到底是表达知识分子严于自责的精神，还是另有寄寓？从有关老王的生理缺陷描写看，作者看似平平淡淡地叙述：

> 他也许是从小营养不良而瞎了一只眼，也许是得了恶病，反正同是不幸，而后者是更深的不幸。
>
> 有人说，这老光棍大约年轻时不老实，害了什么恶病，瞎掉了一只眼。

不做深层次的研究，就只看出老王不幸，但一深究，发现有问题，为何"后者是更深的不幸"？答案就潜藏在第二句话里。这"有人"所指为何？"这老光棍"带有何种感情？为何又要加一个"大约"？老王本已不幸，可是还要遭到"有人"的鄙视，甚至嘲笑、讽刺、谩骂，这种流言蜚语，还是查无实据的，就是说者也是"大约"。而这"有人"本身也许自身就是弱者，也是不幸者，可是他们还要嘲笑比他更不幸的人。这是怎样的生存环境，老王肉体之身本已有残疾，本应得到同情，可是在这样的环境里还要遭受"有人"的蜚语流言伤害，精神还要再受打击，这确实是更为不幸！由此，我们想到，这样的环境是不是该引起人们注意？这样缺乏人情温暖的社会是不是该有所"愧怍"？该愧怍的仅只是杨绛吗？社会上的这些"有人"该不该觉醒、该不该愧怍？这些人跟鲁迅笔下的"看客"有什么两样？

再看看，老王仅仅是因为脑子转得慢，一步跟不上便步步跟不上，就被组织淘汰了，被组织遗忘了，成了组织之外的"自由职业者"。而那时的自由职业者又没有"个人创业"的环境，他的职业一再被取缔，生存的空间越来越狭窄。一个理想的社会是人人平等的社会，是人人都有生存环境的社会，不是只让少数人富起来的社会。作为组织，要代表人民的利益，无论脑子转得快还是转得慢，组织都有责任帮助他们生存下去。可是，老王，硬是被"组织"遗忘了，可他还是只责怪自己，不抱怨"组织"，多善良的百姓啊！这样的"好"百姓，竟然生存得这么艰难而我们却不去帮扶他们，我们的"组织"难道不应该"愧怍"吗！

有了这样一些深刻的理解，我们的教学设计就会有一条明晰的思路，尤其是问题的设置，就会有一条明晰的线索和一定的思维启迪性。

2. 解读力的基本构成要素与应有体系

为什么有人喜欢读文章、喜欢读书，因为他能读懂，能读出趣味，能读出作用，能读出利益，能读出境界。而为什么有人读了一会儿就不想再读了，因为他读不懂，就觉得没味道，就不想读了。这就是解读力的问题。要读懂文章，首先要识字，要理解词语，要理解句子，要懂得段落说的什么，理解文章说的什么，理解作者为什么这么说，作者是用什么方法说的，他与别人的说法有什么区别等等。这些都是解读力的最基本要素。但作为语文教师，要有很好的解读能力，还必须构建自己专业的解读体系。

（1）知真意

解读文本，要准确把握文本所传达的意义，包括显性意义和隐形意义。黄厚江老师概括为三重意义，即作者意义和文本意义，社会意义和历史意义，个性意义和读者意义。所谓作者意义就是作者写这个作品所要表达的意义，他要表达的思想、情感、观点，他写这个事是想向大家传递什么信息、引起读者怎样的关注等。所谓文本意义是指作品实际传达了什么样的意思、有了怎样的实际效果。所谓"形象大于思维"，实际作品呈现出来后，有可能没有达到或传达出作者想要表达的意思，或者表达了超出作者想要表达的意思。

在教学《始得西山宴游记》时，有学生认为：名家游记也不过如此，说是游记，却没有写出多少奇山异水、悦目景致。这是因为没有读懂这篇文章，他只按照通俗的游记要求写山水之景的标准来评判。这样的理解不仅没有读出文章的真意，而且可能与作者心灵隔了好几层了。台湾学者南怀瑾说，道家是药店，平时人们是不会理会它的，但到了生病的时候却非找它不可。对山水自然，似乎也是这样。我们也曾有许多人附庸风雅，游山玩水，但可能更多都类似于只能自娱于"××到此一游"的境界，而未必真正从山水中解读出特别的含义。柳宗元算是能真正读懂山水的行家之一，从他的山水游记中，我发现，他之所以能够读懂山水，在于他在山水中读到了自己，借山水之灵眼烛照出心灵之路，让他走出了人生认识的某种困境。这就好比是吃了一服药，医治了心灵的创伤，走出了心理阴影，踏上了前行的征程。《始得西山宴游记》与其说是记叙游山玩水的过程，不如说是诊治心灵伤病的过程。一般人的见解，也就只在浅表能够发现的地方，像西山这样的"特立"之处，一般人发现不了，也认识不了，它也就难免孤独的命运。况且，这山那样高峻，人一般也不愿费力去攀登。所谓世间奇绝之景，往往在险远之处；世间高峻之人，也往往是不容易被世人认识的。尽管这样，那西山并没有因此而痛不欲生。它伟岸特出，怡然傲立，不因寂寞而改其志，不为世俗而移其心。这是作者得到的感悟之一。这还不是主要的，而让作者心灵得到彻底医治的是在这山上，看山下"岈然洼然，若垤若穴，尺寸千里，攒蹙累积，莫得遁隐"。真乃居高临下，世间景观，无处隐藏,皆在目下。这才是一种胸怀、一种眼光、一种境界呀! 人到了一种境界,再回头看争利于市,夺名于朝的种种表演,是不是也应有这样的平静与淡然的态度。尤其是在这"萦青缭白,外与天际,四望如一"的境界里,心胸不可能不开阔,再加上感受到"悠悠乎与灏气俱,而莫得其涯;洋洋乎与造物者游,而不知其所穷"的心灵洗涤,还有什么放不开丢不下的羁绊能牵绊我心? 放下,这是一种境界。这种境界是自然对人的启示。放下了,心就会凝住波荡,平静下来;身体也就不会再感到无形的压力和被捆绑般地难受了。这是自然对人的恩赐。不过善观者能明其暗示,领悟其旨,得其恩赐;不善观者,只能是感到劳形费力,徒叹不值罢了。这也正如欣赏经典,善不善读,区别大矣。

读懂真意,需要一定的知识和方法,有时也需要一定的人生经历。

读出真意,一定要细心。如读《祝福》,小说中两次写到祥林嫂讲阿毛的故事,第一次开头: "我单知道下雪的时候野兽在山坳里没有食吃。"第二次却说成"我单知道雪天是野兽在深山里没有食吃"。这两个句子,一个正确,一个是病句。何以如此? 刚经历丧子之痛的祥林嫂还能感受到自己的痛,意识还是清楚的,在给四婶讲述时还是清楚的。随着打击的不断袭来,承受的痛苦越来越沉重,祥林嫂逐渐失去清醒的知觉,意识开始混乱,显得语无伦次了。这才是后面所以称祥林嫂是一个"活物",她是怎样地呈现消尽了"悲哀的神色,仿佛木刻似的"。祥林嫂是心死了,然后身体才死亡的。

伯尔的《流浪人,你若到斯巴》中有一句: "正对着楼梯口的地方,中央也竖着一根大圆柱。" "也",表示同样的意思,可是前文却没有对应的大圆柱。是不是笔误? 还有几处这样的情形: "随后见到的,仿佛也似曾相识,墙壁也刷成黄色,墙上也顺序挂着一幅幅画像", "担架颤悠着拐弯时,迎面而来的竟也是赫尔墨斯圆柱"。此时所见用一"也"字,表明他以前看见过。此时的他受了重伤,意识恍惚,没有一下子认出这就是自己才离开没几天的学校，为后文认出这是母校埋下伏笔，也真实贴切地刻画了人物，更增添了小说震撼人心的力量。

（2）辨优劣

面对一个作品，有人说好，有人说不好。作为语文教师，好，要说出好的理由；不好，要说出不好的理由。我在一个地方做研究课，所选教材是曾作为高考题阅读材料的《双琴祭》，我估计学生对这样的文章会不屑一顾，觉得它很幼稚，在让大家预习以后，设计了一个问题："大家喜欢这篇文章吗?"同学们几乎是异口同声："不喜欢!"再问："理由是什么?""太简单，太幼稚。"我说："但我了解，这篇作品曾是《微型小说选刊》、中国微型小说学会、中国作家网联合举办的2011年'中国微型小说排行榜'十篇上榜作品的第一篇。难道是专家们看走了眼?"这时有的学生低头思考，有的学生面露质询之色。我故意不理会少数学生诸如因为不正之风之类的议论，引导学生思考这篇小说究竟是凭什么获得了评委的一致好评。

一篇作品要获得好评，主要的因素有两点：一是内容上反映了生活的某种本质，表达了深刻的真挚见解，揭示了社会的某一问题；二是形式上，采用了新颖独到的表达载体，使用了具有美感的表现形式，运用了颇具张力的艺术语言。总之，这样的作品，能给人以启示，示人以智慧，引人以思考。

这篇小说究竟有什么赢人之处呢? 我引导学生从细节入手寻找。

①内容上的赢人之处

从细节中发现内容上的赢人之处。

第一，世情：

老制琴师：世人对于任何事物，包括人的才能，总习惯于评论出个孰高孰低。我曾有位师兄，他是我最敬佩的制琴者。但是他没能禁得起世人在我们之间进行的孰高孰低的评论，他是怀着对我的嫉恨死去的。——感受，体会。

世人：欣赏，赞美——议论纷纭，孰高孰低——心理古怪，喜睹分裂，喜欢发现不足（看客的典型表现，不做实事的人群的逼真描绘）。

传媒：寂寞（无聊的人，无所事事的人，闲人）——推波助澜（生怕天下不乱）。

商人：支持报刊、电台搞轰动（不惜以牺牲他人为代价），报刊与商家各得其所（各自的私利，唯利是图）。

别人：阴谋，寂寞无聊时生成默契，嫉恨，嫉恨他们的珠联璧合，希望他们趁机更为仇敌。

这世界，之所以寂寞，除了没有灾难，还因为没有仇敌应对。

第二，人心：

世人无聊，别人嫉妒，商人逐利，报人贪功。

实际上，不难让我们想到一些人辛辛苦苦为功劳而做的一系列努力。

第三，环境：

人不能安心做事，要应对环境：世上多的是无聊之人。

人不能潜心事业，要受人左右：应付不完的各类评比。

人难得安静心态，要应对媒体：很难回避人为的分裂。

第四，祭奠：

"祭"是"祭奠"。

祭奠的是什么呢？琴乎？演奏家乎？制琴师乎？世人乎？

明确"双琴"的象征意义："双琴"象征一切美好、和谐的事物。一对爱恋的爱情双琴，一对合奏美妙的少年提琴家，因为人性的鼓噪、嫉恨演变出不得已的悲哀。双琴祭，一个"祭"字，概括出双琴之命运，也概括出人性之弱点。如何崇尚人性，给人许多暗示。

第五，问卷：

老琴师临终遗言："世人对任何事物，包括人的才能，总习惯于评论出孰高孰低。我平生夙愿，想制成两把音质同样优良的小提琴，由此向世人证明，世界上有些不同事物的美好。在美好与美好之间为什么还要比来比去呢？这是由于人心的偏狭导致的愚蠢啊！我认为人是需要这种教育的。"

他在拷问我们的社会、我们的世人：

两把具有完全相同的"基因"，本来无法区分的琴，两位技艺不分高低，唯独合奏也许更完美的演奏家，就因为听琴乐声的人的古怪，喜欢分裂，非要他们比出个高低，说他们有差别。鼓噪即使琴没差别，那么演奏的风度能没差别吗？人言可畏。终于把一对合奏精美的少年琴师，生生分裂了。因为非要找出他们的美中不足，而把他们搞得迷茫嫉恨了，完美的合作破裂了。因为人性的鼓噪，把曾经的珠联璧合，离间成嫉妒、嫉恨及残杀。结果悲剧发生了，两把琴都暗淡无色，变成丢弃物，两个少年提琴家都葬于非命。比较、起哄、鼓噪、嫉恨，最后人、琴都变成了"牺牲"。这难道就是人性？

想想我们的现实生活中，有多少这样的浮华、嫉恨之例子，令美好的东西遭劫，最后搞得身败名裂，人类的聪明才智就应该这么发挥吗？

人性的发展不是那么容易提升的，人性的劣根性也许是人的本能，怎么办呢？也许教育的正确观念和养育，会给人性提供更多的内在东西！人性综合素质的投资多少都不为过吧！孩子的人性不仅仅是自己的，更是社会的，功利、比较、妒忌也许不通过提升人性的高尚，都将演化成人性泯灭，值得我们现代人很好地反省啊！

——内容上主要表现了作者对世情的入微体察、对人的心理的独到分析，表达了对社会环境负面因素的批判、对象征美好事物的遭毁悲剧的真情祭奠，向人类发出了震醒灵魂的问卷。

②形式上的美学力量

作品以寓言式来展示自己的观察和思考，揭示社会人类的一大痼疾。

第一，小说给你的印象是真是幻？

寓言旨在说教、劝诫；寓言式小说在于表现、揭示，寓言在小说里仅是个壳。

寓言表达的是一个意义、一个教训，具有单一性；而寓言式小说表达的是神秘的存在，具有多义性。

寓言总是在讲一个道理，下一个结论；寓言式小说却只提出问题，并不做判断。

寓言是一个故事的骨架，十分简易，它为"道理"而存在；而寓言式小说的骨架仅是个"篮子"，主要是盛装丰富及神秘的"形象"。

第二，小说是否给你以心灵的震撼？

小说借助寓言化的形式震撼读者的心灵。

一对如此好的演奏家竟然一死一疯，多么精良的一对小提琴，竟然一碎一毁。美好的事物遭到毁坏，总是令人伤心的。

造成这美好消失的原因是什么？

"世人"妄评两位演奏家演技的高低；"传媒"对世人的各种评论推波助澜；"别人"嫉恨两位演奏家合奏的珠联璧合；"世人"将悲剧归罪于活着的演奏家。

而这些因素的实质是什么？

"世人"的"古怪心理"毁灭了美好的事物。这样的"古怪心理"，形成了一种恶劣的社会环境。这样的"古怪心理"演绎着社会规则，让人们自以为聪明，而毁灭了美好事物而始终不能自知。

现在的社会不是还在盛行着这样的风气，并在不断地添油加火、助燃催热吗？

这篇小说震撼人的心灵的地方就是小说透出了作家对生活的敏锐观

察、独立思考和独特见解。

在悖谬与荒诞中充满了哲理的闪光，对现代人生存处境的悖谬性有着深刻的认识，通过奇异的构思，运用荒诞、象征、反讽等手法为读者营造出一个悖谬的世界。以寓言的形式将现代人的生存哲学渗透进小说创作中，真实地直面现代人生存所遭遇的困境。

我们读着这样的小说，深感有一种困惑的痛快感，同时又有一种明白了事情真相后的憋闷和沉重感，真有一种鲁迅说的"感到有说不出话的"感觉。也真想如小说最后写到的那位制琴师一样泪流满面，像作者一样对现实人生处在这样的悖谬环境里还不自知而泪流满面。

第三，小说给了我们怎样的写作规律或技巧？

小说家把对社会的观察和感受用故事的形式来反映，他在娓娓道来的故事里越出了通常的写真逻辑而变得寓言化了，也使得它们不再是一般意义上的对当代社会生活的反映，而是对深层的文化病症、心理痼疾与精神危机的洞烛与探微。

现实也变成了精神的"观照"，是被个人重新理解的现实，而不是原来被设定的、司空见惯的现实。

在对精神与现实存在的烛照与洞悉方面，作家为了走出各种现实条件的制约，放弃像在历史领域中那样的自由洒脱，而以表面轻松的故事来承载深刻的思考。而这种承载手段，一是刻意的夸诞，二是刻意的琐细。这是使"现实的镜像"被变形和转化为作家"智慧的洞烛"的有效方法。

第四，小说语言值得咀嚼。

小说把"双琴"喻为一对恋人，讲述了它们前世为树、今生为琴的"姻缘"，演绎了一出由相爱相依至分离毁废的悲剧。

小说在叙述时，"他们""它们"交替使用，人和物相互交融，灵活地展现了事件过程，暗示了人和物命运的共同性。

看似不起眼的随意而"安"的词语，往往有值得品味的韵味。

"最适合"做琴，却最易引出事端。

"肯定"能做成"优良"的小提琴，却无可避免悲惨的命运。

"老了老了，他就生出一个夙愿来"，语含讥讽，慨叹人生。按说"夙愿"不应该是"老了"才生出来的，用在这里似不合理，但不合理中有着蕴含，是"生"出的，生事，没事找事，你看世上浑浑噩噩一生的人哪里需要生那么多的事，他们不就平平安安了？"老了老了"，可做多解。

对两人的瘦或胖，人各有喜恶，因此写不出标准、理由。

报刊与商家各得其所，不动声色地揭示。

观众起哄的描写显示的世态。

两处的"为什么，为什么"的质问，不断启发人们思考。

第五，余韵。

我们课后仔细去品味小制琴师何以会泪流满面吧，他为何而流泪，为谁而流泪？寓言式小说，就是这样，没有结论，它把令人警醒的问题留给大家，你们看怎么办。

（3）赏佳构

《始得西山宴游记》，作者的构思可谓精巧至极。他面上写西山，而善读者则无时不在感受到文章字眼里面的暗示意蕴。作者"以为凡是州之山水有异态者，皆我有也"，也就是说，这个州的山水都被我游览完了，潜在的意思是，别人所知道的好地方我都去过了；我所能找到的地方都去过了。我们于是想到，一般人的见解，想到特殊的人和事，想到人生的规律，于是心灵不由得豁然开朗。

且看文章第一段，第一句便点明自己的身份和心情，使文章的起笔就处在一种压抑的氛围之中。虽然后边记叙自己整日游山玩水的文字似乎轻松怡然，但再读，总觉得这里的味道似有异样。除"幽泉怪石"显示了景之诱人之处外，其余文字大都是写过程与心情的。"深林""回溪""有异态者"都是抽象的概括，"幽泉怪石"也不是形象化的语言。读完这段文字，我们只感觉到表面的轻松惬意之中，总有一种无所事事、百无聊赖的非正常感受。想想看，能够"日与其徒""无远不到"地游来游去的人，如果不是"退休"养老、消磨剩余时光的人，恐怕只有像徐霞客那样以考察山水或写作山水文章为生的人了。可惜柳宗元不是这两类人。这就不能不顾及他为什么要在开头点明自己是"僇人"。作为贬官罪人的柳宗元，此时只能以天天在野外乱走来消磨时光，难怪他不愿写出山水的奇景美趣，这是在暗示他无心赏景。领着几个人走走，也无非是故作旷达，以掩饰内心的痛苦而已。他的游走是"施施而行，漫漫而游"，即茫无目的的，了无情趣的，完全是一副消磨时光的心情与姿态。如果本身就是一个无才干无志向无责任感的"三无"人员，游手好闲，便也是一种享受。可是，柳宗元志在兴邦，是才情卓越的人，正想干事的时候，被人抛弃在外，赶到荒鄙之地，其内心情感当是何等痛苦！常理也是，越是有才之人，越容易遭人嫉害；越是放浪形骸，表现出无智无才，才可能逃过一劫，兴许还会被重新"欣赏"，被委以重任。可是，有责任心的正直之人，时过境迁，年龄不饶人啊，错过做事时机，也许终身只能徒叹奈何了！其心灵之苦可想而知。

上一段是铺垫，是为下文作背景衬托。第二段笔锋一转，写发现了西山。然而奇怪的是，这西山，却是别人不曾发现的，也不曾有什么人去过的。因为他们去时，是"斫榛莽，焚茅茷"新开辟一条路才上去的。写西山，也没有多少文字正面写它的景象，而是写登上它的最高处时有了异乎寻常的发现。发现这西山的"特立"而"不与培塿为类"。在这里，作者的心灵一下子得到了点化，马上从沉甸甸的"恒惴栗"心境中解脱出来，"心凝形释，与万化冥合"。心情一下子宁静下来了，不再波荡，不再忧谗畏讥，不再为不被理解不被重用而心怀耿耿；似乎人的形体也与自然融合，在阔大无比的自然里，心胸为之宽阔，胸间的一切阴霾在无边的自然面前显得不堪一击，早被荡涤干净。这种与万物冥合的境界，哪里是一般人所能领悟得到的呀！

有些作品需要从结构入手才能更好地理解其良苦用心或表达的真意。高明的作家正是利用小说情节、人物情绪的起伏变化牵动读者的注意力，获得理想的叙事效果。只有研透这种情节、情绪、节奏的内部变化，才能体会到如《水浒传》这样的古典小说所具有的独特魅力。

文本的不同特点并不单纯因为文体的差别，其创作时代与创作过程往往也表现出其经典性的特质。对于《水浒传》这样的中国古典小说的杰作，我们只有在抓住其长于叙事的特点才能还经典以经典，让学生体会到我们的传统小说有别于外国小说的不同价值。

（4）评规律

作家写文章，课本编者编课文，都有着他们的独特思考。这些思考，如果我们仔细揣摩，认真总结，就会弄清里面的一些规律。

以品读课文《失街亭》为例来看看，我们能从中发现什么规律。

《三国演义》构筑情节的特点是整体相连，而又各自相对独立，自成格局。既便于展示战争全貌，又利于集中而统一地刻画人物形象。《失街亭》是整个"六出祁山"的一个战役，具有相对独立的格局。点将是开端；马谡据山扎营，不听劝谏是发展；激烈的街亭交锋，拉锯式的几场鏖战，是高潮；退守阳平关，挥泪斩马谡，是结局。

第一，课文写街亭之战，采用的是全景式写法，重在战争双方的形势分析和调兵遣将等准备过程，蜀魏双方在分析形势和军事部署上各有何特点？从中可以看出这场战争什么样的特点？

点拨：写双方的形势分析，主要是通过双方主帅的语言来写。诸葛亮闻听司马懿兵马将到，立即猜出其"必取街亭，断吾咽喉之路"。司马懿令司马昭去探前路，首先探街亭，"若街亭有兵守御，即当按兵不行"。诸葛亮嘱马谡"街亭虽小，干系甚重。倘街亭有失，吾大军皆休矣"，并嘱"下寨必当要道之处"。司马懿闻听"街亭有兵守御"即叹"诸葛亮真乃神人，吾不如也"，当听说守兵"军皆屯于山上"时立即喜曰"乃天使吾成功矣"。可见，双方主帅认识惊人的相同：战略之地同，守兵扎寨方式同，真是英雄所见，兵家俊杰，预示这将是一场智谋均为高手的人指挥的战役，其严峻程度可想而知。

且看布兵：蜀方派王平在山下十里扎寨，魏方便派张郃阻击；蜀方担心王平不是张郃对手，派魏延去街亭之后接应；魏方用两面夹击，三面包抄围困魏延。以上双方布兵几乎互有了解。但是后面妙在蜀方的赵云、邓芝和诸葛本人这两路兵马未被魏方料想得彻底，而魏方出兵夺列柳又不曾被蜀方全然知晓。真是同中有异，各有短长。

可见，双方形势分析都看准了街亭为首要战略重地，双方的布兵都以街亭为重心，通盘考虑。这是一场旗鼓相当、高手相逢的恶战，任何一方的一丁点失误，都将导致成为整个战役的失败一方。这种写法表现了作者高屋建瓴、把握全局的大家风范。他把战役放在了整个政治形势和战争形势中予以通盘考虑，为蜀国的国运将江河日下铺下了基石，也为马谡的必死蓄够了形势。作者没有孤立地写街亭之战，而是在不动声色中做了全局鸟瞰式绘画，把具体的特定的街亭之战与整个战局沟通起来了，如此更能突出马谡的错误，使人不可原谅马谡这一"才子"，增强对"死守教条"教训的认识。

第二，为什么战役双方都把街亭看得那么重要？

点拨：街亭是蜀兵进军退兵的咽喉之地。毛宗岗在第九十五回总评中说："前卷方写孟达不听孔明之言而失上庸，此卷便接写马谡不听孔明之言而失街亭。上庸失而使孔明无进取之望，街亭失而几使孔明无退足之处矣。何也？无街亭则阳平关危，阳平关危，则不惟进无所得，而且退有所失也。"这在诸葛亮叮嘱马谡时也说得明白。蜀方固守街亭是北伐保证，魏方死夺街亭是变被动为主动的关键。魏国要打退蜀军，必然要找其要害，断其"咽喉"。故双方均以街亭作为必争之地。正因为此地如此重要，所以，双方拉锯式的争夺战才如此激烈。

第三，课文在写战争过程中有怎样的特点？

点拨： 曲折有致，跌宕生姿。魏兵围山，马谡兵败；王平欲增援，却有张郃打援；马谡逃遁，眼看危急，又遇魏延救援；魏延一路冲杀，眼看就要夺回街亭，却受三面夹击之危；在千钧一发之际，王平引兵来援；魏、王、高会合后计议夜袭劫营，又遭埋伏，奔回列柳，却见城已被占。魏方设计，蜀方中计，时升时落，似大海潮涌，忽起忽伏，如叠嶂层峦。令人忽喜，让人陡惊。真是一波三折，一宕再宕，如平沙千里，陡有峭崖扑面，于尺幅之中，尽龙腾虎跃之势，扣人心弦，引人入胜，表现了《三国演义》高超的战争描写艺术。

第四，课文作者是站在哪方的角度来写这一战役的？从哪里可以看出？另一方是怎样处理的？

点拨： 是站在蜀方来写这一战役的。从题目"失街亭"可看出。魏方是穿插在情节推进中来写的。整个情节以司马懿与诸葛亮为矛盾主线，穿插诸葛亮与马谡、王平与马谡等矛盾，各线相互牵制，烘云托月，交错起落，围绕街亭这一中心错综展开。课题着一"失"字，很值得品味。全文写一"失"字，皆由用人失察引起。失了街亭，失了战机，失了已夺之地，失了将得的胜利，失了锐气，最终失了灭魏兴汉大业。诸葛亮失察，误用了马谡；马谡失聪，误扎了营盘；马谡失察、失谋、失随机应变，导致失了战略要地，失了性命，失了蜀方的大业；诸葛亮失察，失了用人的正确尺度，失了正确的决策，失了军事家、政治家应有的明智。真可谓一失足成千古恨。

第五，本文着力展现了诸葛亮和马谡等人物形象，请在错综复杂的关系中分析人物形象。

点拨：从这篇课文中可以看出《三国演义》描写人物的技巧：

言行互补，绘形传神。诸葛亮、马谡等人物形象鲜明，给人以深刻印象，其主要原因是作者在写这些人物时不是静止地交代，而是通过人物的言行来具体表现。用的是中国传统的"略貌取神"法。诸葛亮点将时对马谡说的话，既见精细小心，又显见解清明；他对马谡既有疑虑，又由于有一贯的好感，在马谡主动请缨又信誓旦旦的情况下，终于磨不开面子，委以大任；面对马谡的狂言不休，他已经失察一次，但未引起注意，接着又派王平相助，尽管表现了他谨慎的一面，但是，岂不知马谡哪肯听王平之言，又表现了诸葛亮的再次失察。失败之后，诸葛亮一再自责。先是迎接赵云，言"是吾不识贤愚，以致如此"，后是杀了马谡，痛哭不已，"深恨己之不明，追思先帝之言"，表现了不掩过、不饰非、不推诿的品质。他对马谡家属的顾惜，又决非念旧情之故可以完全概括的，其中也体现了他的自责在内：是我的一念之差害了马谡呀！文章就从点将、布兵、执法、痛哭等行动和贯穿于这些行动之中的语言，使诸葛亮形象真实可感，活生生地立在了读者面前。马谡也是如此，先是口出狂言，照应了先帝"言过其实"的评价；后是不听劝告，表现固执己见的性格；满口"名言警句"，恰是读书不化的典型；临阵缺乏应变之法，可见缺少实干才能。然而，马谡也是条"汉子"，兵败后，并不投降，也不逃匿，而是自缚请罪，甘愿就死，并不奢求以与丞相的私交而告求免死，也不再言希望戴罪立功，也有敢作敢当的硬气。马谡的悲剧是"食书不化"的悲剧，是理论不联系实际的悲剧，是刚愎自用的悲剧。其他人物，也是寥寥数笔，便形象毕现的，足见作者写人艺术之高明。

相与比照，多方映衬。三国人物塑造，很注重人与人之间的对比映衬，在对比映衬中形象更为鲜明。诸葛亮的精细与马谡的轻狂，马谡的骄矜与王平的慎重，处处对比；司马懿的精明与诸葛亮的绵密，司马、诸葛的互相称赏，蜀方将领对马谡的看法与司马父子对马谡的评价，多处映衬；敌对双方映衬，自己一方对比，正面对比，侧面映衬，变化多样，手法灵活，不仅使人物形象更为鲜明，而且还给人以深层思考空间。如司马懿一眼就可看出马谡"徒有虚名，乃庸才耳，孔明用如此人物，如何不误事"，为何蜀方竟无异议？

第六，欣赏品味。

欣赏课文叙事语言和人物语言特色。

点拨：叙事语言，繁简适宜，人物语言，特色鲜明。如"二人拜辞，引兵而去"等一类的出兵过程，两军的扎寨过程，都写得很简，战斗过程写得较详。在表现人物性格方面有作用的又一定点到，如"孔明寻思，恐二人有失，又唤高翔"，"孔明大喜，亲引诸将出迎。赵云慌忙下马伏地……孔明急扶起，执手而言"等，表现了孔明的性格特点，显得很细。人物语言各有特色，都是聪明指挥员，孔明的话与司马懿的话不同。孔明精细周密，老练沉着，司马懿精细谨慎，又直露畅快，表现了明显的被孔明威压之感。马谡、魏延等人寥寥数语，也情态毕现，非他人所有。

有人认为诸葛亮被人为地神化了，其实他也是人，在三国争战中，他也犯了普通人易犯的错误，请谈谈各自的看法。

点拨：由于《三国演义》的精心塑造，诸葛亮成为"古今来贤相中第一奇人"。作者倾注全部感情来写他，以致有写诸葛近似妖的说法，即使在失街亭中写他的失误，洗掉了一点"神"气，但也是说他如何知错，如何责己，如何执法，如何通情。有人指出，诸葛亮不是神人，他也有常人的不明智和失误，正因如此，他才真实可信。他的识人之误、用人之错，绝非一次。如华容道错用关羽而放走劲敌，疑魏延屡驳其计而坐失战机等。再如他攻陈仓，始终未能攻下等，也都显示了他不是全能之神，而是普通之人，或说是杰出之人。更有甚者，批评诸葛亮挟个人私见，高傲固执，不听先帝告诫，以个人好恶和凭关系用人，甚或不用魏延是有阴暗的心理目的等等，则有偏激不实之弊。综观诸葛亮一生，其光辉形象是不容置疑的，错误也是不可回避的，这就是真人。

我在教学《忆韦素园君》时，就是从多个方面读出自己的理解，再引导学生去理解：

"昨天老师已经把文章发给大家了。现在，我想问问，同学们对这篇文章有什么感觉？你们有什么问题需要我们在课堂上来讨论的？"

（梳理问题，理出本节课要讨论的问题。）

大家感觉这篇文章怪怪的，有些语言表述好像真不好理解。那是因为我们还只在鲁迅家门口转悠，没有登堂更没入室，所以不知道他家里有什么值得看的，他的文章有什么妙处。我们现在就来读读这篇文章，相信大家一旦走进文章了，就会觉得鲁迅的文章还是很有味道的。

（1）题目是"忆韦素园君"，是回忆人物的文章。我们先看鲁迅笔下写出了一个怎样的人。

首先，先找文章中鲁迅概括这个人物的句子。

素园却并非天才，也非豪杰，当然更不是高楼的尖顶，或名园的美花，然而他是楼下的一块石材，园中的一撮泥土。

然后，思考怎样理解这个博喻？

韦素园就是一个普普通通的人，就是芸芸众生中的一员，没有显赫的地位，没有耀眼的光环。

"他生着病"，"天然的轮着他守寨"（把小说中的语言拿来写人物回忆录，具有天然的幽默感），"穷着也还是钉住着文学"，"在西山病院"，"思想也更清楚，更广大了"，卧病可能是等待死亡——贫困、病弱、执着追求与奉献。

"一个瘦小、精明、正经的青年"——外貌与性格。

病着的穷苦书生瘦小是必然的。

如他送"我"一本《外套》，如他同意他的爱人和别人订婚。

他盯着文学，他太认真。愿意切切实实地、点点滴滴地做事。

"他太认真；虽然似乎沉静，然而他激烈"，"发扬则送掉自己的命，沉静着，又啮碎了自己的心"。——认真、激烈、痛苦。

对咯血的朋友"慌张失措，用了爱和忧急的声音命令"，"他的爱人，已由他同意之后，和别人订了婚"。——善良、悲苦。

这些信息大致可以分为几个方面？

外形、性格、精神三个方面。文章从这三个方面写了韦素园的形象。这形象的特点，按照鲁迅的说法体现在两个特点上：笑影少，太认真。

同学们看，我们刚才根据一定的目标搜集信息，属于"提取"，从这些信息中发现人物的特点，叫"分析"。我们总体来看这些信息从哪些方面来写人物的，就叫归纳、概括。同时我们也发现在具体细节中提取了"善良、悲苦"这样的词语，也是概括。概括和分析常常是密切联系的。

（2）如果，要我们"分析鲁迅笔下韦素园形象的特点"，我们该怎么做这道题呢？（2012年湖南省高考题）

在读懂原文的基础上，再注意如下几点：

第一，善于运用规范的答题格式。当命题涉及人物形象分析时，应当规范地表述为"某某是一个……人物（形象）"。不能只是罗列人物的一些表现，没有回答实质性的概括提炼，也就是前面说的外形、性格、精神方面的概括。

第二，用严谨的思维方法组织答案。一要做到事例分析与总结概括相对称，二要做到有必要的事例分析，整个答案要有事例支撑。

第三，要有思维的深度。要从事例分析中，深入挖掘人物的心理世界，理解他的形象意义。

在上述事例梳理的基础上，我们可以这样组织答案：

韦素园是一个"瘦小、精明、正经"的进步的文学青年；他有一种踏实苦干的精神，虽然穷困但仍"盯着文学"，支持、经营未名社；他性格认真而激烈，关爱别人胜过关心自己。

（3）鲁迅是怎样来写这个人的？

从上述搜集信息中，我们就发现，鲁迅写这样一个"石头""泥土"，用了许多的细小的事情。

小房子里——卑微的人物。

在未名社做事——做小事。

未名就是"还没有名目"，"恰如孩子的'还未成丁'"。他们出版书刊，是因为出版者和读者的不喜欢。——并非鲜花。

做的事实在是无雄心和大志——并非豪杰。

对这些小事情，都是采用片段式的章法来组合的。鲁迅就是用这些点点滴滴的小事来画出人物的真模样——一个正经、认真的，因而很容易受伤的青年。他是未名社的"骨干"。

但是，鲁迅所写的小事情，小片段，却又都与未名社有关系，作者从肯定未名社的立场上，肯定韦素园，自始至终把韦素园放在未名社的工作中加以考察，也就是把他放在新文学运动的背景下加以评价，使文章的内涵就有了更为深刻的立足点。看似在写小事，实则有大思想在背后支撑。

同时鲁迅在写人的时候穿插着抒情和评价。

一部"布面装订的素园翻译的《外套》（果戈理）"竟掀起鲁迅感情的巨大波澜：先是打了个寒噤，然后是"不忍"翻阅，并"因此记起"素园对朋友咯血而"惊慌失措"，最后竟是无言："我没有话。"

鲁迅到西山看望素园时连用四个"忽而想到"，体现了对素园的深切关爱。

这段抒情表达颇具特点。2012年湖南省高考在这里设了一道题：简析"一九二九年五月末"这一自然段情感表达的特点。

解答这道题的思考角度是：表达了什么情感，这种情感是用哪些素材（意象）运用哪些表达技法来表达的，有何表达效果。题目说"这一自然段"，就意味着要对这一段做全面观照，不能遗漏。这段话表达了感情变化的过程。先是"侥幸"，因为于住院的朋友是慰藉，于自己是安慰；再是"高兴"，因为他"精神却并不萎顿"；然后是"夹着悲哀"，因为他的善良、病弱、悲苦以及对"我"的牵念中的暗含的谶兆。

于是答案就可以这样组织：

这段话先写见到韦素园的高兴，后写高兴中的悲哀，（叙事例）由喜转悲，情感跌宕起伏；（做提升）运用排比句式（概念），描写了作者一连串的心理活动（内容），充分表达了对韦素园处境和命运的关切和忧虑（作用）。

韦素园"在默默中生存"，"在默默中泯没"，"在默默中支持了未名社"。

写"我"对素园的深刻了解："一认真，便容易趋于激烈，发扬则送掉自己的命，沉静着，又啮碎了自己的心。"

这个理解是非常深刻的。它从素园的本身和作者的态度两方面表达了对素园的深刻了解，真是以心换心的理解。

2012湖南高考在这里也设了一道题：谈谈你对文中"沉静着，又啮碎了自己的心"这句话的理解。

这里，理解的关键是"沉静"，要结合前文"似乎沉静，然而他激烈"来理解。在作者看来，素园的"沉静"是表象，"激烈"才是本质特征。而这种激烈并非是素园与生俱来的性格，而是时代之痛使然。第七段的首句表明了作者对韦素园从误解到深入了解的转变。第八段又说到他的认真"更使我担心他的病",则表明作者对他的痛惜和关爱。所以,我们理解这句话的含义,就可以这样表述了:韦素园这样的人面对社会,如果保持沉默的话,内心就会非常痛苦;表现了鲁迅对韦素园认真、激烈性格的透彻了解,及对他这种性格严重影响健康的痛惜与无奈。答题时,要在准确全面理解原话的基础上,从两个角度,分条组织答案。

(4)作者为什么要写这么一个"既非天才,也非豪杰"的青年?

鲁迅写了一些青年人:

他的学生刘和珍,他的朋友柔石。

韦素园不是刘和珍、柔石那样的烈士,但他在鲁迅的心目中的分量同样重。在这里要理解鲁迅的语言特点。他说"未名社的同人,实在并没有什么雄心大志,但是,原意切切实实的,点点滴滴地做下去的意志却是大家一致的。而其中的骨干就是素园","他是楼下的一块石材,园中的一撮泥土,在中国第一要他多。"这样的句子与我们纯正的普通话语言似有距离,不太好理解。而这又恰好是鲁迅作品的一个特点——"闲话风"散文(与"独语体"散文一起作为鲁迅散文的两大创造)特点。表现一种追求"原生味"的语言趣味,最大限度地保留生活语言的丰富性、生动性与复杂性。

鲁迅强调"没有什么雄心和大志",是对社会上贪大求全,不愿做细微具体工作的风气的一种有意识的讥刺。鲁迅对"石材"和"泥土"的倾注感情,是他思想深刻之处的必然外显,也是他伟大人格精神的一贯张扬。

鲁迅于1924年作的《未有天才之前》,强调"不怕做小事业"。"泥土和天才比,当然是不足齿数的,然而不是坚苦卓绝者,也怕不容易做。"

《致欧阳山、草明书》："中国正需要肯做苦工的人，而这种工人很少，我又年纪渐老，体力不济起来。"

《致曹靖华》："近来有一些青年，很有实实在在的译作，不求虚名的倾向了，进步很多；而读者的眼睛，也明亮起来，这是一个较好的现象。"

《答托洛茨基派的信》："那切切实实，足踏在地上，为着现在中国人的生存而流血奋斗者，我得引为同志，是自以为光荣的。"

《死》："孩子长大，倘无才能，可寻点小事情过活，万不可去做空头文学家或美术家。"

鲁迅倾一生之力，都在呼唤"泥土"精神，特别期待多有"肯做苦工""切切实实的""点点滴滴地做小事情"的年轻人。在当时的中国（现在也是），徒做空谈者多，而甘愿做小事情的苦工则十分寂寥，他深以为悲和忧。安于"守寨"的"穷着也还钉住着文学"的韦素园，可以说是带给鲁迅以希望的。我们从鲁迅描写的韦素园身上似乎看到了作者自己：笑影少、太认真。

2012年湖南高考在这里命了一个题：文章结尾部分鲁迅说"在中国第一要他多"，联系实际，谈谈你的认识。

回答这个题目，要分两部分，即对选文的理解以及对现实的分析。对原文的理解，要进行因果探究，即为什么"第一要他多"？这表明了作者什么样的观点态度价值观？关注小人物，关注社会的底层，倡导传统的奉献精神这种美德，不忽视干实事的人是一种人文关怀。对现实的思考要有对社会现实的关注和分析。由于历史和现实、政治和经济的多方面原因，当代社会充斥着浮躁与功利的喧嚣，但也还有一些"埋头苦干的人，有拼命硬干的人"、乐于奉献的人、大爱无疆的人，"感动中国"的人。

参考答案：鲁迅把韦素园比喻为"楼下的一块石材""园中的一撮

泥土"，赞扬了他认真踏实的精神；并希望中国有更多的像韦素园这样的人。当今中国需要大力弘扬这种踏实做事的精神，一方面我们要像韦素园一样，做一个甘于奉献、脚踏实地的人；另一方面，我们不要忽视干实事的人，要看到他们对社会发展、进步的作用和贡献。

现在我们回过头来看，鲁迅作品之所以被一些人认为难懂，是因为不了解鲁迅，没有走进文章中去。鲁迅的作品与他的深刻思想密切相联系，而我们的社会流行世俗、浅显，排斥思想。但是一个社会、一个民族、一个国家若要进步，是离不开思想的。鲁迅的不被理解，一是由于他的文章的形式特别，二是他的思想深刻、见识敏锐、语言犀利。正所谓"曲高和寡"。我们如果从鲁迅的人生心路来考察，就会慢慢走进鲁迅，理解鲁迅，崇敬鲁迅。鲁迅的思想基础是既受到传统中国文化的熏陶（正统的儒家文化，非正统的佛、墨、道等思想），又受到民间文化的滋养，还受到西方文化的浸润，这就形成了他的思想认识的博大、高远。我们作为高中生，要对得起这一个"高"字，自然也应该读读鲁迅，接受一种深层思想和人文情怀的熏陶。

（5）出新意

高晓声在《陈奂生上城》里以似乎轻松的笔调写了陈奂生颇具喜剧色彩的一段生活经历，在当时足以反映中国"三中全会"后社会生活发生的可喜变化。可是，在今天，读着这篇小说，我的感受有点异样，在轻松愉悦中总感到很沉重。陈奂生的心理特征逼着我去思考一个更深层次的问题，这就是陈奂生心理原型到底是什么，这种心理特征是由谁塑造而成的。

勤劳、憨实、质朴，一直被人们当作优良品质赞扬着，陈奂生有着这样的品德。可是，他却无可奈何地戴着"漏斗户主"的帽子几十年。他不是心甘情愿地穷下去，他很勤劳，也很会盘算，可就是不能如愿。小说似乎要说，政策好了，他的面貌就变了，欲望也有了。他"稻子收好了，麦垄种完了，公粮余粮卖掉了"，没有停下来享清福，而是用"自家的面粉，自家的油，自己动手做成的"油绳，"出门活动活动，赚几个活钱买零碎"。到了城里，他舍不得花钱，"出一分钱买了杯热茶，啃了随身带着当晚餐的几块僵饼"，他预备在城里卖完油绳后，晚上十一点多，赶三十里路回家。他有欲望，一是买一顶帽子，二是有点买零碎的钱，三是有张会说话的嘴，他想有点新奇的事也能给人们说说，也就是能获得人们的尊敬。他有的就是这样最基本的物质欲望，这样最基本的精神欲望。他凡事总是自责，就连想买一顶帽子也归为"今年好像变娇了"，来点寒流，就"缩头缩颈，伤风打喷嚏"。自己也曾有话可说，但总觉得那些都是大家熟知的，"还是不开口也罢"。当自己说了自己的看法后，又总是"引得众人哈哈大笑"，他便惭愧自己不会说。在县招待所里，明明是服务员前后态度变化，他却在心里"知道自己说错了话，得罪了人"。这样一个生活在社会底层的人，很自卑，他也会找到使自己高兴起来的理由。卖油绳之前"侦察有没有他想买的帽子"，结果发现"油绳未卖之前商店就要打烊"，受了挫折，"心情不挺愉快"，但还是忍了；卖油绳少了三角钱，也只是"叹了一口气，自认晦气"。接着想道："横竖三块钱赚头，还是有的。"住了一宿，花掉能买两顶帽子的钱，很恼火，但是，反过来一想，"这等于出晦气钱——譬如买药吃掉"，并且找到了说话的资本，于是又高兴了。他也生气，也想到报复，也想到抗争，但也无非是向服务员"抗议"："我是半夜里来的呀"，不脱鞋进招待所房间，"往弹簧太师椅上一坐"，"看刚才坐的皮凳，竟没有瘪，便故意立直身子，扑通坐下去"，"心一横，便把提花枕巾捞起来干擦了一阵，然后衣服也不脱，就盖上被头困了，这一次再也不怕弄脏了什么"。

我们可以想到，陈奂生真是逆来顺受惯了，该反抗却没有反抗过，难怪"漏斗户主"的帽子一戴就是几十年。

这样一个有着被人们广为传诵的优秀品质因子的、却只知逆来顺受的且对"领导"有着绝对崇拜情感的心理特征，让人感到胆战心惊。这恐怕不只是一个陈奂生，这也不只是中国的农民阶层，也不只是在那个年代的特有，这个心理特征的意义恐怕不是作者写作时所想到的那些。形象大于思维。小说所描写的这种心理特征，是一个民族历史积淀所遗留的怪瘤子，它尽管不是民族心理的全部，但也是其中重要的一种。它是民族难以大踏步进步的一个沉重的包袱。老百姓就是那么淳朴，那么相信领导，那么相信政策，那么能够忍辱负重，那么善于自责，那么勤苦耐劳，这些无疑都是极为优秀的。可是他们可曾想到其他更进步的一面，可曾想到更深一层的追求，可曾想到自己主人的地位和作用，可曾想到在改变命运中自己应该有的态度和精神？作为人民的公仆，是否就想到了这些呢？一种好的品质，如果走向极端，如果缺少了思想的引导，可能只会成为愚昧或者被愚昧利用的工具。

于是，我们还应该进一步思考，陈奂生心理特征的原型是什么？我们还是走进作品来寻找。我们从陈奂生生活的环境可以找到一些蛛丝马迹。陈奂生上城之所以"一路如游春看风光"，看似是没负重，时间早，实质上心情好。为什么心情好，因为"囤里有米，橱里有衣，总算像家人家了"——"漏斗户主"的帽子摘了。就这一点点，他就"满意透了"。现在"自由市场开放了"，"卖一点农副产品，冠冕堂皇"，不担心被当作"投机倒把"了。政策左右着人们的生活和心理啊。陈奂生并不傻，可以说他还有点心灵手巧，他的炸油绳技术无师自通，他炸的油绳"格拉蹦脆，又香又酥，比店里的新鲜，比店里的好吃"，他还很会包装，"用小塑料袋包装好，有五根一袋的，有十根一袋的，又好看，又干净"。他虽然不是第一个做"小生意"的，但是，他一看就会。如此一个聪明人，怎么就是富不了呢？这其中是什么在起作用？

我们再看陈奂生周围的人。周围的人看不起他，送他"漏斗户主"

的帽子，带有嘲笑味，大家不是帮他，而是嘲笑他；"别人讲话也总不朝他看"，"就像等于没有他这个人"，他偶尔答一句话，说一点自己的看法，也在情理之中，可是"引得众人哈哈大笑"，他是人们嘲笑的对象。为什么这些人要笑他？这些人到底又有多少高明之处呢？小说没有明说，但是也被暗示出来了。陈奂生最佩服有"一张嘴"的说书人，有什么不可以，因为他最需要啊，因为他吃够了不会说的苦啊，这有什么可笑的呢？说明这些人本身也是浅薄的。陈奂生的不会说，原因之一是经济地位低，形成了自卑心理；二是这些"众人"不断地给他以挫伤，磨灭了他的自信，伤害了他的自尊。当陈奂生坐了吴书记的车，住了五元一宿的招待所，"从此以后，陈奂生的身份显著提高了，不但村上的人要听他讲，连大队干部对他的态度也友好得多，而且上街的时候，背后也常有人指点着他告诉别人说：'他坐过吴书记的汽车'或者'他住过五块钱一夜的高级房间'"。"众人"的见识可想而知，他们的"官本位"思想也是根深蒂固的，他们也理所当然地接受、认同等级差别，与"官"有交往，就值得尊敬，住过一般人住不上的房间，也就倍觉荣耀。这是一种什么思想在起作用？这反映了一种什么样的大众心理？招待所的那位"绝色"的主儿，也很势利，因为是吴书记的司机送来"朋友"，就格外亲切和蔼，但是一旦发现其中的猫腻时，态度就截然不同。连农机厂的采购员也因为陈奂生住过五块钱一夜的房间，竟也拍拍他的肩胛表示羡慕。我们注意了，小说有好几处在似乎不经意地揭示：在我们这里等级是非常分明的。采购员相对于农民来说，地位是高得多的，竟然也是住不上五块钱一夜的招待所的。

通过以上分析，我们不难引出一个思考：陈奂生以及周围的"众人"，是互为生存环境的，而他们又有一个共同的特征。可见，陈奂生心理原型是民族心理积淀的一个方面。而这个心理积淀之所以呈现出如此模样，是几千年来僵化的封建文化思想多方面浇灌的结果。一种思想以种种不同形式渗透到了民族心理之中，那个力量是可怕的。陈奂生身上体现的是封建奴性教育的影子。从陈奂生身上，我们很容易想到要从人们思想中消除封建思想余毒是多么的不容易。想当年，毛泽东等人为了唤醒民众，讲最重要的是教育农民。其实，现在的问题是不仅仅是教育农民。我从陈奂生和其周围人身上看到，要使"陈奂生们"彻底摆脱贫困，走向小康，不仅仅是要改造他们的心理精神，而更艰难的任务是改变影响他们的"公仆"意识观念，而不仅仅是给几条政策，出几个主意，解决一点临时性问题，搞一点泡沫经济。让人的"思想富起来"是关键。人们摆脱了可笑的低级满足，走出了习惯于盲目崇拜的心理误区，培育起善于思考、敢于行动、勇于创新的精神，这个民族就有了腾越的希望。这个任务是沉重的。但是，我坚信，只要我们认识到了这一点，想去做好这一件事，并且不懈努力地去做这件事，我们的目的一定能达到，"陈奂生们"会以新的姿态出现在世界民族之林。

3. 解读力的培养与提升的最基本方法

解读力是语文教学的基石，那么培养并不断提升自己的文本解读力则是语文教师专业发展的首要任务和一生努力而无止境的事情。数年前，王富仁在调研后指出，语文课本是中学哥们课程中最有趣味、学生最愿意主动阅读的，但具体到语文课堂则又往往是哥们课程中最枯燥无味的；对语文的厌倦是普遍的，越是语文水平较高的学生越是感到语文课堂上学不到东西。他和郑国民主持了一个"文艺学与中小学语文教学"的研究项目，其中有一个结论：第一，许多语文教师的文学理论知识陈旧、单薄；第二，作品阅读量也不够，文学的感觉不丰富；第三，课堂上肢解式地分析作品，破坏了学生对作品的良好的整体感觉。尽管我们可以找出时间紧张、环境不允许、高考导向有消极性等等理由，但是，面对现实，我们又不得不努力提高自己的解读力，努力改变自己。

（1）广泛阅读，积累文章模型

和能力的形成一样，对文本的解读也是需要时间操练的。实践操练的第一要事是读作品。没有一定量的作品阅读，语文解读力断然是难以很快提升的。观千曲而后晓声，操千剑而后识器。

广泛阅读，要读好作品。读上乘作品，才能养成良好的阅读习惯，形成很好的作品积累。歌德说："鉴赏力不是靠观赏中等作品，而是靠观赏最好作品才能培养成的……等你在最好的作品中打下牢固的基础，你就有了用来衡量其他作品的标准。"叶圣陶也说过，经过经典名著的阅读训练，"眼力自也增高"。

解读需要比较，只有多读，读各类作品，才有比较的资本。如孙绍振解读《林黛玉进贾府》多处使用比较，得出结论：欲深入解读《林黛玉进贾府》当以审美情感为纲，而欲透视其审美情感之艺术奥秘，当以情感之动、之变幻为线索。

（2）多方借鉴，摸索解读思路

古今中外有许多人潜心研究文章，对文章做了许多具有真知灼见的解读，这些具体解读里面，具有很多细致入微的新见，也包含着许多规律，我们去研读这样的文章，就能从中摸索出许多解读思路。

时下，关于文本解读的研究很多，人们探索出了许多可资借鉴的解读方法，如素读法、细读法等等，我们都可以拿来学习、借鉴。

曹文轩《小说门》列述了解读小说的九个角度：缘起、经验、虚构、时间、空间、悬置、摇摆、风景、结构。

人民教育出版社出版的《外国小说欣赏》列举了解读的八个入手点：叙述、场景、主题、人物、情节、结构、情感、虚构。

俞汝捷的《小说24美》从欣赏的角度列举了24个美的角度：雄浑、犷悍、柔婉、悲怆、谐谑、朴素、入俗、复合、神肖、氤氲、真切、缜密、健举、流动、不隔、洗练、蕴藉、映衬、逶迤、起伏、荡逸、怪异、辐射、超拔。

如浙江周红阳有篇文章介绍文本细读，总结了八个要点：细在语言（义）、细在合理（分寸）、细在真实（确切）、细在恰当（精）、细在深刻（入）、细在个性（创意）、细在丰富（多样）、细在有效。

解读作品，需要找到一些角度。我们从名家的解读中能发现他们解读的角度，从而学习解读作品。赵勇先生解读《我与地坛》为我们提供了六个角度，并且有许多见解有助于我们学会分析作品。这六个角度是：作者、文体、格局、结构、语言、立意。

（3）学习理论，熟悉解读方法

关于解读，古今中外的专家学者做出了许多很有价值的探索，为我们提供了大量的理论营养。从《文心雕龙》到《现代文阅读八讲》，从《文章阅读学》到《理解与创新：人本中心的透视和解读》，体系宏达，门派众多。现在比较流行或者说影响较大的一些解读理论有精神分析批评法、原型研究法、英美新批评、结构研究法、解构研究法、女权主义研究法、新历史主义批评、形式主义批评法、西方马克思主义、后现代主义、接受美学等。曹明海教授主编的《语文教学解释学》有许多篇章都是紧密结合中学语文教学实际的解释学理论介绍的。

在我所接触到的一些关于解读研究的著作中，大多是着眼于文学解读的，如曹明海的《语文教学解释学》，马以鑫的《现代文阅读八讲》傅丽霞、张西玖的《多维视角中的语文解读学》等。但中学语文课程的选文还有文学以外的文本，这方面的研究当推曾祥芹、王松泉、甘其勋、尹相如等，主要著作如《文章阅读学》《实用文章分析法教程》等。

孙绍振是近些年颇有影响的文本解读专家，他不仅有理论，而且身体力行，解读了大量文学作品。他认为语文学科也能与数理学科一样，成为能揭示奥秘、发现未知、带来愉悦兴奋感的一门科学。如孙绍振的《孙绍振如是说》《名作细读》；王先霈的《文学文本细读讲演录》；钱

理群、孙绍振、王富仁的《解读语文》;傅书华、段崇轩的《高中语文
名篇双解》)。

(4)培养习惯,增强解读体验

习惯决定人生成就大小。习惯是培养起来的。培养习惯要有毅力,
要坚持不懈。

第一,热爱读书的习惯。

把读书当作自己生活的一部分。读书就是一种生活姿态。一天不读
书就感觉到有一种欠缺,就如某些人对某种物品上瘾一样,一日不读
书,就感觉到不自在,吃不香、睡不着。

第二,订刊购书的习惯

现在电子书很多,图书馆很多,借书读也很方便。但是,要养成读
书习惯,培养研究能力,有些书还是自己买来读更方便。自己的书,可
以随时在上面做批注、写心得、做考证。仅这还不够,还需要掌握最新
知识,那么就要读取报刊。订一份报刊就是请几十位老师来座谈,及时
了解新动向、新成果、新思路。

第三,思考求索的习惯

读书不思考,就是让别人在自己的大脑里跑马。思考,可以有多种
形式,可以先读完书,再回头来研究思考,更可以边读边思考,随手记
下自己的思考心得。思考关键在养成习惯,经久历练成为习惯,便会很
自然地在读的过程中融入自己的思考,或者边读边自然地要去思考。

求索,就是不浅尝辄止,读了一本书,就如同在看一本地图,一本
书里会涉及一些内容在别的书里,我们要习惯地按图索骥,去买相关的
书读。

第四,比较联想的习惯

这实际上是思考的习惯。是从方法上讲思考。古今比较,中外比
较,站在不同角度的理解比较,便于我们把一个问题、一个语言现象弄

得更清楚。读书，善于由此及彼，由近及远，由我及他，就会越读越有趣，越读思路越开阔，会读出更多的智慧。

第五，勤于写作的习惯

读书要理解得更透彻，需要长写作。写作会获得更切身的感受，才能更深入地理解作者的思想情感与处理文章的艺术。同时，随时记下自己的点滴体会，便于深入理解文章（书），养成良好读书习惯。

二、选择：确定教学内容的策略

1. 谁先谁后："教什么"和"怎么教"有主有次

一百个教师教同一篇课文会有一百种课堂情景，这是语文课多姿多彩的一面，是符合语文教学基本规律的，这是教者、学生在不同教学背景下生成不同课程内容的必然反映，是教师参与课程开发的必要状态。新课程标准对教师与教科书关系的定位，也明确了教师不是教科书的执行者，而是教学方案（课程）的开发者，教师是用教科书教，而不是教教科书。怎样用教科书教是一个需要认真研究的话题。

在教学实践中，面对一篇课文，究竟教什么和怎么教才能获得好的教学效果，是长期困惑语文教师的一个问题。为什么有的课"好看"但不中用？是因为教者过多地把注意力放在"怎么教"上而忽视了"教什么"的问题，或者没有把"教什么"与"怎么教"结合起来思考，没有以"教什么"确定"怎么教"，没有把"教什么"放在设计教学的第一位置上。其实，"教什么"永远比"怎么教"重要。成功的教学总是先从研究教材入手，发现课文的教学因素，然后再思考运用怎样的方法把这些内容教给学生。这就是先确定"教什么"，在此基础上再确定用什么方法教的选择策略。而一些"没有语文味"的课，究其底，就是忽视了这个选择策略，本末倒置，主次易位。有一节《云南的花会》的公开课，一开始就播放云南花会的录像，然后伴乐诵读，再指出几个容易读错的字，接下来便进行一些关于花会等等问题的"对话"。给人的感觉是热热闹闹、红红火火，有了"花会"的氛围，但是，除了诵读文本和识字教学以外，好像是在进行民俗欣赏，究竟怎样去引导学生感受文本、感悟语言却忘在了脑后。这节课是从"怎么教"出发的，一味地用声色光电来吸引学生，用展示现代教学手段来制造教学亮点，恰巧就忽视了"教什么"这个最关键的问题，不是以文章本体为教学重点，反而以画面、音乐为主，文章居然退到了"配角"的位置。这不是一个纯粹教学方法选择的问题，而是教学内容选择的问题。语文课，主要是教学生理解欣赏语言文字传达的思想内容，要展示的是语言文字的魅力，而不是画面声色的魅力。如果学生读文章的兴趣只靠声色光电来维持，如果文章选择得确实是好，那只能说是语文教学的失败。这篇文章本身具有较强的艺术表现力和语言穿透力，如果明确这篇课文的教学内容就是语言的这种表现力和穿透力，那么就可以引导学生从读文入手，细心品味，调动感悟，欣赏作者用语言把令人眼花缭乱的场面绘形绘神地传达出来的艺术魅力，扣住课文，让学生"用课文"明白云南的花会，"用课文"领悟语言的表现力和穿透力。那些录像、那些音乐，充其量放在后面或做思路开拓，或做文字印证，或做美景点染，以做衬托主体之用。

2. 何去何从："教学目标"和"教学内容"分工协作

选择教学内容，不能绕过"教学目标"这个概念。"教学目标"规定着"教学内容"选择的方向，而"教学目标"的实现，又有赖于"教学内容"的准确选择。按道理，"教学目标"应该具有计划性、整体性、阶段性，而居于某个具体阶段的课文的教学内容指向，则必须是这个具体阶段性目标的具体体现。这就是过去强调要研读整个学段教材、整册教材的用意所在。但是，现在人们往往不是从整体出发确定"教学目标"，而是从课文出发设计"教学目标"，或者把"教学目标""教学内容""教学方法"混在一起纠缠不清。如有一篇《山中访友》的教学设计，这样表述"教学目标"：

第一条，通过听读和朗读整体感知，发现"美"；第二条，通过读与品、读与思、读与悟进行研读质疑，鉴赏"美"；第三条，通过联想与交流和课余练笔进行拓展和迁移，升华"美"；第四条，培养学生热爱大自然，热爱生活的情趣，树立积极、乐观、向上的人生观。从这个表述中，可以分析出设计者是把文章表现的自然美作为教学内容的。前三条的"发现美""鉴赏美""升华美"是审美目标，第四条是情感态度目标，其他内容是"教学方法"，即实现目标的手段。这个关于教学目标的表述，实际上就反映了对教学内容选择的失误或者对教学内容选择的无意识疏忽。这个表述除了对教学的几个概念的混淆以外，主要问题是偏离语文教学的中心任务，可能导致教学内容选择偏离文本。作为语文教学，我们是要通过读课文，来看作者写出了怎样的自然美，理解作者是怎样发现和表现这种自然美的，在此基础上潜移默化地培养学生的审美眼光和生活情趣与态度。语文课的教学内容立足点是语文的，而不是美学的。按照正确的教学内容选择，这一课的教学目标就应该这样确定：发现课文所描述的美；发现课文是怎样描述这种美的；欣赏作者发现美、描述美的艺术技巧；在前述学习目标的基础上总结一点自己的学习感悟或者生活启迪。确立了这样的目标，选择教学内容就方向明确了：抓住教材中描写的自然美的因素和为表现这种自然美作者的遣词造句、行文构思因素作为教学中心内容。这里，看似在引导学生欣赏自然美，其实际落脚点是教育学生欣赏艺术美——语言艺术的魅力，这才是紧扣语文特点的。明确了这个"教什么"的内容，至于是用听读、还是朗读，以及用其他的什么读或者对话，都可以随机选择了。

3. 孰轻孰重：弱水三千我只取一瓢饮

一篇文章就是一个完整的复合整体，拿来作为教学的"例子"，其本身具有"横看成岭侧成峰,远近高低各不同"的特点。这个"远近高低"就是教学训练坐标系的不同网点,"横看侧看"就是内容选择的不同标准。面对教材文章,不分青红皂白,一律"六要素""三段论""六环节"之类的循环一番,显然是不合时宜的。面对文章,我们需要对其内涵做切实的整体把握,要用教学的眼光分析处理,挖掘出可用的具体教学因素。根据教学目标需要,分清这些能用作教学内容的因素孰轻孰重,用"弱水三千我只取一瓢饮"的策略选定教学内容。

如《庄子:当我们走投无路的时候》这篇课文,它有许多教学因素,如文化熏陶因素(了解庄子的思想、发现当代学者对庄子的思想倾向等)、知识积累因素(语言运用的技巧、修辞手法的妙用、构文思路的特点等)、能力训练因素(怎样理解文章重点难点句子、怎样理解作者的叙事说理方式、模写文章的某个段落、评价文章的成败得失等)。根据编者意图,这是一篇用来进行文化熏陶并重点训练质疑思辨能力的"例子"。在选择教学内容时就可以把重点放在理解作者对庄子思想的理解和评价上。可以从解读题目入手,引导学生研读课文。用几个过渡问题引发学生思考:文章所写庄子的生活景况是怎样的?庄子是怎样面对这种生活状况的?作者是怎样看待或者评价庄子的生活态度的?对作者的这种评价你有怎样的理解?让学生在阅读中发现庄子的人生理想和人生态度。由此,又引出两个问题:难道与黑暗抗争就应该采取决不合作的态度吗?庄子的清洁精神何在?又引导学生扎进课文,细心研读,引导学生发现庄子并非只出现在"我们无路可走的时候"。原来作者以《庄子:当我们无路可走的时候》为标题,以误解设阵,引人入彀。以为读庄子,是要在人生走到了一种极端困难的境地,需要一种自我超脱的时候;以为庄子,就是一种处于困苦之中的人的精神安慰剂。其实,庄子哪里是在一般意义上的无路可走的时候才如此"偏激""荒唐""鬼话连篇,奇怪迭出"。鲍鹏山又哪里是在对庄子进行浅表层次的生活态度的评判和对庄子思想的媚俗的贬抑，他是在引人进行一种深层的哲学思考。如果这样确定教学内容，就能紧扣文本，品读探究，把握文章的实质内容，理解作者何以要用这样的文字这么表达自己的理解。

根据文章特点和其在教材中所处的位置，选定重点教学内容，是保证教学有效的前提。教学内容重点清晰，就能避免课上得一盘散沙或者支离破碎。反复研究宁鸿彬老师和胡明道老师的课，发现他们有一个共同的特点，就是整节课是一个完整的结构，从第一个教学环节、第一个提问起到最后的小结，一环一环，环环紧扣，重点鲜明，不枝不蔓。这样的教学给人的印象深刻。这样各有侧重点地一课一课教学下去，学生对文章的感受能力就会越来越强。

4. 适度掘进：走出表层感悟的低谷

选定了适当的教学因素后，根据具体情况，有时还需要对这个因素进行适当的探讨，可以从片段侧面理解这个因素，也可以条分缕析地探究这个因素，使文章中的这个因素更加突出，使学生对这个教学点有更深层的把握。比如在面对文化熏陶系列的课文时，我们应该做的选择，是发掘课文中所包含的文化因素，时代特色的叙事方式，彼时彼地的风土人情，独具风貌的审美追求等，引导学生从表层进入里层，发现一些浮光掠影所不能感受到的东西。

在处理《庄子：当我们走投无路的时候》的教学内容时，我引导学生结合读本和以前读过的课文，对研读过程中引发出的两个问题做了掘进处理。有人讲庄子为什么不去做官，做了官不是更有利于实现自己的理想吗？引导学生继续研读课文，并与孔孟做比较。发现倘若如此，那就不是庄子而是孔孟了。庄子的独特，就在于他不是按照儒家的思维方式看待世界和人生的。

语文教学，感悟是很重要的，但是在感悟的基础上必要的理性掘进也很重要。我们反对超越学生实际接受能力的无限拔高，但是，没有对教材教学内容的适度掘进，就失去了教学所负载的提升学生的功能，学生在没有适度掘进的教学中只能"原地踏步"。有一节教学"想象"的课，教师让学生读课文，找出哪些是用了想象的句子，找了许多想象的句子，然后要学生也说几个自己想象的句子。目标是集中的、明确的，但是缺少掘进，只停留在教材表面。学生学了这篇课文只能学会浅表层次的模仿，而不能学会比较清晰的思维方法。假如能进一步引导学生思考这一句想象是从什么想到什么，和另一句的想象特点是相同的，与再一句是片段，不同在何处，再引导学生把这相同和片段特点总结出来，从浅表的感受掘进到方法的总结，学生心里的愉悦程度将会是不一样的。

5. 适当拓展：实现知识向能力的迁移

新课程有一个重要理念就是拓展。就是教学时引导学生从一点拓展到多点，从课内拓展到课外，从掌握知识走向形成能力。这在教学因素选择中是很重要的。它的作用一是教给学生举一反三的方法，二是扩大学生的见识面，三是活跃学生的思维、增大教学容量、激发学生兴趣。现在的问题是两极表现：一方面，因为见识面狭窄而拓展不开，就教材教教材，思路逼仄，捉襟见肘，教学内容死板而僵化；另一方面，没有度的观念，一放而不可收，漫天撒网，四面出击，失去目标，成了"信天游"课。后者就是目前大家批评较多的没有语文味的课。有一节《会飞的蒲公英》的参赛课，教师讲了一个收养孤儿的故事，接着让学生讲自己的故事，然后才让学生读一遍课文，说一下"哪一句最使你感动"。没几分钟，又放出一系列图片，让学生看图说画意，接着大讲母爱主题，讲到台湾回归，讲到学会感恩。整节课接触课文很少，大量时间用于游离于课文之外的拓展，形似一节班会课。如果说这是一节口语训练课，还勉强有一点意义，但是作为阅读课，却是违背语文教学宗旨的。

阅读课教学内容的拓展，也必须围绕教学目标，针对中心问题进行，同时，也必须限定一定的"度"。比如理解庄子的不合作和清洁，可以利用庄子与惠施故事做适度拓展。发现庄子选择了"无为"，除了要保全可贵的生命之外，还寄寓了他的另一种社会理想，即人应该是自由的，任其自然的，而不应该有一批人去管理另一批人。他认为人生而平等，造物主并没有让谁光彩照人、名气压人，也没有让谁低三下四、可怜巴巴。他要以身来践自己的理想之志，因此才不为官，这也许是庄子的"精神"所在，"清洁"之处。

有了这样的拓展，既加深了对课堂主问题的理解，又引导学生总结了读这种具有理性思辨色彩文章的思维方法，还激发起学生进一步研读的兴趣。此时，留一个"庄子：你到底给后人留下了什么"的问题，也许学生中会有更为可观的收获。

三、设计：任务群学习的内容组合

2017版《普通高中语文课程标准》提出"学习任务群"的课程组织方法，设置了"语言积累、梳理与探究"，"中国革命文化和社会主义先进文化作品阅读与研讨"，"整本书阅读与研讨"等十八个学习任务群，涵盖学生生活、学习和日后工作需要的各种语言活动类型，充分关注跨文化、跨媒介等语言文字运用新视角，以及自主、合作、探究等学习方式。这是需要教师深入理解，认真探究，切实实践的课题。尽管教材会按照这样的思路进行编排，但是，教学中能不能高效地落实，还需要教师的精心选择与设计。

课程标准提出的"任务群"是相对宏观的，在具体教学实践中，我们有理由根据大的任务群设计相对较小的任务群。李希贵倡导的"语文主题学习"，为这个思路进行了很好的探索。北京华樾教育科技院在全国倡导"语文主题学习"，为我们提供了多方面的借鉴。我们完全可以根据普通核心素养和语文学科核心素养的要求，选择和组合系列性的学习任务群，充分关注跨文化、跨媒介等语言文字视域，运用新视角、新手段，进行自主、合作、探究学习。

学习任务群设计，要遵循一个根本原则，即根据学生语文核心素养生成、发展、提升的需要，组织学习资源，设计学习任务，引导学生通过阅读与鉴赏、表达与交流、梳理与探究的自主活动，自己体验，完成任务，发展个性，增长思维能力，形成理解、应用系统的语文能力。教师务必注意两点：第一，把核心素养和语文核心素养研究透彻，根据核心素养的要求搜集、挑选、组群、教学。当然，这种研究不是短时间内就能做得尽善尽美的，但是，必须行动，切实去做。第二，研究和掌握任务群的教学设计策略与方法。任何一个任务群，都必须有明确的学习目标，一个一个的目标连起来成为一个系列、一个整体。任务群的学习，既不是一组文章的面面俱到的泛读，也不是一组文章的散乱无序的精讲精练。任务群的设计，应根据学习任务和相关的目标进行教学和开展学习活动。

任务群教学设计，需要注意调动两个积极性：教师的积极性和学生的积极性。师生共同完成针对学习目标的材料选择和处理工作。完成这件事情，教师的指导作用要发挥好，要先走一步，走高一层，高屋建瓴，设计原则，做好方向引导，确定选择原则，在方向和方法上担当导师的责任。因为，书和文章比较复杂，对人的影响作用不同，不是什么书在任何时候用任何方法都可以读的。我们既不能一概限制学生读书，也不能毫无引导地任由学生读书，学生毕竟还处在成长阶段，心智等方面都还未达到具备良好的判别能力和选择能力的程度。

关于"整本书阅读与研讨"，需要教师具备策略引导能力。要先读一步，先探一层，做好引导。书犹药也，固然可以治病，但也不可否认它能致病。要注意正确的方法引导，正确"三观"引导。要避免走向实用主义甚至功利主义，切忌浅尝辄止、断章取义地截取片段信息，以讹传讹。要培养深入思考、辩证思考、创新思考的能力。注意培养成学生良好的阅读习惯，注意全面归纳论点、辨析是非真伪的方法引导。

　　任务群学习设计需要重视整合。课程标准对学习内容的表达上为"文学阅读与写作""思辨性阅读与表达""实用性阅读与交流"，其中阅读都是明确要求，没有变化的，只不过各类文体的阅读有各自的规律，需要细加留意。而关于写作的要求，只不过是词语变化而已，实质没有变化。其核心素养培育目标则是务必弄清楚且在阅读教学中加以落实的。课程标准的目标表述是：提升"审美体验"、提高"理性思维水平""提高阅读与表达交流的水平，增强适应社会、服务社会的能力"。对这些学科核心素养的目标分解，在具体的教学中要加以落实，教学组织，突出素养本位。把握课程目标，从任务主题出发，以学科核心素养的视角来审视主题整体和具体篇目教学，融汇知识教学与方法策略以及思想价值教学等，有机贯通阅读与鉴赏、表达与交流、梳理与探究等学习活动，引导学生在运用语言的过程中大量阅读、深入阅读、自主阅读，提升语文素养。

【参考阅读链接】

绚烂的花朵 智慧的奇葩
——《庄子：当我们无路可走的时候》解读

庄子：并非只出现在"我们无路可走的时候"

鲍鹏山以《庄子：当我们无路可走的时候》为标题，初读的时候，首先给人以误解，以为读庄子，是要在人生走到了一种极端困难的境地，需要一种自我超脱的时候；以为庄子，就是一种处于困苦之中的人的精神安慰剂。其实，读完课文，我们会感到有一种隐隐的不对劲。庄子哪里是在一般意义上的无路可走的时候才如此"偏激""荒唐""鬼话连篇，奇怪迭出"！鲍鹏山又哪里是在把庄子当作一种人生不得意时的精神安慰剂来写的！

按照一般的理解，庄子的人生并没有到"无路可走"的境地，以他当时的声望，何愁没有路走，楚威王不是"愿以境内累矣"吗？不要说先秦诸子，即使是今天的志士，谁不会感到"机会来了"？这哪里是"走投无路"呢？但是，庄子硬是要"持竿不顾"，要做"曳尾于涂中"的乌龟。他把"做官""有为"看作是生命之"累"，这种在一般人看来会得到"权力给人的充实感成就感"的事，被他看作是"生命不能承受之'重'"。鲍鹏山认为他的这种"拒绝权势媒聘、坚决不合作"是"在一个文化屈从权势的传统中"的"一棵孤独的树，是一棵孤独的在深夜看守心灵月亮的树"。在那个时代，庄子看不惯诸侯们到了极致的残酷、人世间的种种罪恶与荒唐，那么说，他是在用一种独特的方式向黑暗的世界做着抗争，而不是"无路可走"时的消极对策。

　　按照我们今天的看法，难道与黑暗抗争就应该采取决不合作的态度吗？换一种思维方式，我们可以想到，与其不合作，倒不如接受某种"官职"，进而对社会施加影响，岂不是能更好地造福人类？倘若如此，那就不是庄子而是孔孟了。庄子的独特，就在于他不按照儒家的思维方式看待世界和人生。他主张"至人无己，神人无功，圣人无名"，主张"逍遥人生"，他从看不起鄙俗人格出发走到了一种极端，要把人们从心造的笼子里解放出来。在他看来，人生在世，生存尚且不易，还要背上人际关系、等级观念、繁文缛节等等重负，是何等的不堪！他向往的世界是人们弃知绝智，真诚相见，开颜谈笑，逍遥生存。他主张的是贵真全性的人本精神。后来有人在"走投无路"时，逃离世俗，遁入空门，其实是与庄子的人生哲学并不一致的。后来的道家尊奉老子、庄子为其始祖，其实也是从他们的思想中取其某种因子加以发挥所致。他们也是"有为"的，哪里真正做到了"无为"呢。庄子也有他的社会理想的，只是他选取了一种奇怪的方式表现。说庄子的书庄子的思想是"走投无路"时的产物，恐怕不甚恰当；庄子给我们的启示也绝不是人到"走投无路"时去寻找的一种安慰。庄子是一部大书，是一种思想体系，很难用这么一句话来概括他的要义。鲍鹏山的题目也许是用一般人的误解故设误区，引人注意。而鲍文的解读也只是对庄子的某一只耳朵或某一个神经的解剖或发挥。

　　庄子并不是在一般意义上走投无路，而是用另一种思路在思考人生、思考社会，是用一种不同于一般的智慧看待人生、看待社会。庄子，作为一种哲学的化身，他并不是只出现在"无路可走"的时候。我们今天读庄子，是要理解他的智慧，理解他对人生的寄托，而不是站在纯功利的角度让他来做我们人生不得意时的一片桃花源。与其说庄子是我们在"走投无路"时的宽解药，倒不如说庄子是我们在物欲横流、人性缺失面前昏了头时的清醒剂。

庄子：你的清洁精神何在

鲍鹏山满怀激情地赞赏庄子，说他在《秋水》中讲的故事"是由超凡绝俗的大智慧中生长出来的清洁的精神"，庄子的"不合作"是"又由这种清洁的精神滋养出拒绝诱惑的惊人内力"，他的这种精神是"一轮孤月之下一株孤独的树，这是一种不可企及的妩媚"。读到这里，我们不免思索，庄子的"精神"何在？"清洁"何在？鲍鹏山是从哪个角度来发这一通感慨的？难道不与权贵合作就是"清洁精神"？是不是有了"权势"就不值得与其合作？如果我们的社会更多的是这种决不合作，那又会出现一种什么局面？按照鲍鹏山的意思我们可以做些推测，庄子在不得已的情况下，采取决不合作的态度，是无可奈何的，是保持自尊人格的选择。庄子一方面对人类充满怜悯，最多情、最温柔宽仁、最敏感，因而最脆弱、最易受到伤害。另一方面，对污浊黑暗的世界，冷眼看穿，冷酷犀利。庄子在污浊的人世间保持着清洁的精神，他超凡绝俗，拒绝诱惑，把自由的价值看得至高无上，不屑与统治者同流合污。由此可以看出，作者对庄子的景仰之心、爱戴之情，是建立在庄子对待黑暗的态度上的，并且说他的这种思想是不得已的"以毒攻毒"，"破罐子破摔"。作者之所以说对此"我们怎能不悚然面对，肃然起敬，悠然生爱"，是从同情他那满把辛酸泪的角度说的。他的"辛酸泪"就是理想的不得实现，社会的混乱黑暗，人心难测，争强斗狠。在庄子看来这简直是不成样子，于是就以自己的坚决不合作来向世人证明。题目的"走投无路"也许是从这个角度来命制的。那么他的"精神"就在于一种哲学观点，一种傲岸的抗争，他的"清洁"就在于不向恶俗低头，坚持认定的主张，保持人格的独立。

庄子的不合作，也许还有其他不得已的原因。他是为了保全可贵的生命，选择了"无为"。他有才德却并"不想有为"，尽管如此，他的才德也足以让有些人甚至是朋友们害怕。一次，他去梁国拜访老朋友惠施，惠施急了，害怕自己的宰相位置不稳，先下手为强，大肆搜捕庄子。庄子以自己独有的智慧嘲笑惠施：老鹰抓到一只腐烂的死老鼠，喜得不得了，看见凤凰飞过，赶紧捂起来。庄子说，难道凤凰也稀罕你这只臭老鼠吗！庄子在俗人争尸逐臭的丑态面前显出了清高，但也很难说是真的就是为了天下苍生。如果他真的很能治国，能为苍生谋福，一味清高、躲避，岂不是让苍生失望？这样理解也还是没有抓住庄子的真意。他之所以不去为官，按照他的说法是，人应该是自由的，任其自然的，而不应该有一批人去管理另一批人。他认为人生而平等，造物主并没有让谁光彩照人、名气压人，也没有让谁低三下四、可怜巴巴。他要以身来践自己的理想之志，因此才不为官，这也许是庄子的"精神"所在，"清洁"之处。

如果是在今天，我们面对物欲横流、尔虞我诈、作奸弄巧、欺上瞒下、唯利是图、丢尽人格的某些现象，真是应该高声赞颂庄子的"清洁精神"。如果不能以己之力量改变丑恶的社会现实，那倒是不如采取"决不合作"的态度，用另一种形式抗争。但是我们切不可走极端，不分场合，不分情况，一味地崇尚庄子的精神，对谁、在什么时候、在任何背景下，都采取"决不合作"态度。社会要进步，人类要合作，是历史的大势。我们任何人都不应该凡是不合我的理想，就要"决不合作"。如果人人都这么想这么做，恐怕社会也会更加让庄子们"悲不欲生"了。

庄子：你到底给后人留下了什么

在夜阑人静的时刻，敞开蓬勃的生命的触觉，神游于广袤浩瀚的宇宙，徜徉在历史的星空中，我们看到庄子的灵魂在缓缓游动。当经过一番与庄子的对话后，我们得知鲍鹏山的这篇文章只是对庄子的一种解读，只是对其思想的一个重要侧面的演绎。其实，庄子是一部永远读不完的大书，他给后人留下的遗产是丰富无价的。我们解读庄子，在看到他追求潇洒人生，与达官贵人决不合作以外，还应该比较全面地了解庄子的哲学思想要点。在庄子的思想中，有自然一体的超然认识，有辩证等齐的思维方式，有贵真全性的人格追求，有宇宙是我故里、自然是我的家园的阔大胸怀，有内圣外王的虚静和灵慧，有修己和待人的真知……我们破译开他那奇幻想象和古语的深奥，还原于人生世事的观照与思考，我们会得到一种智慧的熏陶，确实能使"我们的眼界为之一开，我们的俗情为之一扫"。一部庄子，并没有表现那种"无路可走"的无可奈何，也不是那种面对压抑的慷慨悲歌，他心静如水，在静水里翻滚着思想的波澜。正因为至静，所以才能深刻。这对于我们今天的人来说，无疑是一笔巨大的财富。

解读庄子，如果只执其一端，并不能领会其精神精髓。他标榜"无己""无功""无名"，这本身就是一种追求，他在"无为"的旗帜下，要的是"大为"。他主张适意自然，但是也并没有停止对知识的追求，他讲究自修，讲究善于待人。他在《徐无鬼》一章中就说过这样的意思：个人的足迹所及毕竟有限，尽管有限，但还须借足迹周围广大的地面才能迈向远方；人类的知识可谓有限，虽然有限，但还须借助那未知的领域去认识无限的世界与真理。要探求真理，就不可偏执一隅，也不可漫无边际。对于庄子的解读，我们还是只有借助其"原本"这个未知的领域，借助我们已有认识的周围地面，去发掘，去领悟，才可以接近了解庄子"你究竟给我们留下了什么"这个目标。

从对孔孟的比较中我们可以发现什么

——黄仁宇《孔孟》阅读笔记

据说，联合国大厦内镌刻有中国"至圣"孔子的"大道之行也，天下为公"和"亚圣"孟子的"仁者无敌"（《孟子·梁惠王上》）这两句话，足见孔孟对世界人类的广泛影响。孔孟是中国贡献于世界的两座巍峨的思想宝库，是人类智慧的两座无尽的奇珍之宫，是启发我们抛弃小我走向圣哲的长青圣树。作为炎黄子孙的我们，了解孔孟，走进孔孟，解读孔孟，发现其思想意蕴，发展其思想精华，光大其进步精神，自是现代化建设事业中不可缺少的要务之一。黄仁宇先生的《孔孟》一文，无疑为我们走进孔孟提供了一把钥匙。

黄先生以其独特的视角，对中国古代的两位圣人进行了比较，尽管不是足够全面的，但是可以算得是全景式的，有些地方也是比较细致的。在一般人所悉知的相传承关系之外，着重发现他们的差异，他让我们明白了圣人之所以为圣，还有一个重要特点，就是既要继承，更要创新。孔子教导学生要领悟，赞赏有所发展。孟子继承了孔子，但没有停留在复印机的水平上，他根据时代特点，进行了深入研究，形成了自己的特色理论。通过对孔孟的比较，我们更加深入理解了孟子所说的"尽信书不如无书"，更加清楚了如何对待学习与创新，也就会得出如何正确对待传统文化的答案。孟子自认为是孔子的忠实信徒，对孔子也是赞美有加的。他说："由孔子而来至于今，百有余岁，去圣人之世若其未远也，近圣人之居若此其甚也。然而无有乎尔，则亦无有乎尔"（《孟子·尽心下》)。他认为自己与孔子很近，自然受其濡染颇深。但是，作为一个不平凡的人，他没有固守先辈的"教导"，没有拘泥而不知变通发展，他在继承中有发展，在学习中有扬弃。这正是他之所以能够与孔子并称而为"孔孟"的来由。如果他没有对孔子的思想发扬光大，没有属于自己"与时俱进"的内涵，而只有孔子说过的经典，那他就失去了与孔子并肩的资格。孟子对孔子的继承和发展，正是对待文化传统正确态度的一个好的注脚。

　　孟子继承了孔子"仁"的思想，但是又赋予了它"义"的内涵。对黄先生所说"孔曰'成仁'，孟曰'取义'"，我们须做两层理解。一要看出这句话强调了他们二人"宗旨"的"始终相配合"；二要看出在对二人的比较中发现了差异。"仁"是儒家思想的核心，是众德之首，众德之纲，是儒家人生哲学的根。孔子最先对"仁"这一概念从不同角度予以阐发，把它提升到一个非常崇高的地位；孟子则在孔子"仁"的基础上加进了一个"义"，使"仁""义"并举，给仁的思想赋予更新的内涵。在孔子看来，"仁"就是"爱人"，就是在人与物的关系上，人比物重要，在人与人的关系上，肯定人的价值和尊严。孔子认为"仁"有五种品质，即恭（庄重）、宽（宽厚）、信（守信）、敏（敏捷）、惠（慈惠）。孔子认为"仁"的关键是实行"忠恕之道"，他说："夫仁者，己欲立而立人，己欲达而达人。"（《论语·雍也》）这就是"忠"；又说："己所不欲，勿施于人。"（《论语·颜渊》）这就是"恕"。到了孟子，他就把"仁"提到了又一个新的境界，他说："仁者无敌。"（《孟子·梁惠王上》）他继续解释："亲亲而仁民，仁民而爱物。"（《孟子·尽心上》）"老吾老以及人之老，幼吾幼以及人之幼。"（《孟子·梁惠王上》）把"爱人"推及爱民、惠民、利民、养民、富民、安民、教民，推及宇宙一切事物，进而主张推行"仁政"，讲究"仁义"。孟子认为"仁"是人的本性，"义"是在"仁"的基础上，出入往来时要遵循的必由之路。君子拥有仁的德行，在为人做事的时候就以义为标准。孔子讲"君子喻于义，小人喻于利"，孔子不怕谈利。而孟子则羞于言置"义"于不顾的"利"。他认为，只有用"义"来制约"利"，才不会让"利"妨碍"义"，也才不会坏了我们的大事，也即整个社会的公共利益。看来，孟子是在学习中有所发现、有所创新、有所发展的。这才是为学之道，也是为政之道。

　　孟子也有对孔子的扬弃。例如，孔子特别讲"礼"，凡事均求不逾于礼，而孟子则不是这样严格地或者说是机械地拘守于礼。孟子的标准是着眼于大事的。同是对武王伐纣的看法，孔子持保留态度，孟子则明显不同意"臣弑其君"的说法，他还有足够的理由："贼仁者谓之贼，贼义者谓之残。残贼之人谓之一夫。闻诛一夫纣矣，未闻弑君也。"（《孟子·尽心下》）他懂得变通，相比之下，孔子就显得迂腐了。在看待君民关系、君臣关系上，孟子明显地比孔子有进步。孟子提出了民本思想，是对孔子学说的一个大发展。他认为："民为贵，社稷次之，君为轻。"（《孟子·尽心下》）孔子说："君使臣以礼，臣事君以忠。"（《论语·八佾》）。孟子则有新的发展："君之视臣如手足，则臣视君如腹心；君视臣如犬马，则臣视君如国人；君视臣如土芥，则臣视君如寇雠。"（《孟子·离娄下》）孔子从正面讲，讲双方应有的态度。孟子则从正反两方面讲，且把责任的重头放在了君的身上，君对臣的态度决定臣对君的态度。

　　孟子在继承孔子思想中的创造还体现在他们对人生态度的差异上。黄先生说孔子"有一种轻松愉快的感觉，不如孟子凡事紧张"，"能够以'君子坦荡荡'的风格，避免'小人长戚戚'的态度去保持他的悠闲"。这里涉及的是儒家的忧患意识的问题。我们也许会误解，认为孔子就活得这么潇洒，而"生于忧患，死于安乐"的忧患意识则是孟子的独家创造。其实，提升忧患意识的第一人还是孔子，孟子又是在孔子思想的基础上进一步升华、发展，赋予更新的内涵。孔子面对世风日下，不觉长叹："德之不修，学之不讲，闻义不能徙，不善不能改，是吾忧也。"（《论语·述而》）他用诗经的句子教导学生："战战兢兢，如临深渊，如履薄冰，而今而后，吾知免夫。"（论语·泰伯）他也是忧天下，忧国家，忧民族，忧文化衰退的人，只是在对待个人生活上又表现出"乐天知命"的一面，他说："君子坦荡荡，小人长戚戚。"（《论语·述而》）把在生活面前的不同态度看作是划分君子与小人的界线。孔子还说："仁者不忧，智者不惑，勇者不惧。"（《论语·宪问》）孔子身处乱世，忧患颇多，可是他勤奋好学，发愤忘食，乐以忘忧，以平静的心情对待难以善处的困苦，而且从艰难困苦中体味出了人生理想境界的无穷乐趣。孟子则比孔子忧患更多，其紧迫感更强，把忧患意识推到了更加严重的程度。黄先生的文章把原因归结于时代不同，所面临的时势不同，其实，这里也难免有孟子本人的性格特点原因。当然人的性格形成归根结底还是与时代有关。孟子看来比孔子更率直，激情也许更多，性情也就没有孔子那么从容，他像孔子一样以天下为己任，奔走游说，推行仁政，见难不避，勇担大任。他说："如欲平治天下，当今之世，舍我其谁也？"沉甸甸的责任感，使他更加如履薄冰，忧患更烈。但是，我们不要忘了孟子也是有洒脱一面的，不过与孔子的洒脱不一样，他在遇到挫折、困难时，也有达观的态度："天将降大任于斯人也，必先苦其心志，劳其筋骨，饿其体肤，空乏其身，增益其所不能。"（《孟子·告子下》）他把艰难困苦看成是成就事业前的准备，这也是一种达观。

孔孟是巍巍大山，是浩浩海洋，他们的思想对后人的影响是多方面的，他二人之间的同异也是远非千字万字的小文所能穷尽的。孔子的儒者风流，孟子的浩然之气，他们作为儒者的刚健有为，他们的兴学校办教育，等等，等等，值得研究的还很多。我们通过比较，能够更深入地理解他们的思想精神，引发思想火花，提升思想品位。当然，我们研究孔孟，也还要看到他们的时代局限性、思想落后性的一面，孟子对孔子的发展不正是因其看出不合适的一面而有所取舍吗？当然，孟子的不合适的东西，也需要后人加以甄别，引以为戒，达到古为今用的目的。黄仁宇先生的《孔孟》一文给我们的启示恐怕就在于思想需要发展，思想的发展离不开社会现实背景，与时俱进，生生不息，人类就一步步走向文明的圣殿。

巧构妙思　字字珠玑

——王维《观猎》艺术拾零

王维是盛唐著名诗人之一。他的诗歌展示了与李白、杜甫片段风格，在艺术上造诣很深，美学价值很高，是可以与杜甫相比美的。他以卓越的艺术才能，运用生花妙笔，传神地描绘出祖国河山千姿百态的妖娆风貌，给人们展示了大自然或雄浑或旖旎的差别万端的姿容，使读者读其诗如赏画观景，心情为之怡悦。古人评价其诗"在泉为珠，着壁成绘"。确实，他的诗或富丽宁静，或含蓄隽永，或雄浑奔放，手法之多变，风格之多样，是值得学习、研究和借鉴的。他的《观猎》一诗通过一幅将军骑猎图赞扬将军性情豪爽、武艺高强，表现将军逐马鸣镝之乐，表现了以雄浑取胜的特色。如果从艺术的角度探讨，有六点值得借鉴的技巧。

一、高山坠石，逆起得势

《观猎》开句写道："风劲角弓鸣"，突兀奇来，以惊人之语渲染出一幅在旷阔的原野上，大风呼啸、箭鸣弓响、山雨欲来、森严紧张的气氛。读者一接触此句，便为之迷惑、动魄，不免发问：是怎么回事？原来是"将军猎渭城"。这首联，上句起势，有如古戏舞台上人未出场，先吆喝一声，气氛为之一紧；下句则如一员大将在众目睽睽之下跃将出来。起句有先声夺人之妙，有异军突起之势，给人以悬念；接句则轻笔缓道，慢语解释，使人恍然大悟，极富戏剧味。白居易在《琵琶行》一诗中写琵琶女弹技有"铁骑突出马枪鸣"一句，若用此句来比喻《观猎》的开头也是很合适的。很多人推崇这种突兀起笔之法，清人方东树说：“直如高山坠石，不知其来，令人惊绝。”吴汝纶称道：“逆起得势势。”沈德潜说其首联“若倒转便是凡笔”。这些评价都是精当之论。我们试将首联二句倒转来细细体味一下，就会发现倒转后的这两句诗便变成了一般的叙述，气势一落千丈，失去了先声夺人之美。

二、避实就虚，以物衬人

《观猎》第二句点出“将军猎渭城”后，笔锋一转，不正面写将军，而写“草枯鹰眼疾，雪尽马蹄轻”。诗人在大雪初融后的枯草原野背景下点染两笔：寻猎物的猎鹰疾飞，追禽兽的骏马奔腾。诗人不同常人，他用将军所用之物来显示将军的勇武过人，深得以物配人之妙。汉乐府民歌《陌上桑》写罗敷的美貌，用“行者见罗敷，下担捋髭须；著少年见罗敷，脱帽著帩头；耕者忘其犁，锄者忘其锄”来衬托，历来极为人们所称道。《观猎》以物衬人，与此有异曲同工之妙。“健儿须快马，快马须健儿。”(《南北朝鸣歌》)一物配一物，良将佩宝刀。好马快骑，舍强将勇士，谁配乘用？矫健神鹰，除剽悍猎者，谁配掌握？通过陪衬烘托，将军英姿便跃然纸上。

三、典故显形，山水不露

《观猎》前两联写出猎，颈联写猎罢归来：“忽过新丰市，还归细柳营。”这两句写猎归所经之地，而写地名另有深意。原来，新丰市在长安东北，是盛产美酒之地，当时游侠之士常到此相聚豪饮。作者曾在《少年行》中写道：“新丰美酒斗十千，咸阳游侠多少年；相逢意气为君饮，系马高楼垂柳边。”显然，在这里诗人是借新丰典故，表现将军豪爽任侠的气质。细柳营，在长安西北，是汉代名将周亚夫驻军之处。诗人在此是意欲把将军和周亚夫并比，表现他治军有方、军纪严明、刚勇正直的特点。通过这两个典故的运用，将军勇武慷慨、豪放不羁的气度与非凡形象更为明显了。作者用典故如信手拈来，极为自然，不显山不露水，而奏出奇效。

四、以静显动，余音不尽

《观猎》前三联是写有声的喧闹场面，尾联则是写无声的观望追忆。一个打猎过程在前三联中已经完成，下来还有什么可写的？"回看射雕处，千里暮云平。"诗人独出心裁，写将军归来以后，兴犹未尽，回首观望，其恋恋不舍之情一览无余地展现在读者面前。将军回首苍茫暮色中的猎场，是在追忆刚才的欢乐？是在筹谋下次再猎？还是另有所思？……读者尽可以去做合理的想象。尾联这一平缓反衬，不仅反映出适才纵横驰骋的景色，而且表现了将军出猎顺利，兴致盎然，极目远眺，神游象外之情态；还给读者留下不尽的余味、余音。如果换用颈联那样的句子作结，诗便戛然而止，一切余音便荡然无存，诗完意尽，表达效果就差之千里了。

五、结构严谨，章法浑成

这首诗出句奇，中间巧，结尾妙，四联所写各有侧重，互相补充，巧取巧舍，避熟出新，勾勒出一幅精妙的骑猎图，塑造了一位有血有肉、性格鲜明、栩栩如生、叱咤风云的将军形象。诗的结构相当严谨，章法浑然天成。首联由出猎的将军写起，尾联以将军回首作结，前由"马蹄轻"，后由"忽过""归还"；前由"风吹角弓鸣"的动，后有"千里暮云平"的静，前后呼应，动静搭配，相映生辉。首联以挥鞭跃马写将军威武傲岸之姿，尾联以回看暮云绘将军得意留恋之乐，各领风骚，言简意富。全诗蝉联、过度十分自然、融洽、熨帖，几个富有特征的个体，合在一起构成了有机和谐、不可少缺的完美整体。

六、斟字酌句，一石三鸟

王维诗有文字简洁而往往一字奏奇效的特点。《观猎》一诗，选字用句也颇为不凡。"风劲角弓鸣"，"风劲"二字，看似平淡，但在诗中作用不小：其一，它绘出了将军出场的环境，显示了将军顽强的意志；其二风强箭难射，显示了将军射艺之高；其三，强风之中尚能听得见弓箭簌簌鸣声，可见弓之强，从而显示了将军力之大。"将军猎渭城"，一个"猎"字，一破题，二注"角弓鸣"，三领全篇，也可谓一石射三鸟。此外，"鹰眼疾"之"疾"，"马蹄轻"之"轻"字，"忽过""还归""射雕处"等，都是化平坦为神奇的字眼和语句。"疾"不仅写出了鹰眼的锐利，还写出了鹰发现猎物之快速。"轻"不仅写出了马行之快，追猎之速，还露出了猎者欢快、轻松的情绪。"忽过""还归"，行云流水，显示了将军出猎顺利，收获良多，意畅而不觉物重，于是纵马腾跃的情态；仅四字两个动词便把将军欣喜若狂之情，自豪踌躇之态惟肖地刻画了出来。这里，"还"通"旋"，快速的意思。"射雕处"一句可算作诗人写诗的点睛之笔。前面不管写将军勇武也好，自豪也好，而将军武艺究竟如何，给读者的印象还不是十分明了的，这最后一点，突现出将军是射雕手，读者的崇敬之情便顿时为之而生。雕是非常难射的，而将军能射，其武艺之高强，尚有谁比？读者读诗至此，不免要回过头来再看一遍，进而为诗人的艺术匠心所折服。

如此看来，《观猎》这首诗立意新奇，意境旷阔，技艺高超，全诗写"观"，句句绘形，字字珠玑，清新感人，值得玩味、鉴赏。

试论王维《辋川集》的模糊美①

号称"诗佛"的王维精心制作了一组五言绝句——《辋川集》，其真正价值并不在于以诗传佛，而在于以其独特的审美思维创作了一种有别于"诗圣""诗仙"的艺术境界。而使其达到这一审美境界的因素之一，便是创造了一种隐僻朦胧、韵致深远、令人追寻不止的模糊美。

模糊，一旦进入美学范畴，它便具有了独特的审美价值。首先是它以最简捷的方式或语言传递出最丰厚的信息，从而使人类的交流得以迅速沟通。《辋川集》二十首，四百字，其所载信息量，就目前研究的情况看，还没有完全被人们看透。有人说它批判了李林甫当政的黑暗现实，有人说它表达了诗人对美好理想的执着追求，至于对每一首诗的见仁见智的理解更是不一而足。这样的美学效果，正是其信息丰富所造成的，也正体现了模糊美的特征。

模糊美的第二个特征是它具有动态性。审美活动是审美主体、审美客体的联系转化过程，其中存在一个宇宙普遍联系的中介。恩格斯说："一切都在中间环节融合，通过中介过渡到对方。"列宁说："一切都经过中介，连成一体，通过转化而联系的。"审美中介是审美主体、审美客体发生联系的中间环节、中间阶段，没有这个过渡，审美活动就不存在，而这个中介是具有动态性的（参见劳承万《审美中介论》）。模糊的动态性，就表现在中介过渡，审美对象连续运动、不断投射、转化到审

---

①雷敢、孙皇凯，学林探胜［D］.西安：山西旅游出版社，1993年第5期，第32—41页。

美主体的意识中。它使世界充满光辉和神奇，引发人们去做不懈地求索。《辋川集》作为审美客体，它与"衰柳""飞鸟""文杏""空山""青苔""夕岚""茱萸"等等一样，在进入审美活动后，表现了它的流动性，它可以做多种分解组合，正如碧湖耀闪的粼粼碎光，像原野飘忽不定的丝丝花蕊，若黑夜中似有似无游移不定的飞萤，向人们做着多层面多角度的投射。而同时，由于主体也可以根据自己的审美素养、生活经历，多层次多维度地追求对象的美的宝藏，一部《辋川集》便也会被"净化""蒸发"出多种有意味的形式，展现其迷离璀璨的丰富性。

《辋川集》的模糊美主要表现在它内在的模糊，意义的模糊。诗人在感受自然中，触发了心灵感应后而艺术地表现其无法明晰表述的内在感情，它如一叶飞舟，载满着模糊的信息，吸引我们去泅渡艺海，攀上船舷，去领略隐藏的含蓄朦胧的乐园，尽情吮吸那模糊的美味。

说《辋川集》的内在意义模糊，并不是说它无迹可求。若无迹可求，则是晦涩、无聊，才是真正的"算不得艺术品"，更谈不上美了。俗话说："朦胧之时，有征兆可寻；模糊之时，有端倪可察。"我们可以从诗人所创造的这座模糊的"迷宫"中去探求谜底，可以借诗中簇拥的模糊的信息，触发飞腾的第二思维，深入心灵的波涛之中。

《辋川集》作于开元末年（见傅如一《论辋川集》），诗人的性格、心境和当时所处的特殊环境，综合地投射到二十首绝句中，便决定了它的模糊性远比李白、杜甫的诗歌复杂。

王维的思想有两个基础，一是儒家思想基础，一个是佛家思想基础。它出身于官宦人家，自幼接受了儒家思想教育，早年便扎下积极用世的思想根子，其后入长安，以其艺才博得歧王和九公主的赏识，及第做官。可见他的退隐是另有原因的。同时，王维又信奉南宗、研究阐学也有较深渊源。两种思想融合在王维的血液中造成了王维作品内涵的复杂性。

王维的经历也是颇为坎坷的。先受宠于歧王，后受张九龄提携，做右拾遗，表示"感激有公议，曲私非所求"（《献始兴公》）。然而，不久李林甫执政，王维数犯大忌，政治无望，生命有忧。也许是出于"免从虎穴暂栖身""留得青山在"的目的，他过起了半官半隐生活。此时，失望、希望、羞愧、愤恨、惆怅、沉郁，内心的矛盾无法止息，一切的剧烈动荡都化作"寂静""清幽"，这是符合生活实情的。滨田正秀说："伟大因悲惨而显得更伟大，高贵因低贱而显得更高贵，欲望因禁欲而显得更觉强烈，……一切都孕育着向自身反面突变的因素。"王维胸中悲憋杂涌难解，故借禅静掩饰其浪涛汹涌的心境，故而造成了《辋川集》独具特色的朦胧美。

中国古代文艺理论很崇尚"隐"，早为模糊理论开了先河。刘勰说："夫心术之动远矣，文情之变深矣，源奥而派生，根盛而颖峻，是以文之英蕤，有秀有隐""隐也者，文外之重旨者也""隐以复意为公"。王维深谙此理。我们循此来看《辋川集》的"文外之旨"与"复意"也即"模糊美境"吧。

我们根据两极游离律来看《孟城坳》。

"新家孟城口，古木余衰柳。来者复为谁？空悲昔人有。"诗在真与不真、似与不似之间展开了艺术天地，这里活动着一个幽灵，它调动我们赏美的神经末梢，去做多种探求。"来者"是我还是他，"空悲"者又是谁，意想是模糊的，而景色"衰柳"呢，也是模糊的。"衰柳"能使人感到苍老颓败，又能引发人想到有衰必有盛，也会促人想它过去的兴盛，它到底象征衰败，还是预示繁荣？片段理解会感到片段情蕴。一株古城衰柳，竟然表达了关于过去现在未来的哲理思索之意。"衰柳"意象曾为初唐宋之间所有。这里王维使睹物思人遥极寄感慨，又是巧用典故，造成模糊效果。宋之问媚附权贵，显赫一时，至今如何？我王维也居孟城口，是走宋之问的道路吗？隐含的意象是清楚的：他不愿依附权贵。"我"这个"来者"评价宋之问这个"昔人"；以后的"来者"如何评价我这个"昔人"呢？不得不慎啊。"柳"这个形象具有摇摆不定的特性，孟城口树木很多，王维单选其柳，是联系到宋之问的为人的，又着一"衰"字，即寓有谴责、嘲笑之意。读这首诗，初感会觉得它沉郁、悲哀，如果进入"胸次洒脱，中无障碍，如冰壶澄澈，水镜渊淳"①的境界，便会觉得它未必没有包含引人超脱，催人奋发的意蕴。诗中没有明晰地告诉它的主旨，审美主体则可以凭借自己的审美想象做出多种推测——通过审美中介的游离分和，过滤沉淀出新的意象。既然"新""旧"替代规律不可抗拒，"空悲"也就可以理解为劝别人劝自己：何必"空"去为昔人得而复失而悲伤呢？

诗的意蕴往往就是这样，它"被投入特定的组合场——多种深层含义隐藏在词语的表层意义下，表面上看来被安置有形的居处，实际上仍像一个漂泊的幽灵，在读者心目中产生一种多感性"，有的字词被"投放进一个特殊的趋于抽象的语义场，'言'与'意'的拈连复杂起来，迫使你不能拘泥于一种解释"。《孟城坳》就是这样创造了多重不定性意绪，体现了模糊美的多元性定理。其实整部《辋川集》都体现了这种意义的未定性，为读者提供了数个多层次的未定点，让你咀嚼品味其丰富的内涵，拓展你对社会和历史的认识领域，启发你从多方面去思考人生。

"中国传统的思维方式本身就具有极大的模糊性，文字表达重强调整体的表达，主张藏而不露，欣赏那些似是而非，只可意会不言传的意境。"②且看《华子冈》的这种意境："飞鸟去不穷，连山夏秋色。上下华子冈，惆怅情何极？"写登山之感受，由永飞不止的飞鸟到目不能尽

---

①②见《文艺研究》1991年第2期，第91—92页。

的连山，由空中的永恒到人生的哲理，其间隐含的意旨是深远绵邈耐人咀嚼的。"在这种形象的显示里面，可以使人想起许多思想。"（康德语）友人说，从上下华子冈，诗人联想到自己政治道路上的由高而低，由上而下，引出"惆怅情何极"。这惆怅之情固然是有的，惆怅之极，正如飞鸟不尽，山连不断，其深重可知。然而，根据两极游离律，在这深重惆怅反面，难道就没有启示你另行思考？鸟儿飞上飞下，总在朝前，山峦起伏不定，总在延绵；人啊，道路曲折，难道就在挫折面前只顾惆怅吗？惆怅有何极限？怎可长此而往？由此看来，诗人不是在另一面隐含了自劝劝人的意向吗？

如果说《孟城坳》《华子冈》里，诗人与政治还较为接近，有一种从"入世"走向"出世"的悲愤的话，那么，《鹿砦》《木兰柴》《宫槐陌》《茱萸沜》《斤竹岭》《临湖亭》《南垞》《辛夷坞》《栾家濑》《白石滩》《北垞》《竹里馆》等诗，则把这种感情隐得更深。在这些诗里，诗人是在寻求不"空悲"，不"惆怅"的道路，以求心灵的解脱。这也怕是一些论者一再提醒读者当引以注意的消极之处吧。其实，这些诗留给人们的意象岂止只是脱尘超俗，消极避世？我们还是求索一下"其寄托在可言不可言之间，其指归在可解不可解之会"的象下之意吧。

确实，《鹿砦》等诗所写景色都是极为静谧的，没有第一、二首那样明显的激情，或写空山黄昏的寂静，或写夕岚飞鸟的相伴，或写山重林阴幽地，或写清流白鹭的宁静……这一幅幅风景图，既能使一些人感到"其境过清，不可久居"，也能让人感到泣神凄骨，寒气凛凛，但也可以让人领受岛幽林谧，山宁水静的第二自然美趣，更能激发人们去做深层的哲理思考。当我们首先感触诗的表层意义之后，体悟那"空山不见人，但闻人语声。返景入深林，复照青苔上"的动静对比互衬，声色冷暖互补的美学表象引起触觉、嗅觉、听觉、味觉的同时活动。此时，我们会由一种从政治嘈杂声中沉入一种万籁俱寂境界的特别感觉，思想中会由一种从纷繁的俗务中静下心来，一洗心中杂尘的快感；继之而来的是挑起活跃的思绪：在此之前，诗人还有点"惆怅""空悲"，何以现在竟然"完全"投身于静谧之境了呢？结合作者的思想和经历以及其他诗文来看，我们还可以看到诗人寄身于山林之中，非本意所愿为，而是"自然促之"，是现实迫之。

古希腊人说过："一个人的心灵对于别人来说，永远是个谜。"王维的心灵也是一个谜，不过我们仍可以去循迹探寻。李林甫当政的年代，是个非常专制黑暗的年代，王维又有几件直接能导致被李林甫残害的事，在这样的环境里，他有怒有怨又不敢直言，又不愿像宋之问那样去依附权贵，大唱赞歌，所以只能顾左右而言他，装出"万事不关心"的样子，借山林之静，衬托内心狂澜般的动。在王维所描写的静寂世界里，我们从自然中收回目光，看看这位诗人，不难想象到政治旋涡的争斗不息，也能想见诗人由春风得意的政治生活中突然跌于此中的不适感与难以言说的感情潜流。此时无声胜有声。我们仿佛感到了嘈杂的争斗、乒乓的械打、纵情的狂笑、悲伤的哭泣，众声齐备，"热闹"非凡。这以实写虚、以虚观实的模糊手段所造成的美学境界，便造成一种极静极清的境界，让我们的大脑清静下来，细细回味过去，思索道理。我们的思维先跟诗人蹒跚而行，入深山，看青苔，察白鹭……片刻的宁静之后，思绪便纷繁起来：一个具有政治抱负的人竟然身入空山，纵情山水，这是一个悲剧，社会的悲剧，时代的悲剧。看着返影，望着青苔，这多无聊，而这仅仅是无聊吗？不是，这只是剧烈的内心活动无法排解而出现的暂时的抑制。"但闻人语响"，即可理解为写实的山中偶有人声，又可理解为诗人脑子里的人声。在极为寂静的时候，脑子突然静下来，极易重现过去的印象。把表面的场景写得越静，越能更好地表现耳畔实际是沉留心中的往事：政治场上的争斗多么激烈，若不是抽身得早，该是什么结局呀……

《辋川集》的许多诗句就是这样，所指很不明确，却给人以杳远无际的思绪情味。在这里，语言失去了它的神力，我们找不到恰当确切的词语来表达这种情景，使之变得完全明白易懂。这才是一种"其寄托在可言不可言之间，其指归在可理解不可理解之回"的意象，它把你的审美心境引向言语道断，思维路绝，绝议论而穷思维的极佳境界，这才是人们常说的只可意会不可言传。[①]这种美韵，只有你静心地去体味，去解悟，才能得到。《木兰柴》的飞鸟逐侣，《栾家濑》的白鹭惊而复下，《竹里馆》中的独坐长啸，这里的世界多清凉洁净，官场上的污浊恶劣如何能比？但对作为谏官的王维来说，要他一下子噤声离尘，仍是一个悲剧。鸟儿可自由逐侣，而在李林甫的淫威下，人哪有自由言论、访朋问友的权利？更不敢说追怀张九龄这样的"前侣"。"白鹭"是虚惊一场，惊而复下，诗人可不同哟，实实在在的生命之痪就在眼前，周子谅这只"鸡"不是被杖死了吗？"猴子们"都是亲眼所见的。所以，只有与明月为伴，以鸟雀为友。这内心的"惆怅"是极力想排除，终于无力也未能排除，于是便化为"弹琴复长啸"的模糊发泄。这即可以认为是隐者的高洁，也不可否认它表现了相当复杂的内心感慨。一切矛盾，百种滋味，一齐笼在这模糊的诗句中。你可以借此想象，按作者定的调谱，填写心灵的震撼。

《柳浪》《茱萸》《宫槐陌》《临湖亭》《南垞》《白石滩》《北垞》《辛夷坞》等诗也各写一处景物，但从其所透露的意象看，诗人似乎又从清寂苍凉的心境中拔出了一些，正应了前面的不必"空悲"，何须"惆怅"之意。这些诗，尽管还是饱含清幽的色调，但是已有了人的气息，有了亮色，有山客可以谈人生论世理，有各色鲜翠可以娱目悦

---

①《文艺研究》1990年3期第57页。

心，有清水溪流可以荡舟濯洗，出现了一派生活乐趣。这是一种与官场争斗迥异的清新生活。从这里，我们感到这样一种信息：摆脱官场羁绊，注重自身修养亦是古人所崇尚的。诗人表示"不学御沟上，春风伤别离"（《柳浪》），不愿与李林甫之流合污，宁愿追求山林的清洁生活，也不屑于学宋之问的随风飘摇如柳。这是一种高尚人格的追求。《茱萸沜》中亦用用典、寓意的手法表现模糊意象，借茱萸之典，祝朋友无灾无难、生活平安，又暗示归隐山林吧，不要与那些行污品秽之人粘在一起，以免招灾引祸。诗人借"茱萸杯"警示自己和友人，既要消自然之灾，又要禳歹人之毒，保持自己的洁行。从这些诗的意象中我们可以想见诗人既坚又韧的性格，得到人生的某些有积极意义的启示：人生之路错综复杂，在必要的时候要能进能退，进也罢，退也好，重要的是要保持好的节操，修炼美好的品行。太弱，会导致失去人格；太刚，则易折易败，刚柔相济，以求来日，重展抱负，也不失为一种正确态度。面对黑暗，不屈不服，昂昂烈烈而死，固然可敬，而以柔克刚的韧性战斗精神，亦属可贵。《辋川集》所表现的意象透露了这一信息。王维的为人是很精明的，明知把不愿依附权贵的思想说透容易招祸，正像他不敢决然彻底引退而过半官半隐的生活，以避明显表示与李林甫不同流合污之意一样，他在诗中也竭力把内心意向隐得更深，一旦发现内心表露有所明显时，便要设法遮一遮，极力装出"万事不关心"，只乐山与水的恬淡灰冷的佛人模样，以麻痹政敌。《南垞》《北垞》《白石滩》《临湖亭》等诗正是这种心曲的表露。

高楠在《艺术心理学》中说："生活中所积累起来的感情表象关系或感情结构的记忆具有很大的模糊性，它存在于主体中心的形态是模糊的，它运用于感情判断的时候也是模糊的，而且基本上是无意识的。你看到渐渐消失于无际阴云中的鸿雁，你固然能产生一种谈谈惆怅和忧伤，但你却很难讲清楚为什么会有这样一种感情产生。"王维正是巧妙地抓住情感展示的一瞬把情感或幻想或倒影或变格地投射到、渗入到辋川一带的山水草木花鸟虫石之中，把那种进与退的矛盾、荣辱的对立、悲与乐的相持等诸多无法言说的内心世界，表现得模糊迷离，令人回味不尽。

《文杏馆》《斤竹岭》《欹湖》《金屑泉》《漆园》《椒园》等诗的模糊美突出表现在象征、用典、寓意、幻想所表现的微妙流动的情感信息上，这些诗从另一方面表现了诗人的美好理想与人生追求，也是从另一方面揭露了当时政治的黑暗。

《斤竹岭》从"象"上看是写斤竹岭水的清澈、溪的神秘。这条溪水两岸檀栾相应，翠竹相夹，渔夫樵人都不知它通向何处，诗人却知它"暗入商山路"。这里用了两典：桃花源故事，商山四皓故事。透露了诗人向往桃花仙境，向往商山四皓道路之"意"。《金屑泉》以幻想的玉帝象征自己理想的明君。幻想中，诗人持羽节在"翠凤翊文螭"的庄美宫廷里朝见玉帝，献策出谋，一展筹略，并且幻想这种美好生活少则有千余年，浪漫气息很浓，追求明君盛世的愿望很强烈。《文杏馆》借司马相如《长门赋》"饰文杏以为梁"和左思《吴都赋》"食葛香茅"的典故夸饰文杏馆栋梁屋宇的精美，象征自己品行的高洁，依此为基础生发出栋里彩云飞往人间化作喜雨滋润万物的美好遐想，象征自己极愿以己之才造福人民的强烈志愿。读到这样诗句，能不荡胸涤怀、一洗自私污垢和沽名钓誉前后萎缩的卑劣心境呦？这首诗从实写的文杏馆之象反映了虚处的意：诗人并不甘心入山为佛"万事不关心"，自己的政治失意，正如陈皇后具有美德仍遭冷遇一样，是不能自主的。诗人既要洁身自好，又不愿高蹈出世的精神境界可见一斑。

《欹湖》《椒园》《漆园》等诗直接化用"楚辞"的意境、手法，借咏高洁之物来抒发自己的高洁之志。《欹湖》借《九歌》凄清美丽的意境想象一女子日暮时分送别夫君的情景，象征自己心灵的另一感慨。

箫声鸣咽，斜阳脉脉，两情依依，蓦然回首，白云自卷，青山悠悠，真乎？幻乎？引人无限遐想。这一回首的难言之情，难道不像诗人被迫离京、放弃自己正待效力国家的事业的复杂情怀吗？一切都失落了，耳边空白，眼前空白，脑海里空白，一切都处在暂时的抑制状态。这种心境多涵屈原的被迫出走！《椒园》一诗化用《东皇太一》的意境，借"帝子""佳人""云中君"等象征要与贤臣一道，为明君尽忠的志向。在这些诗的模糊内涵中，我们可以看出"象外之象""言外之旨"。诗人是在表露他要以屈原为榜样，表示要像屈原那样关怀国家而保持品行的高洁。结合整部《辋川集》看，这一旨意更明显。屈原为表现自己的高洁志向，写了一系列香草、奇艾之物，寓示人格的追求。司马迁总结说："其志洁，故其称物芳。"王维一力追随先哲，在屈原所创造的形象上赋予了新的内涵，并独出心裁地另行发掘了一批足以寓示高贵人格的物象，在《辋川集》中，文杏、檀木、香茅、桂尊、杜若、辣酱、瑶席、金屑泉、翠竹、茱萸、芙蓉、清溪等等，无不是芳香圣洁之物象，如此之多的洁物被融进王维的独特诗句中，或借故出新，或独出心裁，无不象征了诗人高洁的情操和杰出的才华以及为国效力的崇高志向。

　　总观一部《辋川集》，诗人运用明喻、暗喻、借代、象征、类比、用典等手法，特别是利用诗语的多义性，创造了一种模糊美，把复杂难言的内心世界，动荡不安、矛盾多样的感情王国隐含在字里行间，创造出一种变幻难测、缠绵难尽、飘忽微妙的神奇境界；它迷离的景象和深邃的思想，为读者开创了一个广袤无限的审美想象空间，把人引向不懈追求的审美思维极境。笔者反复吟读诗作，思绪由茫茫之夜逐趋一线明亮，只觉得它有如一座无比丰富的宝山，有采挹不尽的奇珍异宝，限于才力，只好顺手拾起了小小的几颗璞石，献之于师长之前，企望识鉴琢。

撼心动魄的不仅仅是惨烈

——读陈荣力的《竹林青青》

　　这是一篇缅怀先烈的散文。文章记叙了陈竹青先烈所做的几件"令人们不解"的事情和最后惨烈地被国民党顽军毫无人道地杀害了的结局。一般我们会被竹青牺牲的情节所感动，然而，我在阅读过程中，首先感到激荡我的心魄的是陈竹青先烈不被镇上的人理解而毫不气馁地从事他认定的事业，还有他惨烈地献出生命却到底没有赢得一个"烈士"名誉。读到这里，我只感到心里堵得慌。我不能不思索文章在惨烈的故事背后所包容的深层内涵。

　　首先，一个革命的拓荒者，全身心地去做思想的启蒙工作，反被人认为是"脑子念出了毛病"，人们给他"闭门羹""白眼""厌恶的脸色"；他宣布免除地租，人们认为"陈家少爷的脑子毛病已到了无可救药的地步"；他变卖家产，开办学校，人们也根本不领他的情；他走了，小镇上的人更不清楚他的底细。从这里我们看到，要想把一批愚昧的人改变为清醒的人是多么不容易。这故事让我们联想起一些"往事"：一个健康的人进入疯人国，会被这里的人当作"疯子"关起来；普罗米修斯为了拯救大家而去偷来神火被钉在十字架上，反而得不到人们的理解和同情；夏瑜为了大众反倒被人买了血当药吃……难道先知先觉者，命运中注定是要孤独寂寞甚至被误解被受益者残害吗？时代发展到今天，这种愚昧麻木的人无论是数量上还是程度上都大为减少了，但是似乎还远不敢说是绝迹了。一些想创造一点良好环境改变一点落后面貌的人，不是也往往被人认为是"傻瓜""笨蛋""没出息""别有用心"吗？他的所作所为也有可能被认为是"没事找事""给人增加负担"。一个人、一个地方、一个民族，一旦形成一种思维定式，要想去改变谈何容易！感动中国2004的朱伯儒等人就是这样的先知先觉者，只是他们的命运比陈竹青好，他们到底被"组织"认可了。

其次，陈竹青不能被认定为"烈士"，固然有客观原因，前文已经埋下了伏笔：那么多麻木的人不认可他，不关心他，他的去向都无人关心，谁还会为他提供证据？我们的社会毕竟是文明社会，是很会设计许多"条件"来框定某类人的，并且是很讲究"证据"的。只可惜当年那些从事秘密工作的人是要尽量不张扬自己所从事的工作的。好在他们确实是最真正的纯洁的一代人，他们为了民族的进步，从来没有考虑将来还要要几张奖状弄几个荣誉得一笔奖金之类。他们是无比伟大无比高尚最值得人们尊敬的人！此时，我就想了，既然，我们的社会不应该忘记人民的英雄、共和国的功臣，为什么就不能尽量设法创造条件让人都能得其所呢？我们倒是应该把眼光更多地投到默默无闻的真英雄身上。

"文章合为时而著，歌诗合为事而作。"文章的意义不仅仅在于记下历史，更主要的当是引起对现实和未来的思索。这篇文章的主要意义大概在此。

阅读教学内容选择必须关注学生①

阅读教学是为了学生的发展,而学生的有效或高效发展则必须是有科学计划的。制订计划的基础是知己知彼。我们除了要研究国家对学生的发展要求外,还必须研究学生的现实,他们现在的状况如何,他们需要的发展目标是什么,而到达这个目标的最近发展区是什么?这些是我们确定阅读教学内容的又一个立足点。

1. 研究学生现状的意义

(1)根据可接受性原则,加强教学内容选择的针对性和有效性

阅读教学内容必须是学生可以接受的。所以阅读教学内容的选择,必须顾及学生的知识积累、心理成熟和能力发展现状,分清内容的深与浅、小与大、简单与概括、形象与抽象,安排适合于各个学段的学生稍微跳一跳都能够有所收获的内容之序。这个选择的前提是了解学生,只有清楚了学生的现状,才能保证教学内容的选择具有针对性,保证我们所教的就是学生此时此段发展所最需要的,也是最能接受的,从而也是最有效的教学。例如,初中阶段教学诸葛亮的《出师表》,如果把状语后置等概念作为主要教学内容,就不恰当;把历史上的诸葛亮和文学中的诸葛亮做对比,或者把批判诸葛亮的愚忠作为重点,也是不恰当的。

(2)根据循序渐进原则,加强教学内容选择的有序性和科学性

学生接受或者探求知识、形成能力,都是有一定发展阶段性的。我

---

①纪勇.阅读教学内容选择必须关注学生.中国民族教育[J].2008年第7—8期,第23—24页。

们的教学又都是在学生一定的接受和发展的基础上进行的。教学内容过于简单，是学生熟悉或基本熟悉的，学生学习起来就兴趣不大；而教学的内容是学生现在的基础无法接受的，学生也会丧失学习的信心。所以，只有熟知学生的基础状况和最近发展区，才能使我们的教学内容选择具有有序性。在什么时候该教什么，教到什么程度，怎么启发，怎么引导，怎么发散，都会成竹在胸，避免盲目性，体现科学性。比如，初、高中教师要互相了解对方的教学内容，要熟悉整个六年的教材和教学大纲，知道不同年级的学生各自已经掌握了什么，具有了怎样的能力。这样确定教学内容，既不让学生感到重复而没有意思，也不因为知识积累不够而无法理解。

（3）根据多元发展原则，加强教学内容选择的育智性和创新性

阅读能力的组成是多元的复合的，一个人的阅读能力发展具有比较明显的个性特征。了解学生的阅读能力现状，明确其优势和劣势，分析其发展走向，有利于根据多元发展观，对学生补其短，扬其长，促成其智能发展的协调进步，开发其大脑的潜在活力，诱发其创造能力的形成和发展，有利于纠正贻误学生的片面兴趣观，有利于加强阅读教学内容选择的育智性和创新性。比如，学生不同年龄段、男生女生对理性较强的文章和感性较强的文章有片段接受能力和爱好，我们的教学内容就既要顾及学生的心理成熟特点和兴趣爱好特点，也要有意识地向多方面爱好引导。同样是《闻官军收河南河北》，在初中教与在高中教，对其教学内容做不同选择，效果就比较好。

2.研究学生现状要做到三个明确

（1）明确学生的智能成熟度现状

阅读能力是一项智能活动，其发展必须以相应的智能基础为基本前提。各个学段、不同成长起点的学生智能发展水平是有区别的，通过调查问卷、对话观察、活动观察等可以了解学生的智能发展现状。明确了

这个情况，在阅读教学内容的选择上，就可以避免低估学生或脱离学生可接受限度拔高教学而挫伤学生的学习积极性。在听课中我们常发现的问题是教学内容选择不适合学生智能可接受实际，高中段的感受欣赏层面往往定在小学生或初中生的智能水平上，而各个年龄段又常会出现过分拔高的教学要求，特别是有的教学不遵循循序渐进的原则，过早地进入中考或者高考复习内容，影响学生阅读智能的正常全面发展。

（2）明确学生阅读知识积累现状

学生的感受能力是与其阅读经验和知识积累密切相关的。我们应该了解学生在这个学段之前应该有的阅读积累和实际积累情况，了解学生的见识面，把握学生阅读需要发展的层面和最近发展目标，以此为基础，确定学生需要什么，发展什么，从而确定阅读教学内容的选择。目前需要注意的是有的阅读课到了高中阶段也还停留在一些小学生都熟悉的简单常识问答上，特别是在提倡"感悟""新理念"的今天，有人总是习惯地用非此即彼的机械思维理解一些观念，强调感悟，就排斥知性，只让学生在原有经验的基础上做浅表层次的"感悟"，教师不能相机诱导，给学生跳一跳的激励和必要的提升层次的概括或者讲解。

（3）明确学生阅读理解能力现状

一切为了学生的发展。明确学生阶段阅读能力现状，才能确定怎样的教学内容，才能高效地促进学生的发展。有一节《再别康桥》的课，一节课下来，小组讨论，全班交流，花样不少，可是学生的感受停留在"只觉得很美，但是无法言表"的层次，虽然涉及意境、情感、语言、结构等方面的初步感受，但是没有归纳和提升性指导。学生的理解力停留在纯感性的浅表状态，这是学生的现状，教学内容的选择是不是就以此为目标来确定呢？显然不能，一节课这样的原地打转或者进步甚微，多节课这样的不求提升，那我们的阅读教学怎样能提高学生的能力呢！在明白了学生这样的阅读能力的情况下，我们就要研究在这个基础上的提升内容，决定教师必要的引导和启发，而不是"无所作为"。

3.研究学生状况的三条建议

（1）加强联系

改变大中小学教师铁道警察各管一段，甚至老死不相往来的局面，加强大中小学各个学段之间教师的相互沟通。一个学段的教师必须熟悉其前后学段的教学任务和教学内容情况，可以由教育行政部门出面协调，教师可以跨学段进行"交流"或担负协作研究任务。教师进修培训也增加这方面的授课菜单。社会的发展都是越来越走向综合，而我们的教师不应该把自己的见识面越限越窄。这是教师专业化发展的需要。有些地方搞小幼衔接、小学初中衔接、初高中衔接研究，是很有见地的，但是，有的做法欠深入，没有深入到教学内容选择和教学策略选择的层次。当然，目前教师的工作量和班级学生人数以及教师实际待遇等等都限制了教师去做深层次的工作，但是，不去做这个工作，教学低效率的问题就很难从根本上解决。现在国家语文教材的编制存在目标不明、教学内容不清的严重缺陷，教师要承担实际研究教学内容的任务，对教师的素质要求是相当高的，任务是非常艰巨的，而我们教师的工作量却是非常重的。这个问题是客观存在，也需要解决。就目前而言，解决的途径还是提倡科研部门、大中小学教师协作攻关，大家协力，利于了解学生各个阶段的阅读教学状况和学生能力现状，利于综合选择教学内容，提高教学效率。

（2）改革评价

现在的只有分数评价的制度，很难帮助我们了解学生实际阅读能力现状。一个经常发表读书札记的学生可能考试成绩并不很高，而一个考试分数很高的学生可能是很认真地记熟了老师提供的练习答案。对学生阅读能力的评估，可以多一点写实性记叙，可以建立成长档案袋，由任课老师和学生一起来写，这种档案既是现任教师了解学生、掌握学情、选择教学内容的依据，也可由学生带给新任老师，让新任老师也尽快了解学生情况，做好接力的下传手。成长档案袋里，可以有学生各阶段的学习目标，各阶段目标要素形成状况的记叙，有学生取得的成绩实物或实录，如发表的作文复印件、获奖证书，有各阶段学生自己的学习小结、学习计划、学习经验等。

（3）研究案例

现在提倡行动研究、做教育叙事。对阅读教学做案例分析，是掌握学生情况和科学选择教学内容的重要途径。这个案例可以是以全校学生为对象，也可以以某个年级为研究对象，还可以以班级为研究对象，当然还可以是个别学生、学习小组等。如果是连续三年，就可以积累三年的资料，这对下一轮阅读教学的内容选择无疑是珍贵的参考资料。就现实而言，我们更提倡教师写教学后记。这个后记实际还起着调节下一节课以及以后教学内容选择的作用。其实，对学情的案例分析，这个不断研究、不断分析调整的过程，既是研究过程，也是教学自身的发展过程。我们建议学校科研要向这个方向引导，学校学科建设和教师专业化工程都不妨从这个地方突破。

第三节　阅读教学的三种主要课型

关于课型，其含义有两种，一是指课的类型，指按某种分类基准（或方法）对各种课进行的分类。例如，中国大百科全书·教育卷（1985年版）中关于课的类型，即指根据片段教学任务或按一节课主要采用的教学方法来划分课的类别。二是指课的模型，是指在对各种类型的课在教学观、教学策略、教材、教法等方面的共同特征进行抽象、概括的基础上形成的模型、模式。[①]查有梁的《课堂模式论》中提出："建构课堂教学模式，要分析主要矛盾，认识基本特征，进行合理分类，必然要用到多种教学方法。""一种相对稳定、卓有成效的教学模式常常要运用多种教学方法；一种长期稳定使用的教学方法，因有自身的特征，则可以形成某种教学模式。"尽管在强调创新的时代，人们对"模式"一词多有微词，但也有人认为教学是一个创造性活动，是一个不断地追求模式、又在不断地打破模式、再到创建新模式的循环往复的没有止境的过程。我们觉得这种说法有其合理性。

余映潮认为："所谓课型，就是教学过程的基本形态，一般指根据教学任务而划分出来的课堂教学类型。可以说，课型是由'课'的教学内容、教学目标、教学方式、师生双方在教学中的地位所决定的一种课堂教学结构；也可以说，一节课中，主要的教学活动方式是什么，这节

---

①参见"广州教研"网，麦曦《课型与教学模式》。

课就可以成为是什么课型"。①关于课的类型，是指根据片段教学任务或按一节课主要采用的教学方法来划分课的类别。课型也可以指课的模型，它是在对各种类型的课在教学观、教学策略、教材、教法等方面的共同特征进行抽象、概括的基础上形成的模型、模式。在这种意义下，课型与某种课堂教学模式相关。

阅读课型，当然就是指以阅读为教学内容的课的类型，因阅读教学内容和教学方法、师生在教学中的地位作用或者活动的形式选择不同而有区别。新一轮课程改革提出了高中语文"文本研习""问题探讨""活动体验"三种教学课型概念，语文教科书据此把课文标志成"文本研习""问题探讨""活动体验"等课型概念，是以学习方式为主要标准来划分课型的。学习方式是语文课程标准十分强调的一个概念，被称为这次课程改革的一个关键词。

一、关于文本研习课型的界定

1. 何谓"文本"？

"文本"这个概念，首先是从西方文学理论里引进到语文教学研究和实践领域的，而这个概念一进入语文教学领域便表现了它的极其鲜活的生命力和魅力风采。而把文本与教学联系起来的要数布鲁姆最有影响，他在《文本的研习》中提出"研习"的概念，并且与"文本"联系起来。魏国良先生在《高中语文教材主要文本类型教学设计》一书中提出"文本类型"概念，把属于文学的文本概念直接地引到教学文本。江苏省新课标高中语文必修课教材把"文本研习"作为学习的一个基本呈现方式显著地提出来，在其《教学参考书》中明确要求"教师要根据这三种学习方式设计教学"。周於在其硕士结业论文《苏教版普通高中语

---

① 余映潮，课型：中学语文教学［J］2008年第2期，第46页。

文课程标准实验教科书研究》中认为这是"着眼于学习过程的结构方式"。应慈军、林中港发表于《中学语文》2007年第11期的《"文本研习""问题探讨""活动体验"内涵界定》基本遵照教学参考书的意见来界定"文本研习",但对教材编写的概念混杂问题提出了质疑。其他散见的文章都是在教学设计中或教学实录中直接应用"文本研习"这个概念。

曹明海先生指出:"文本(即文学文本)是文学的一种物态化存在形式,文本的语言构成了文学世界的存在现实。一个文本就是一个完整的世界,一个有机的语言构造系统。作为解读的对象,它与读者相互依存、相互生成。"[①]德国著名接受美学家沃尔夫冈·伊瑟尔指出:"文学文本作为一种交流形式,它冲击着世界,冲击着流行的社会结构和现存的文学。这种冲击是一种由文本的各种功能发动的、对思想体系与社会体系的重新组合。而这种重新组合揭示了交流的意旨,其过程一直受到文本宽泛的特定指令的导引。"[②]曹明海先生还指出:"从运用文本概念来进行艺术理论建构和文学解读与批评研究的情况来看,对它持有多种片段认识:有的把文本作为独立自主的存在物,而解读就是自足地对文本内涵的诠释。如新批评理论认为单从文本中即能达到对世界本体的把握,解读只要专注于作品本身就能找到其存在意义。""也有的认为文本并不是语言的意义本身,而是作品的语言特征和结构系统。"如结构主义者就并不关心文本细读。"还有的把文本当作一种'互文'。"如女权主义者认为一个文本无法离开其他文本而存在。"解读主义的文本概念在打破文本的固定结构系统的同时,也打破了文本意义的确定性。"[③]在文学理论工作者的眼里,文本概念由于主张的不同,参照的角度不同,思考的方法不同,呈现着片段解释。

---

①②③曹明海.语文教学解释学[M].济南:山东人民出版社,2007年。

　　魏国良先生则从现代汉语词典意义入手给"文本"做出与语文教学更为密切的界定："文本，《现代汉语》有关词条说它是'文件的某种本子（多就文字、措辞而言），也指某种文件：这个文件有中、英、法三种文本'；那么什么是'文件'呢？又说'公文、信件等；指有关政治理论、时事政策、学术研究等方面的文章'。其实，'文本'的'本'就是底本、信息载体，而'文'则是文字话语，文本是以文字形式出现的信息载体。""文本包括了一切以文字话语形式出现的信息载体，它的范畴比文学、文章更宽广，例如词典的词条，可能不一定是文章、也并非是文学，但它负载了一定指向的信息，就是语文教育、学生学习应当关注的对象。"①他还从文体的角度提出了各类文本的教学设计问题。

　　我们认为，这些见解启发了我们的思路，但是，面对实际的"文本研习"课，还有继续思考和探究的必要，什么是语文教学的"文本"还需要进一步明确。

　　这似乎不是一个问题，现在人们都会说与"文本"对话，那"文本"自然就是文章。那为什么不叫与"文章"对话呢？查1988年版《辞源》，没有收入"文本"这个词，而"文章"的注解是：错杂的色彩或花纹；文字；文辞；礼乐法度；车服旗帜；曲折隐蔽的情节。可见"文本"是后来生出来的词。但"文章"当作"文字"来理解，现在已经没有了，倒是用"文字"来指"文章"比较常见。1979年版《辞海》也没有收"文本"这个词。2004年版《现代汉语规范词典》的解释是："用某一种语言写成的文件；也指某种文件。"举的例子是："这份协议有中、英两种文本"，"合同的正式文本"。而对"文章"的解释则是：独立成篇的文字；也泛指著作。借指人对某件事的思考和主

---

　　①魏国良，高中语文教材主要文本类型教学设计［M］.上海：上海教育出版社，2007年。

意；将要采取的行动。事情里暗含的意思。看来，"文本"确实与"文章"有关联，但也有区别。根据现在对"文本"概念的理解，凡是用某种语言写成的文件都是文本，那么，凡是进入语文教学视阈的文件，都应该是我们所说的"教学文本"。它不仅仅包括"文章"，一个字，一句话，一个文段，一个条据，一个标语，一句口号，等等，都应该是"文本"，都有可能是我们"研习"的对象。比如，运动会上，播音员按照稿子念，念了句"我们班的男人们和女人们"，听的人感到味道不对，感觉不舒服，但又说不清为什么不舒服。有的女同志对别人称呼她"这个女人"很有抵触情绪，觉得这是对她的不尊重。于是，同学们要求语文老师讲讲这个问题，这两个语句被写出来，作为研究对象，它们就成了"文本"。我们列出"前途光明""天真烂漫""唱了一句""非常认真"几个短语，要求研究它们的结构特点，由此确切理解它们表达的意思。那么，这几个短语就是"文本"。要辨析试题中的四个句子哪个是正确的，那么，这四个句子就是"文本"。由此可见，"文本"是一个从形成的文字角度讲比"文章"包容要宽一点的概念。魏国良先生认为"'文本'的'本'就是底本，信息载体，而'文'则是文字话语，文本是以文字形式出现的信息载体"。"文本包括一切以文字话语形式出现的信息载体"。①钟启泉先生认为，"教学文本是在教学沟通的过程中产生和接受的，可以视为会话文本与读写文本，以及对话文本与独白文本的总体。""是教师与学生一起合作创造的极其复杂的产物。"②明乎此，我们的语文教学关注的对象就有了一个比较明晰的范围，课型的研究对象就有了明确的范围。举凡培养学生语文素养所需要依凭的以文字话语形式出现的进入我们的教学领域，被用来进行教学的信息载体都是我们研究的对象。包括文学类文本和非文学类文本。文学类文本包

---

①②魏国良，高中语文教材主要文本类型教学设计［M］.上海：上海教育出版社，2007年。

括小说、诗歌、散文、戏剧等，非文学类文本包含非常广泛，新闻、访谈、纪要、报告、演讲、讨论、评论、学术论文、知识短文（包括被用作例子的文件）、随笔、笔记、广告、通知，甚至各类习题、试卷等各种应用文本等等。而本文则主要研究作文阅读教学使用的文章的研习。

2. 何谓"研习"？

所谓"研习"，《现代汉语规范词典》解释为"研究学习"。"研究"是"钻研探究"。"学习"是"通过读书、听课、研究、实践等手段获取知识或技能"。之所以叫"研习"而不叫"学习"，大概是要强调学习的方式，也就是用"研"来修饰限制"习"，就是"采用研究的方式学习"，就是采用"钻研探究的方式学习"。那么，这种学习，就不是一般的读读写写（当然需要读写）和讲讲练练（当然需要讲练）。

首先，对象有钻研的难度、价值。一看便知，一学就会，就不需要钻研。钻研的东西既没有现实意义，也没有历史意义，是过时的死知识，那也是不值得研究的。有了难度和价值，才能引起钻研的兴趣，才会激发钻研的动力。这个对象对学习者来说，有陌生性或者有梯度性。而难度是相对而言的。同一个对象，相对于片段学习者，有无难度和难度大小是不一样的，难度是根据学习对象不同而片段。所以研习对象的选定，是需要研究的。就是我们的教学到底要教什么，是需要研究的。即使就一篇具体的文章而言，究竟要研习什么，也是需要研究的。这个研究，要分析这个文本有哪些难点，即可供研习的内容，要分析学习对象现有的知识能力基础，哪些对他们来说不足以作为研习点，哪些现在研习尚有很大难度，不可能达到很好的效果，综合确定应该研习的内容。比如，同是面对王维的《山居秋暝》这个文本，初中一年级学生的研习点可以定在情景语言的转换上，就是通过想象，创造性地复原画面，而要钻研此诗寄寓的作者的人生观、哲学思想，难度就大了点。而到高中，若只满足于文字画面的复原，就缺少足够的深度，也将减少学习者的研习欲望。

其次，研习的对象是语文的，而不是其他学科的。语文尽管与其他学科有着无法分开的千丝万缕的联系，但是语文的研习，是为着提高语文素养这个目标的。那么语文的研习重点究竟是什么？是语文知识、语文思维，就是文本究竟表达了什么，有没有其他的理解，是怎样表达的，为什么这样表达，不这样表达行不行，还有没有比这更好的表达形式。有些文本是其他科学知识的载体，语文研究的内容还应该是语文范畴内的东西，尽管要理解相关学科，但那不是研习的主要对象。比如，研习《足下的文化与野草之美》，研习内容是景观设计手记的表现形式，写作思路，文章是怎样表达他的设计理念的。这里面要涉及设计理念。对这些理念，只需要一般理解就行，如果我们的教学定位在研习作者为什么要这么设计，这样设计的原理是什么，那么就成了研究建筑学课程了，那就不是语文课。研习《南洲六月荔枝丹》，语文课要研习的是作者是怎样有条理地、生动形象地说明一个物种的情况的，如果我们去研习荔枝有怎样的营养价值，为什么人们这么喜欢荔枝，那就是生物学或者营养学研究的范围了。语文的研习有语文的特点，这是语文课程的学术范畴。如果忽视这个原则，什么都成了语文课研习的内容，恐怕语文就不能承受其重了，语文也就成了人人都可以教学的课程了，实际上可能销蚀了语文课程存在的必要性，语文的学科尊严就会消逝。固然所有学科知识都需要用文本来承载，但是面对着同一个文本，不同学科研习的立足点和研习内容是不一样的。

再次，研习的主体是教师和学生。研习是教师引导学生钻研探究的过程，需要学习观念上的跟进和学习方法的同步。教师需要先走一步，指导学生探讨研习的内容，适当的时候需要讲解。但是，不能以教师的研习代替学生的研习。研习的主要目的应该是学会研习方法，养成研习习惯，形成研习能力。

3. 何谓"文本研习"?

"文本"修饰限制"研习"，强调了"研习"这种活动形式的范围，或者说强调了"研习"的对象。我们研习的是文本，而不是其他，不是技艺研习，不是操作研习。面对一篇课文，只读了一遍，就领着学生漫无目标地"拓展""感悟"，甚至七嘴八舌打起与课文毫无关系的嘴仗，那不是文本研习课。脱离课文文本的教学活动不是文本研习，只有建立在对文本"咬文嚼字"基础上的研习，才叫文本研习。比如教学《一滴眼泪换一滴水》，引导学生从文本比较中研究材料运用或者人物安排的技巧和意义，在反复读文章中，清理出课文的六重对比。

文本表现出的这么多对比，有没有不一样，从而说明什么问题。在仔细阅读文本，并加以思考、讨论的基础上，明白了这些对比，意在进行一种关于人性美的哲理思考。

这种在文本之中品咂、揣摩、探究的活动才是文本研习。

从文学批评家的角度来看，文本研习，就是追寻文本意义的过程。文学批评家有许多观点对我们启发意义很大。迦达默尔在《真理与方法》一书中指出："对一个文本或一部艺术作品里的真正意义的汲舀是永无止境的，它实际上是一种无限的过程，这不仅是指新的错误源泉不断被消除，以致真正的意义从一切混杂的东西被过滤出来，而且也指新的理解源泉不断产生，使得意想不到的意义关系展现出来。"①他从文本解读的无止境性道出了文学解读的特点，这是符合语文教学实际的，也是很重要的一个观点，让我们反思过去的"标准解读""专家权威意见"，启示我们承认个性解读存在的合理性。曹明海认为："解读，在一定意义上说，就是主体依照对象的特性，去创造性地理解和解释对象，与对象交流对话。如果不是这样，对象就失去对象的意义，主体的

---

①曹明海，语文教学本体论［M］.济南：山东人民出版社，2007年，第155页。

解读也就成了捕风捉影。"①他还就文学的眼光问题，解读的方法学规律问题做了较为详细的说明。尤其是他从文本视野与学生视野的融合角度、师生间的视野融合的角度的解说，对我们研究文本研习课具有很大的启发意义。"阅读是一种理解，既是对他人、对世界的理解，也是读者的一种自我理解。"②这从某种意义上说，是解释了文本研习课的规律，或者说是教师值得注意的重要问题。"阅读教学中的视野融合，不只是作为读者的师生与作为阅读对象的文本之间的沟通和融合，而且也表现为'教'与'学'之间。'学'与'学'之间的对话和交流，正因为片段阅读主体之间存在着相互沟通与交流，对文本意义的理解、人与人之间的互相理解才成为可能。"③这也是文本研习课的对话原则的由来。王尚文先生提出阅读教学要"创造性地对话""平等地对话"。④文学解读活动就其本质而言是一种对文本意义的建构和敞开活动，创造性是它的一个重要特征。读者反映理论认为：文本的意义，只有通过读者的解读才能得以建构，它的生成与存在离不开读者的解读创造，必须由读者来实现。这些见解都是高屋建瓴的，文学理论家也好，教育理论家也好，从理论的高度提出了深刻的见解。然而，由于与中学的教学实际有着一定接触间距，中学的实践与专家的见解之间还是有着一定距离的。

4. 何为文本研习课型

文本研习课型，至少具备以下三个特性：

（1）文本研习是立足于文本的教学活动

文本研习是以相对透彻地理解文本含义、规律、技巧、作用等等内容为活动指归的。教学《念奴娇·赤壁怀古》，我们可以诵读，通过诵读

---

①②③曹明海.语文教学本体论［M］.济南：山东人民出版社，2007年，第155—156页，第166页。

④曹明海.语文教育观新构建［M］.济南：山东人民出版社，2007年，第189页。

加深对内容（情感）的理解，旨在深入理解文本，这是文本研习；如果借这个文本，讲解诵读技法，训练诵读技巧，那就是活动体验课，而不是文本研习。研习一个文本，可以引进其他文本做佐证，但是，如果没有运用比较联想，没有得出比较的结论，而只是堆砌了一些材料，扩大了一点阅读面，那不是文本研习，那是专题浏览课。研习文本可以借助活动体验，但是，从文本走出去了，却忘记回来，热闹了好一阵，学生对文本的技法、情感一无所知，那不是文本研习，而是活动体验课。

（2）文本研习应该有明确的研习主题

研习必须有目标，目标来自问题。文章合为时而著，歌诗合为事而作。要研习的文本究竟为何事而作，要表达何感情，是怎样表达的，等等，就是常规问题。研习文本，必须明确要研习的重点。胸中有目标，脑中有问题，研习才有方向。漫无目标，叫浏览，叫消遣，不叫文本研习。例如，研习《我有一个梦想》，或者理解作者的梦想是什么，或者寻找演讲词的一种格式特点，或者品味演讲词的语言特点，目标明确，方向清楚，才有真正的研习。

（3）文本研习必须有实际收获

文本研习是以解决问题为指归的，那么经过研习，必然要有收获，也就是明白了一些问题，学会了一些方法。例如研习《失街亭》，通过研习，明白了街亭之失，从蜀国而言，失了蜀伐魏的战略地势，失了兴复汉室的伟大事业，失了统一中国的一次机遇；从诸葛亮自身而言，失了识人之明、用人之察，失了谋略之智、战略之周，失了神算之机、料事之神；从马谡而言，失了阵地，失了性命，失了英名。但是，从小说来讲，这一失，也是有得的，得了小说写人之真，诸葛从神坛回归人间；得了历史经验之实，智者千虑必有一失；得了引人深思之效，如果诸葛总是百战百胜，一切遵从天意，缺失了历史实感，还会引人深入思考、多面思考吗？

二、关于问题探讨课型的界定

问题，从广义的角度来解释，就是我们困惑不解的话题。《现代汉语规范词典》的解释是：一是要求解答的题目；论述的事项。二是有待解决的疑难事情。三是重要的事情；关键。四是意外的麻烦；事故。五是有毛病或不好的情况。[①]其中，第二项解释与我们研究的范畴最接近。作为教学课型而言，所谓问题，应该是学生在自主、合作学习过程中面临的需要研究讨论并加以解决的矛盾、疑难。

这里需要明确的是，问题探讨课型中的问题，不是一般的课堂教学中常常见到的"这个问题谁来回答""是不是这样"之类的伪问题，而是具有探讨价值的真问题，是学生确实存在疑惑、需要解决的问题，是需要分析、推理、探究的问题，是理解文本所必须解决的问题。例如《老王》一文，老王的生存状况和其所作所为表现了怎样的人物特点，是真问题；而"老王的老婆是谁？是干什么的？"就是与本文研讨没有关系的问题，就是伪问题。有研究价值的是真问题，没有研究价值的是伪问题。选做问题探讨课的问题必须是真问题，是有研究价值的问题。

作为问题探讨课的问题，一般可以分为三种类型：呈现型、发现型和创造型。所谓呈现型就是教师提出问题（呈现问题），由学生或者师生共同探讨，逐步解决问题。所谓发现型，就是学生在研读文本的过程中，在特定的情景下，或者在教师的启发下，自主发现文本中值得探讨的问题。所谓创造型问题，就是在阅读文本的启发下，引发了由此及彼的联想，产生的与文本相关的发展性研究问题。如辩证型问题，比较型问题，升华型问题，开放型问题等。在阅读教学中，问题产生和呈现的方式不同，教学所采取的方法也有相应区别。在学生尚不会提出问题

[①]现代汉语规范词典［M］.北京：语文出版社，2004年，第1368页。

时，需要教师示例性提出问题，教师的任务不是自己思考提出问题而已，而是要设法展示怎样的思考才产生了这个问题，从哪个角度思考才产生这个问题，这个问题怎样提出是最合适的。我们的任务是教会学生发现问题，提出问题。这个层次的教学目标实现了，学生学会发现问题了，才有第二个种形式的问题，学生在自觉地阅读中，发现问题。在学生没有发现问题之前，教师要设置情景，诱导学生发现问题；学生发现其问题之后，教师要引导学生判别问题的真假，分析问题的研讨价值，引导学生确定探讨的方向，在纷乱中找到明确的研讨方向。提出创造性问题的前提是有强烈的好奇心和探究欲，杜威说："教学生的法子，先要使他产生疑问，查出他疑难的地方，使他想种种方法，去解决这个问题；凡是讨论一种问题，必先要明白问题的性质和它的意义。"教师的责任，就是引导学生产生浓厚的好奇心和探求欲。

"探讨"，《现代汉语词典》解释为"研究讨论"。"研究"：一是探求事物的真相、性质、规律等。二是考虑或商讨（意见、问题）。我们根据课堂教学的实际，认为探讨就是大家在一起讨论，互相启发，互相交流，互相激发，以探求问题的答案，寻找解决问题的办法，弄明白文本的意义以及这样写的目的或者所达到的效果等等的活动。探讨，前提是"探"，强调的是个人的主体性、主动性，是自觉地探求，而不是被动地接受。"探"的活动既有手工的活动，更主要是脑力活动，包括搜寻、研究、调查、检验等等。然后是"讨"，即讨论，交流。当然，这讨论也是"探"的延续。在讨论中，参与者在互相交流中得到启发，激活思维，会不断地发现新的认识，产生的新的想法，或纠正偏差认识，或使认识深化，或产生新的认识。探讨是个人活动与组织活动相结合的教学呈现形式。

问题探讨作为一种课型，以能力形成指归，以发现问题、思考问题、解决问题为活动内容，以学生为主体的教学形式。作为语文阅读教学的问题与探讨课，是指向对文本的阅读理解所产生的问题，发展学生的求知欲、创造欲和主体意识的智慧形成性教学形态。因此，这里的问题是围绕文本阅读所产生的问题，是属于语文的问题，即使是拓展性问题，也是有限度的，是在实现语文教学目标的问题，即这里的问题探讨是语文课程的，而不是其他课程的。我们的研究范围是语文课的问题探讨，是有语文味的问题探讨。

三、关于活动体验课型的界定

1. "活动"的内涵

什么是活动？《辞海》关于这一条目的解释为："人对于外部世界的一种特殊的对待方式。是人的本质力量、个体存在、社会生活以及人类历史发展的基础。劳动、语言和思维是人的活动的基础。人的各种形式的活动，在物质生产活动的基础上产生。基本特征是它的对象性，即对象独立存在，主体反映它的属性并对其加以能动的改造。活动区别于运动，它不是自发的，而是由主体心理成分参与的积极主动的运动形式。"[①]从哲学范畴来看，活动是人类存在与发展的基本方式，是人的生命、能力和个性形成与发展的必由之路，是人类社会及其全部价值存在与发展的本质。活动的实质是人依据自己的目的和需要对周围世界进行积极的、能动的改造。在这一过程中，作为主体的人也得到了改造和发展，即实现了客观世界的主观化和主观世界的客观化。从心理学的范畴看，活动是"由共同目的联合起来并完成一定社会职能的动作总和。活动由目的、动机和动作构成，具有完整的结构系统"。[②]在活动中，个体在一定需要的驱动下，通过自身的行为改变了客体，并最终满足了自身的需要。"人对客观现实的积极反映、主体与客体的关系都是通过活动

---

①夏征农主编.辞海.上海：上海辞书出版社，1999年缩印版.
②心理学卷.中国大百科全书.中国大百科全书出版社，1991年版，第130页.

来实现的。在活动过程中，主客体之间发生相互转化，通过活动客体转化为主观映象，而主观映象也是通过活动才转化为客观事物的。"[①]

教育教学中的"活动"与一般意义上的活动在本质上具有同一性，即都是在认识和改造客观世界的同时认识、改造主观世界的过程。但是，它又不同于一般意义上人的活动——劳动，因为它的着眼点不在于对客观世界认识和改造的成果，而在于对客观世界认识和改造的过程中实现对教育对象——学生主体的建构和发展。[②]因此在强调素质教育的今天，教学视野中的活动，应该是学生主动参与的，以学生学习兴趣和内在需要为内源力的，有助于学生实现德智体美全面发展的开放性的教育教学活动。而引入语文教学中的"活动"，因为语文课程本身的性质所以有其自身内在的规定性和特征。关于语文课程的性质，《语文课程标准》（实验稿）明确规定："语文是最重要的交际工具，是人类文化的重要组成部分。工具性与人文性的统一，是语文课程的基本特点。"所以，语文本身就是一种工具。"就个体而言，人们使用语言（即言语活动）表达思想感情，进行思维活动。就人际而言，经由语文，人们要可以交流思想与情感；经由语文，人们还可以造成预期的行为事实。就人类总体而言，语言是文化得以积淀和传承的载体。""正常的儿童可以不经过学校训练就能习得语文，只要让他们过正常的社会生活就行。"[③]所以，可以说语言的习得必须经由言语活动。另一方面，语文具有人文性，语文是与人与人的文化紧密相连的，语文实践活动就是一种生命活动。"语文课程的人文性，是指语文学习过程是人实现自我成长的过程，激发人创造力与生命力的过程。语文教育活动是在特定的时空

---

①心理学卷，中国大百科全书，中国大百科全书出版社，1991年版，第130页。

②吕文涓，中小学语文活动教学的理论与实践［D］.中国优秀硕士学位论文全文数据库。

③夏家发，解读语文课程的性质和地位［DB/OL］.维普资讯网。

中，教师与学生双向积极的生命运动过程。尊重人、尊重具体的人的生命价值、尊重具体人的文化及其多样性，是语文课程的应有之义。"所以，语文教学中的活动不仅要关注学生知识与能力的发展，也要关注过程与方法、情感态度与价值观，语文教学中所开展的活动，不仅要关注外部的感性实践活动，也要关注学生内部的心理和思维活动。

2. "体验"的内涵

何为"体验"？"体验就是主体（人）带有强烈情感色彩的、活生生的、对于生命之价值与意义的感性把握。"①体验往往以经验为基础，但又不停留于有的经验，而是对以往的、他人的经验的一种升华与超越，可能转化为一种新的经验。它是以"主体在认识过程中和心理过程中所积累的经验内容为对象的，是对经验带有感情色彩的回味、反刍、体味"。②"在体验世界中，一切客体都是生命化的，充满着生命意蕴和情调"。③体验是一种被激活了的经验，是主体心灵与外部世界沟通的一种知识场。在体验中，主体主要通过想象、移情、神思、感悟等多种心理活动的交融、撞击，激活已有经验，并产生新的经验。最后，又使经验内化为自我的感悟，使感悟到的东西成为个性化的知识经验。在体验的过程中，主体往往融"我"入境，物我两忘，达到主客观的沟通与默契，进而使认识得到升华，产生超越，体验者的主体地位得到确立与保证。还有一种描述是"体验是感知并认识世界和自我的一种方式，体验是对主体性的唤醒，也是对主体能动性、独特性的培育。体验是一种诗意的生存方式和状态，充满着生命的色彩，体验引领体验者进入新的境界，实现智慧的生成和情感的丰富。"④

---

①②③童庆炳，现代心理美学［M］.北京：中国社会科学出版社，1993年第52，54，55页。

④周红杰，论促进学生体验的教学［J］.内蒙古师范大学学报（教育科学版）.2006年第6期，第7—10页。

　　"体验"这一概念经过了不断的发展才有了上面的一些论述，但在所有关于体验的概念中，我们发现体验始终是紧紧与生命相连的，体验的内容就是生命。体验始终意味着归溯关系，也即把生命和生命经验归溯于"我"。体验指的就是表示客体对于主体的归溯关系。王苏君博士在《论"体验"概念的发展史》中说："体验概念的发展有两个特点：其一，随着体验概念的发展，体验的主体性精神一步步凸现；其二，随着体验概念的发展，体验的非理性因素越来越浓烈。'体验'是作为'理性'的对立面而出现的。我们可以把'体验'视为现代西方哲学领域出现的一种新的思维方式，这种思维方式是对理性主义哲学惯用的逻辑思维方式的一种有力反抗。"①

　　理解作品不是对客体的外在观察，而是主体投入其中进行体验和感悟。理解体验是一种再创造。这种再创造的根据是作品的形象。解释者按照他在其中所发现的意义使这形象达到表现。而在我们的语文教学语境中，"体验"具有更多种含义。首先，作为一种教学理念，新课程提出学生是学习的主体，教师在教学中起主导作用，而校园的软硬环境共同作用学生，促进学生的发展。所以教学语境中的体验，不仅仅是学生解读文本的需要，它的体验对象还包括它的学习伙伴、老师以及其他一些校园环境、体制等因素，它提倡教学过程中教师与学生的互动，包括人际沟通、知识共享、情感交流、思维碰撞、人格感化等，是教师和学生都作为整体的、发展中的个体在教育情景中的交往；它提倡教学中的"情""知"结合，既包括教学内容的传授过程中的入情入理，也强调教师教学的情感投入和智慧投入，更强调学生要有学习的动机和学习的激情与科学的学习方法、思维方法。其次，体验是作为一种学习方式存

　　──────────

　　①王苏君，论"体验"概念的发展史［J］.宝鸡文理学院学报（社会科学版）.2004年4月。

在的。以前的语言学习对学生来说往往是外在的，而体验式学习方式却强调像生活中其他任何一种体验一样，语言学习是内在的，是个人在形体、情绪、知识上参与的所得。通过实践来认识周围事物，或者说，通过能使学习者完完全全地参与学习过程，使学习者真正成为课堂的主角。教师的作用不再是一味地单方面地传授知识，更重要的是利用那些可视、可听、可感的教学媒体努力为学生做好体验开始前的准备工作，让学生产生一种渴望学习的冲动，自愿地全身心地投入学习过程，并积极接触语言、运用语言，在亲身体验过程中掌握语言。①

　　3. "活动体验"的内涵

　　语文活动课并非"语文活动课程"，也不是"语文综合性学习"，也非"研究性学习"，更不是"综合实践活动"。"语文活动课程"是在《九年义务教育全日制小学、初级中学课程计划（试行）》中首次提出的，是国家指令性的，有大纲、要求、教材、课时计划，且形成系列，它所涉及的活动是课程意义上的活动。"语文综合性学习"是以语文为主，兼顾各门知识的综合，强调的是语文与其他学科的交叉与融合。"综合实践活动"是普通高中课程方案所设计的八大"学习领域"之一，与"语言与文学"并列；而"研究性学习"则属于"科目"的范围，与"语文课"并列而非隶属。随着课程改革的深入，苏教版出现了原来人教版极少涉及的"活动体验"课。根据曹勇军老师的理解，活动体验课，要"引导学生围绕专题的人文内涵和学习要求，结合具体学习材料，开展丰富多样的语文实践活动，在活动中体验，在活动中思考，在活动中探究，侧重在综合性活动中提高语文素养。"②虽然活动体验课这一概念，从理论到实践都还存在着很多需要教者钻研、探索、丰富的

　　①方红，顾纪鑫.简论体验式学习［J］.高等教育研究.2000年2月。
　　②曹勇军.苏教版高中语文实验教科书的三种呈现方式［J］.语文教学研究.2005年4月，第36—39页。

空间，但以下几点却是确定的。

（1）活动体验课非常强调语文活动

"语文是实践性很强的课程，应着重培养学生的语文实践能力，而培养这种能力的主要途径也应是语文实践，不宜刻意追求语文知识的系统和完整。"这是《全日制义务教育语文课程标准（实验稿）》的基本理念之一，并为《普通高中语文课程标准（实验）》所"继续坚持"。对"培养语文实践能力的主要途径也应该是实践"这一句话的理解，王荣生老师认为当主语是学生而又在强调学习方法时，应该是"学生拥有语文实践能力的主要途径应该是语文实践（活动），而不是听老师讲结论。因而，（在语文课堂教学中）应该让学生更多地直接接触语文材料（如读课文），在大量的语文实践（活动）中掌握运用语文的规律（语感）。"[①]王荣生教授将"语文实践"归为三类：第一带有自然学习性质的、与语文实践能力具有同一形态的听说读写活动；第二对所要培养的语文能力有直接促进作用的、潜藏着特定语文教学内容的实践活动；第三语识转化为语感的语文实践。[②]综观苏教版中的"活动体验"设置，从必修一"向青春举杯"专题到必修二"和平的祈祷"专题中的"历史画外音"板块、必修二"慢慢走，欣赏啊"专题，到必修三"寻觅文言津梁"专题的"融会贯通"板块，以及必修四"走进语言现场"专题，概括一下大致可分为五种活动类型：一是朗诵现代诗、唐宋古典诗词及现代经典散文；二是听录音，记要点，讲自己的想法；三是读经典散文、小说，写读后的感悟批注；四是围绕社会热点问题，进行口头辩驳；五是组织演讲赛、辩论会。这五种类型的语文活动基本上涉及了王荣生老师所说的三种语文实践。

---

①②王荣生.解读"语文实践"［J］.课程教材教法，2006年4月第26卷第4期，第33—38页。

（2）活动体验教学是以承认教学活动主体——学生——具有主动性、能动性为前提的

通过语文的实践活动，表现学生的主动性，挖掘学生的潜在力，皮亚杰的理论就颇富启发。皮亚杰认为："主体的认识是一个积极、主动的建构过程，智力在一切阶段上都是把材料同化于转变的结构，而这些结构的构成乃是把现实在行动中或在思维中组织起来，而不仅是对现实的描摹。"①皮亚杰曾以"理解"为例来说明这一问题。他认为真正的"理解"并不是指能口头重复某些概念或者能在学习情境中对这些概念做某些应用，而是表现在儿童自己至少能部分地重新创造这一情境，能有新的自发的应用。一句话，真正理解一个概念或一种理论，意味着主体对它们的重新创造。所以活动体验教学是以承认教学活动主体——学生——具有主动性、能动性为前提的，强调通过精心设置的教学活动，引导学生积极地建构认识客体，从而达到能动地探索和改造主客观世界的目的。

（3）"活动体验"的"活动"只是载体，而关键是"体验"

活动体验课强调活动，但它的创新性却是"体验"二字。因为活动课的概念由来已久，而多一"体验"将教学设计者的关注重心投射到学生的内在情感调动、知识内化上。"活动体验"的"活动"只是载体，而关键是"体验"，体验的立足点是人的精神世界，因为建构主义的学习理论强调："每个学习者应基于自己与世界相互作用的独特经验和赋予这些经验的意义，去建构自己的知识，而不是等待知识的传递。知识是人建构的，而不是客观的存在于人脑之外的。""理解是通过与环境的互动而发生的。学什么是不可能与怎样学相脱离的，因此，认知不仅

---

①皮亚杰，教学科学与儿童心理学，文化教育出版社，1981年版，第31页。

仅在个人内部，而且是整个情境的一部分。"①所以语文活动的设计要讲究"经历"、强调"实践"，活动是为学生设计的体验性活动，要让学生在丰富多彩的语文活动中动口、动手、动脑，实现知识的内化，经验的升华。活动体验课要切实把握住的就是活动的语文性、活动的体验性，保证活动对促进学生语文素养全面提高的有效性。教师要创设情境，激发全体学生参与活动，保证学生的主体地位，确保每个学生都有收获。而体验以内在性和亲历性为主要特征，体验性则是现代学习方式的突出特征。从学习角度说，就是要把直接经验的改造、发展作为学习的重要目的，间接经验要整合、转化为学生的直接经验，成为学生素质的有机组成部分。体验使知识的学习不再仅仅属于认知、理性范畴，它已扩展到情感和人格领域，从而使学习过程不仅是知识增长的过程，同时也是身心和人格健全与发展的过程。

活动体验课要求树立发展的目标观念，重视过程性评价。活动体验课要求通过精心设计各种活动情境来规范、组织和引导学生的主体性活动，促进活动的充分内化和学生个性的发展，树立发展的目标观念。人的活动是一个具有多种类型、多种层次的立体结构。苏联学者列德涅夫认为，活动具有六个稳定方面：认识方面、价值定向方面、改造工艺方面、交往方面、体力方面以及审美方面。并认为，它们同时属于活动的任何具体的类型。②从纵向看，活动也可划分为若干层次，如再现式活动、批判式活动、探究式活动、创造式活动等。在教学过程中，教师通过多侧面、多层次的活动，将系统的知识传授与学生的各种主体性活动相结合，使学生不仅学会认知，同时也在丰富多彩的活动中培养了解决

①高文，建构主义与教学设计［J］.外国教育资料，1998年1月。

②列德涅夫，普通中等教育内容的结构问题［M］.北京：人民教育出版社，1984年，第73—78页。

问题的能力、动手实践的能力、交往的能力、应变的能力、思考的能力等等，促进了学生各项基本素质全面而各有特色的发展。可见，与传统教学相比，活动体验教学在教学目标上更加注重教学的认知、情感和技能目标的均衡达成，更加强调和突出未来社会对人的素质的综合性、整体性要求，并着眼于学生独立人格的形成和发展。活动体验教学是一种以人的生命发展为依归的教学，它关注学生认知过程而不仅仅是认知结果，关注教学通过何种方式让学生掌握知识；它注重体验的本体性、亲历性、情感性、整体性、生成性、自主性和个体性。所以，活动体验课要求我们树立发展的目标观念。采用对应新课程的过程性评价，强调过程，而不是像传统教学评价那样只关注结果。我们关注学生对活动的参与，学习的态度和方法，知识的不断探求，认识的不断改进，能力和素质的不断提高，思维的提升等。目标本身应该是一个不断发展的、超越的过程系统，而不是静止的、封闭式的。杜威对此曾有精辟的论述。他认为旧教育注重获得与占有，提供给儿童的是一种"注入"的环境，目标是外在的、静止的，结果旧学校中儿童的态度只有恐怖、不安、拘束与神经过敏。杜威主张，"新教育应给儿童提供一种环境，这种环境中的教学目标是内在的、发展的，因而它有利于发展学生的个性，培养学生的创造精神与能力。"[1]对人的关注是活动体验教学的核心所在。活动体验不仅是理解知识的需要，更是激发学生生命活力、促进学生成长的需要。为此，新课程提出了体验性目标，强调"观察""实验""探究""调查""实践""模拟制作"及"设计"等活动，而且强调学生的直接经验，鼓励学生对教科书的自我解读，自我理解，尊重学生的个人感受和独特见解。

---

[1]赵祥麟.杜威教育论著选.华东师范大学出版社，1981年版，第195页。

四、三种主要课型的课堂实践

　　究竟什么是文本研习课、什么是问题探讨课、什么是活动体验课以及三者之间是什么关系？究竟"文本研习"是谁在研习？"问题探讨"要不要"以文为本"？"活动体验"可不可以脱离文本来进行？这三种课型究竟有怎样的具体要求？它们之间又有怎样的区别？在教学操作实际中，究竟怎样才算达到了要求？在广泛的听课研讨活动中，我们发现许多老师都是根据自己的理解，进行着自己认为是正确的教学活动，更多的是不追问什么课型，按照自己原有的习惯进行教学操作。在交流中也发现，有相当多的老师对于这些新的提法感到疑惑颇多，认为那只是专家学者在书斋里想出来的所谓"新理念"，其实就教学而言，只是换汤不换药。特别是在一些被称之为比赛课、选拔课的影响下，人们的疑惑更多了。尤其是常常听到"请同学们配合""谢谢同学们对我的配合"等教学语言，感到教育观念的偏失严重。尤其可怕的是，不少人热衷于那些所谓的"创新形式"，以适应评价标准的求新，忽略语文课本质的"常规"形式。在片面的求新意识指导下，该研究的问题反倒被忽视了。但是，作为专业语文教师，应该有自己的学术构建，不可随风摇摆。就对这三种课型的具体操作模式以及相关问题而言，我们应该研究清楚，达到以己之昭昭，使人之昭昭的目的，从而提高教学效率。于是，我们就想从课堂入手，进行一些思索，力争弄清一些问题。我们以《登高》的教学为例，对三课型做点初步探索。

【课例呈现】

　　文本研习：意旨何在。[①]

---

　　①纪勇：课型不同，指向同一——以《登高》为例看文本研习、问题探讨、活动体验课型特点，中学语文教学参考［J］.2008年第8期。

古诗欣赏之法，首先就是"识字"，就是贴着文本，进入文本，读懂文本，力求达到"三通"目标：字字通，句句通，全诗通。今天，我们一起读"诗圣"杜甫的《登高》，试着达到"三通"目标。

在让学生诵读全诗后，请学生对照注释，用自己的散文化语言再现诗意。此时，学生遇到了一连串的问题，课堂就随着问题的出现和解决步步推进。

1.首联写"风、天、猿、渚、沙、鸟"，分别用"急、高、啸哀、清、白、飞回"来修饰，对修饰词的理解是通句意诗意的关键，学生在表述时经历了三个境界：第一个学生说：风很急天很高猿的叫声很悲哀，小洲清沙子白鸟儿来来回回飞。启发后，几个学生陆续补充：急，是风速很快、很猛的意思；高，是指视野开阔，显得空旷；啸哀，是"哀啸"的倒置；清，是说小洲上没有了草木；白，是说沙子被水冲洗得干净；飞回，是飞来飞去的意思，显得不安宁。再次启发，这两句合起来表达的是什么样的景象？独立的镜头一旦被连缀起来，就显出了一派秋风瑟瑟、冷落萧条之景。有同学问了，如果说，前一句有一"哀"显得萧条，那么后一句不是显得很清新吗？有同学回答，渚清沙白，似乎清新，但那是草木衰败、万物凋零的景象，鸟儿飞似乎显示活气，但与草木衰败、万物凋零联系起来，就不难让人想到它们是没有食物和无处安身了。

2.颔联的难处在一个"木"字的理解，一个语序的倒置，一个情景的布设。教师引进林庚的《说"木叶"》一文的解说，引发学生探究的兴趣，学生很快明白了"木叶"的干枯之感，推出了萧瑟之意。而"落木无边""长江不尽"，再配以"萧萧"之声、"滚滚"之势，阔大之境，撼人之势，如在目前，如在耳边。此两句化用了屈原的《湘夫人》名句"袅袅兮秋风，洞庭波兮木叶下"，再次暗含写秋之意，暗扣题目。

3.颈联的表层理解除了"登台"含有典故之意外，没有特别的难处。"登台"即为"登高"，联系大家熟悉的王维的《九月九日忆山东兄弟》，不难回忆起古人素有重阳节登高怀人的风俗。此为直接点题。此时抛出《鹤林玉露》的评点语，将学生的研习推向一个新的境界："万里，地之远也；悲秋，时之凄惨也；作客，羁旅也；常作客，久旅也；百年，暮齿也；多病，衰疾也；台，高迥处也；独登台，无亲朋也。十四字之间含有八意，而对偶又极精确。"按照施蛰存的理解（《唐诗百话》），这两句的顺序也应该倒过来，即因"百年多病独登台"而感慨"万里悲秋常作客"。"万里悲秋常作客"的思想逻辑顺序应为"万里做客常悲秋"。杜诗的显功夫之处还在"万里""百年"两个数量词的选用，它们虽然都是表达"远"和"一生"的意思，但是起到的是化逻辑思维为形象思维的作用。

4. 尾联的意译并无难处，但深层研习却很必要。在教师的引导下，学生对诗句中的一个个词的包蕴做了深层的探析。"艰难"含乱世人生的诸多困境；"苦恨"不是对世事的抱怨，而是对自己无力拯救的自责；透过"繁霜鬓"，我们感到人生的渺小，个人力量的渺小，总有济世之心，却无回天之力呀！"潦倒"把一腔哀愁化为令人断肠的两个音节，真是哀音满纸，肝肠寸断呀。"浊酒"不是"清酒""美酒"，就连这低劣的消愁之物也得不到了。有人说，这"新停"是因病不能喝，也有人说，这"亭"是指喝酒的亭子。我请同学们根据诗意做自己的理解，我也谈我的看法。我以为理解为没有这浊酒再喝含义更切合诗意。学生议论纷纷，我也不做结论。

5. 连缀全诗，沟通诗意。引导学生回到诗题，追索整体意境。诗题为"登高"，暗含时间、地点与思绪倾向。从结构上看，前四句写自然之秋，含深远寄慨。后四句，抒人生之悲，蕴无限张力。一个"秋"，既是季节之秋，又是生命之秋，国运之秋。诗人贫病交加，漂泊江湖，仍心急家国；困顿不堪，体衰难支，仍怨自己不能挽狂澜于既倒。这样的使命感和责任心，这样的忧国情和强国愿，难道不能激发我们许许多多的联想吗？

问题探讨：奇在何处？

学生自由诵读《登高》全诗以后，照常我要学生各自谈谈第一感觉。某男生谈了感受之后抛出一个问题："我在网上查阅时发现古人对此诗评价极高。如清代杨伦赞其为'杜集七言律诗第一'，明代胡应麟称其为'古今七言律诗之冠'。胡应麟还引元人评价说'一篇之内，句句皆奇，一句之中，字字皆奇'。我反复研读，还是对其奇处不甚明白，甚至觉得这话说得过于夸张。能不能请老师和同学们帮我解决一下这个问题。"

奇在何处？我心里一亮，一次问题探讨的契机就在眼前，我立即抓住这个问题，请同学们进行研讨。我提示学生，可以分"句句皆奇"和"字字皆奇"两个层次来研究，不妨用笔写写。十多分钟的"沉寂"之后，学生就近自成小组，开始讨论，学生边说边写。待有一种"理愈辩愈明"氛围的时候，我请大家班级交流。先讨论"句奇"。有同学看出首联奇在每句各为三景相属，急风、高天、猿啸，清渚、白沙、飞鸟。名词连缀，构成空阔苍凉的画面。有同学指出颈联写法奇在妙承，一句承上联出句写山之悲怆景象，一句承上联对句绘江之雄阔姿容。有同学补充："这四句有景中含情之奇。落木之下，引发生命凋零之联想，长江滚滚，勾起时间流逝之悲叹。"讨论中师生一起又明确了颈联奇在叙事含义丰富，情感悲怆；尾联奇在议中抒情，绘形达意，以叙议切入，旨在抒发感慨。

接着讨论"字奇"。这时大家意见分歧较多，但主导意向还是明显的。一般认为，本诗多数字奇在含义奇多，作用奇特，表意奇妙，但也有些字并不奇妙，只有附着在别的字前后，一起才能表达奇意，称不上"字字皆奇"。如一个"风"字，似闻呼呼有声，着一"急"字，更显凌人之势；"天"，显得景象空阔，着一"高"字，凸显秋之特点，陡增悲凉之情。到"猿啸哀"，有学生提出，"猿啸"本已显示哀情，再用"哀"字，显得重复，使诗意少了含蓄之美，而有直露之嫌。有细心的同学还发现了前四句用字还奇在声色方位的搭配很奇妙。第一句的字字组合，侧重声响，但又动静结合，而第二句侧重写静，则又静中有声，那飞鸟，尤其在秋季的飞鸟，难道不叫吗？而下面的句子，多要以词为单位来赏析其奇，不能都以字为单位来解读了。如"无边"奇在造极为宽阔之境，衬出诗人之孤独之内心感到的渺小，但再分开却无重要意义。"萧萧"奇在摹声音如在耳边，"滚滚"奇在绘状态如在眼前，一个"下"字奇在显示落叶之繁急，简直是犹如下雨一般，生命零落之感，疼梗在胸啊；而一个"来"字奇在点明了是人当时站的位置与朝向，他向着水的上游望，为何向上有望，是向西望啊，西边有都城长安啊，这一个"来"字，竟然含藏着向往国都、期盼平安之意呀！

在同学们讨论的基础上，我启发说：我们如果从不同角度来看待这"奇"，比如情的角度、景的角度、构思的角度等，能怎样认识这诗之"奇"？因为有了前面的铺垫，大家很快达成共识：景奇奇在意象叠加，雄阔苍凉，于景中寓含丰富情感；情奇奇在以情驭景、以情叙事，情在景事中，而简直深沉得令人不能承受其重；构思之奇奇在景、事、情随句有侧重，但妙合无垠，浑然天成，动静声色搭配，无不贴切老到。

临近下课，我再抛出一个问题，请同学们课后研讨：诗的最后一句，有的版本把"停"作"亭"，你认为用哪个字好？

活动体验：情系何方？

诗歌是诗人体验生活的冲动、潜在情感的觉醒、生命意义发现的激情表达，阅读诗歌，能否由言外深入到言内，能否把作品的诱导因素化为具体的现实意义，达到欣赏的境界，取决于我们的经验参与、情感投入和生命体验。上课伊始，我于是说。接着请大家以诵读为突破口，

"登思妙虑""涵泳玩索",体验杜甫《登高》的情感世界。

1. 自由诵读,直觉体味。

学生自由诵读,或高声,或低吟,不要全班统一,不管他人声音,逐渐忘记身边的一切,渐渐沉入诗歌的文字之中,进入自我境界。然后学生自由报名展示自己诵读体验的成果,我也参与其中,不时地言说自己的体会。一学生说,我读着一二两句,脑海里出现了文字所启示的情境,耳旁仿佛疾风呼呼,眼见空旷高远的天地,凄神寒骨的猿啸哀声,陡增悲凉沉郁的氛围;放眼大江,只见水落沙出,渚清沙白,飞鸟徘徊,辽遥阔远,渺无人迹,陡感孤独寂寞之意。他以缓慢沉郁的声调读出了悲切和廓落的情调。一学生说,我读着三四两句,仿佛看见千山万岭,落叶成阵,萧萧有声,如秋雨沙沙,敲击心灵;有如望见长江滚滚,天际而来,涛声隆隆,若无涯之势,震荡心绪。他用苍凉沉重的语调读出了寂寥若失的情调。一学生说,我读五六句,想起曾经外出,恰逢生病,思念亲人不得的情境,她读得凄惨伤感。又一学生说,我读七八句,眼前出现了一位鬓发斑白的老人,手持酒杯,潸然落泪,她读得极为低沉、深切悲痛。

2. 反复玩索,悟情悟理。

读着诗歌文字,我们何以就感受到那样的景象和情感?我提示学生继续玩味,看其景其意来自何处,感染力来自何处。学生再次投入诵读品味之中。学生在交流中,有的感受到那急风让人感受到身体的寒冷,更引起心灵的震颤;有的由高天想到了阔大背景下的渺小,令人心只往一处缩;有人想起了飞鸟何以徘徊,恐怕是寻找食物或者归家之路吧。我也插言道:飞鸟是诗人的化身啊,饥饿、离群、孤独、迷惘,此情此景,怎以一愁字了得!学生继续感悟道:我们读这首诗要以孤独、凄楚、忧伤、悲哀的情调来读。实践以后,又有学生感悟到,颔联哪里是在写景,分明是在写哲理感悟啊!他在发时空之悲,感悟时间的流逝、生命的短暂啊！面对自然的力量，使人感到渺小而无助，我感到心里堵得慌。老骥伏枥，壮志难酬，对一个有志于功业的人来说，是何等的凄凉！边读边悟，大家对诗人的情感有了深切的领悟。

3. 泠然冥会，心灵相通。

这时，我说，我也再次沉浸在杜甫诗意的浸染之中，心有淤积，不吐不快，也想把我的理解读出来。我的诵读，引来了一阵沉寂，学生没有浅薄地哗哗鼓掌，我感觉效果出来了，学生进入冥会的境界了。于是请大家搜寻杜甫生平与当时社会背景材料，看看杜甫之悲仅仅是一己生存之悲，还是另有深意。有想进一步探索的，想想杜甫为何这么沉重，何不像庄子一样逍遥起来。后来学生与我探讨，说杜甫的思想是典型的儒家入世思想，其情不仅在自己，而更在天下苍生，邦国安危，诗之愁绪正是忧国忧民、兼济天下情怀的体现。

【思考研究】

就同一教学内容，我们设计了三种课型来组织教学，极力想表达这样的追求：从片段角度切入，形成片段课堂组织形式，展开片段课堂活动，达到理解文本、受到感染、提升欣赏能力的同一目标。在这个探索中，力求摸索出文本研习、问题探讨、活动体验三种课型各自的特点来。虽然我们认为这三种课型反映的三种学习方式是互相渗透互相联系不可决然分割的，但是，各自的主流总还是应该体现的。课是这么展示出来了，是不是达到了预想的目的，还需要大家剖析检验。

第一个课例，从理解诗的意旨入手，力求贴着文本走，重点放在对文本的咬文嚼字上。从文本出发，探幽发微，做层层累进式的研习，力求让学生读懂读通诗歌。就古典诗歌鉴赏而言，本课例从识字入手，只抓了一个方面，但涉及了识字的三个层次：字面义的理解，隐含义的推究，组合义的领悟。涉及诗词鉴赏的字词出处、古今言殊等常识。课例只是给形象感染，没有进行理性概括。这样做究竟合理不合理呢？

　　第二个课例，力求拎出一个主问题，围绕主问题进行专项性探讨。课例从诗歌的艺术技巧入手，由一个"奇"字构成主问题，引发出对字奇、句奇的探究，探究有一定的深度，但对篇章奇没有涉及，缺少一个整体的勾连，对诗的主旨没有更多地涉及，这会不会是一个教学的缺陷呢？

　　第三个课例，从诗情入手，通过反复的诵读，设身处地，细心体验，感受诗歌的感情。语文教学，读很重要。无声为"阅"，出声为"读"。读，特别是对诗歌，才能贴切地感受作品的情感表达。让学生口诵心惟谈感受，在交流中，在品读中感受诗情。三个层次的设计，没有大的难度，但是力求体现一个层次递进的思想。

　　三个课例，都突出了学生的主体性和教师的引导性。由此，我们看到三种课型各自的主要特点，依次是文本研习的深层研究性，问题探究的专项指向性，活动体验的全体参与性和积极投入性。授课如同写文章，忌讳的是散乱无章，目标不明。这三课力求一题统帅，一线贯之，突出重点，学有所获。

第三章　文本研习课型

教材编者提出以"文本研习"的形式呈现教学内容,也即课文,那自然是这类课文适宜于用"研习"的方法学习,文章需要细细研磨才可能理解得深透。那么,对这类课文的教学,自然不适宜于用"浏览"的方式。那么,研习,具有怎样的特点,具体有怎样的方法,适合于用怎样的教学形式来组织教学,这种课堂,究竟有怎样的常规模型,我们需要探讨。探讨清楚了,才可能"行动"起来得心应手,提高教学效率。

第一节　文本研习的意义与方法

一、为何要进行文本研习

常说的"读书"，概念内涵有三种常见的理解：第一，把孩子上学笼统地称之为"读书"，包括了听讲、写作业，也就是凡是到学校或者到老师处接受教育的过程都叫"读书"。第二，把以书本（包括报刊）为阅读对象的活动统称之为"读书"，包括浏览和研究，浏览以消遣或获取信息为目的，研究以探究规律、创立新见为指归。第三，就是狭义的语文阅读活动，是提高阅读理解能力（包括获取有效信息、批判原作观点、判别艺术水准等）、表达创见能力等语文素养的活动。文本研习就是这种阅读活动的一种形式，也是获得语文素养的最重要形式之一。语文素养核心组成部分是理解素养和表达素养。

研习文本是为了在研习过程中锻炼出语文阅读能力。语文阅读能力，根据谢锡金等概括，从纵向看，包括五个层次：阅读感知力、阅读理解力、阅读鉴赏力、阅读迁移力、阅读创造力；从横向看，也包括五个层次：阅读选择力、阅读思考力、阅读想象力、阅读记忆力、阅读时效力。①这些阅读能力的形成和提高，都需要借助文本研习的形式来实现。具体而言，进行文本研习有如下必要性。

---

① 倪文锦、谢锡金.新编语文课程与教学论［M］.上海：华东师范大学出版社，2006年版，第140—143页。

1. 文本研习是准确获取文本信息的前提

阅读的目的之一是获取信息。文本是信息的载体，汉语文本因其独特的丰富性、多义性，对其所含信息的理解是需要有一定基础的，而获取信息的能力基础是要通过历练来获得的。文本研习就是这种必不可少的历练活动。就阅读感知而言，其中要能理解词语在语境中的特定含义，辨析词语之间在语文方面的内在联系，根据上下文或语素推断陌生词语的近似义，通过辨析复杂句子结构来准确把握信息等都需要对文本进行研习。就阅读理解能力而言，对段、章、篇等文意的提取，对作品思想内容的把握等能力，都需要通过对文本进行研习来孕育。就阅读选择力而言，对读物内容的必要信息、次要信息、冗余信息的判断与决定取舍的能力，更是需要研习。2007 年教师节到来前夕，胡锦涛接见全国优秀教师代表时发表了一席讲话，几家报纸都报道了这个消息，"摘要"发表了这个讲话。看到这个报道而不加研习，就只了解到有这么回事，不会有什么注意。而研习这个报道，就能获得这样几个信息：胡锦涛同志亲自接见教师代表，表明教师的光荣，党和国家对教育的重视；胡锦涛同志对教师提出了四点希望，表明党和国家对教师给予了很大的希望，也隐含着两个隐蔽信息：国家非常重视教育，教师队伍存在问题。当时就感到，这个讲话有点奇怪。不久就看到了讲话的原文，研读原文，就发现报社和编辑对文本信息的理解和摘要带有很强的偏向性。讲话先表明了对教育的重视态度，对教师地位和工作的肯定与赞扬，很郑重地对政府部门提出了几条硬性要求，然后才是对教师的殷切期望，最后表达了美好的祝愿。将几个信息提出来，联系起来一看，就觉得非常合理，也非常温馨。可报社和编辑是出于什么目的进行了这样的摘取呢？这几家报纸的读者群是社会人员，包括政府官员，这种断章取义式的摘取信息，就破坏了原文本的整体性，就不能准确传达信息，引起误解或误会，引出错误导向。可见研习文本对准确理解信息的重要性。

2. 文本研习是准确理解原作观点、情感、态度的基础

　　与准确获取信息密切相关的是准确理解作者的观点、情感、态度，其实这也是理解信息的深层内涵。上文所举例子，也是属于对原文本所表现的作者观点、情感、态度的偏差。作为媒体，作为喉舌，这样缺乏对文本的准确把握，极容易引起混乱，造成对原文本作者的误解，甚至造成严重后果。做文本研习训练，养成文本研习习惯，提高文本理解能力，对每一个社会成员来讲，都是重要的。观一则报道，读一篇文章，看一本书，如果能从辨识文体、理清思路、把握结构、抓住质料、归纳主旨、体会文情、揣摩写法、辨析修辞、贯通文气、体察文风几个角度进行研习，就能避免理解的偏差，这些要素或多或少或直接或间接对准确理解作者的观点、情感、态度都有帮助，或者说这些都是理解的前提条件。这些要素中，有些是不能一眼就能看出来的，尤其是阅读经验不足者更需要认真研习。比如对刘亮程《今生今世的证据》的观点、情感、态度的理解，就要从散文文体、选用材料、象征意义、语言特色、行文思路、联想路径等等综合考察，才能有个深切体会。不去细心研习，可能会感到一片茫然，对作者到底要说什么？要表达什么情感？对谁的情感？都会感到一头雾水。如果不能理解作者对生我养我的故乡的深厚情谊，就感受不到文章所要表达的对人生之根追寻的观点，说不定还会做出对农村落后的讽刺、反思的错误判断，也就不会欣赏这篇文章的美感，也就达不到情操陶冶和提高审美能力的目的。只有掌握一定的方法，在研习中揣摩、感悟，才能得到深切地领会。上例对胡锦涛同志讲话的断章处理，也是由于没有准确把握文章结构，未能认真体会文情等所造成的。走马观花，一目十行，用于消遣是阅读，只能用于阅读浅俗的、无关紧要的读物，而要阅读有一定内涵、寄寓比较深刻的文本，则必须进行研习、揣摩。

3. 文本研习是学习表达技法、借鉴他人之长的途径

人要表达情感、思想，这是生命的必然反映。潘新和先生说："阅读的吸收（从阐释学、接受美学的视角看，阅读并非只是被动地吸收，这里权且按旧说），固然也是一种功用，但人不可能为吸收而吸收，吸收不是终极目的，吸收的功用在于改善人的认知状况、身心修养及更好地应用和表现等。没有人学习语文仅仅是为了一辈子当一名读者。一个人不论将来从事何种职业，只要想得到一定程度的发展，他学习语文的主要目的必将是指向言语的'表现'功能。人的自我成就、自我实现和人的本体发展等，都离不开言语表现，'表现'的功用自然要大于单纯的吸收。吸收是主体思维的内化活动，内化得怎样，只有通过外化的言语来体现。"①这个"外化"的高水平实现，在一定程度上说，是需要以"内化"为基础的。也就是说，"表现""外化"除了有自己的内在因素以外，还需要借助于"模仿"。小学生的表现可以从"形似"入手来模仿，而到了高中阶段，我们的模仿则不仅仅要"形似"，而更要"神似"，更要师其法，达我意，传我情，也就是从模仿开始，达于运用，以至于形成能力。要达到师其法的目的，则必须对这个被模仿的文本有比较深刻的理解，剖析其肌理，把握其特点，抓住其精髓。这个目标的实现，需要借助于研习这个过程。在阅读实践中，我们有这样的体会，先读文本，发现这个文本很有特色，发现这个文本很美，便回过头来反复读，反复思考，越读越思考，越发现这个文本的特色所在、美之所在，知其然又知其所以然了。这就是通过研习，发现文本的值得模仿之处。还有的文本，一读也没感觉到它有什么特色，也没感到它有什么美处，而只有通过研习，才发现其美。这就是为什么有那么多的文章，有人读得津津有味，心为之动，情为之倾，不觉手之舞之，足之蹈之，不

---

①曹明海，语文教育观新构建［M］.济南：山东人民出版社，2007年，第99页。

禁为之悲，为之喜；而有的人则对之莫名其妙，对别人推荐给他的好书、美文，他略略一翻就心呼"上当"。

4. 文本研习是学会批判、启发思路、表达创见的肇始

上文实际上涉及研习对形成阅读鉴赏力、阅读思考力、阅读评价力的影响作用问题。"阅读欣赏是读者沉入作品后的一种情感体验，一种审美活动，要求驱遣想象，反复涵泳，与作者发生共鸣，获得美的享受；阅读评价是读者跳出文外后的一种理智判断，一种科学活动，要求与作者保持一定距离，依靠作品内在的证据和外在的准则，客观公正地做出真善与否等价值评估。"[①]我们的头脑是用来思考的，不是用来做别人思想的跑马场的。阅读文本是用来干什么的？是为了借鉴，是为了创新。所以，我们有必要在准确理解文本的基础上，对文本进行批判，识其真，赏其美，辨其伪，去其错，在别人思想、方法的基础上，生发新的思路，诱发创新的灵感，激发创新的欲望，培育创新的能力。这个批判也好，识辨也罢，都是研习的过程，而思路、灵感、欲望、能力等等，也都是在不断地研习过程中逐渐生发和形成的。研习对学会批判、启发思路、表达创见的意义是广泛的。在社会科学领域，对一个观点见仁见智、争来议去是常见的事，在争议的过程中既促使争议的双方或多方更进一步思考、补充、修正、发展、完善，甚至更新自己的观点，也启发更多的读者拓展思路，参与思考。例如读《人生的境界》一文，对其观点进行研习，就会发现，许多提法既有似曾相识部分，也有觉得新异的地方，文本之中时见能激发我们辩议的地方。在自然科学领域，实际上也是在研习中找到科学发展的新路径的。达尔文的进化论的形成过程，就是在对前人的文本进行研习的过程中逐步发现了问题，才促使他深入实践探究，不断提出自己的见解的。伽利略、哥白尼、牛顿，以至

---

①倪文锦、谢锡金，新编语文课程与教学论［M］.上海：华东师范大学出版社，2006年版，第140页。

于霍金，如果他们没有对前人（他人）文本的认真研习，就不会有属于他们自己的新的创见。所谓"站在巨人肩膀上"，就是对巨人文本的研习，在研习中丰实自己，也锻炼自己，更孕育出创新的种子，使之在某个领域达到自己的也是学术的新的高度。

二、怎样进行文本研习

1. 以纯正的目的面对研习

"语文教育是关于民族母语的教育，而母语教育是一种'民族文化的教化'。""语文是为人的一生奠定精神底色的课程，语文以其饱含的情感、智慧和精神对人的生命进行潜移默化的诗意润泽和点染提升，全面开展人的精神建构。"①作为语文学习方式之一的文本研习，当然理应以接受民族文化教化、接受诗意润泽和点染提升、全面构建人的精神为指归。但是，长期以来，理论界对于语文性质的纯"工具论"或片面的"人文性"的引导和众多执教者的"我对'性'不感兴趣"，尤其是在功利主义指导下的评价形式导引下，人们难得静下心来，从提升人的素养的角度来对待文本。君不见，教学中要交给学生阅读的文本，只有以习题的形式出现，才能引起学生注意，才不会被其他学科的教师没收；教学中，面对一篇课文，也只有变成一个个模拟试题来解读，才能被认为是有效的教学；教师的阅读课常常成为语言知识试题和高考阅读试题的变形解读。"在教学实践中，则剥离了语言的人文情致和生命特质，将美的鲜活的语言感应、体悟行为演变成了干瘪枯燥的识记和操练活动，语文教学成了非生命的知识的简单转移和搬运过程。"②在高考竞争愈演愈烈的今天，高考得分几乎是人们唯一的学习目标，阅读的真正价值在被人们遗忘或者被无可奈何地放弃。客观地讲，高考也是需要的，但如

---

①②曹明海，语文教学本体论［M］.济南：山东人民出版社，2007年版，第155—156页。

果把语文学习仅仅当作高考的敲门砖，把阅读仅仅当作解答高考试题的手段，那是不可能对人生有实质性提升意义的，也是不可能真正提高阅读水平的。

阅读要从消遣层次进入到研习层次，从解题层次进入到鉴赏层次，则必须有一个纯正的目的，那就是把文本研习当作是生命的一种存在方式，以研读促进自己的眼界宽阔，促进自己的素养提升，促进自己言说的技能，促进自己的思想升华，促进自己的生命内涵。"学习语文，不仅仅是学习者在被动地获取语文知识，接受语文熏陶，更是以自我的生命与世界对话，是一个生命体认自我、感知他者、实现自我创造的内在需求，是一个生命的存在与发展的方式。"[①]以这样的目的来对待研习，就能使我们在研习中自觉地进行"主体间的意义对话，从人的生命深处唤起沉睡的自我意识，解放其内部心灵，促进人的价值观、生命感、创造力全面觉醒，以实现自我生命自由自觉建构。"[②]这样的研习才能卓有成效。

2. 以愉悦的心态进入研习

现代教育科学在研究古今中外教育、哲学理论的基础上对情感智慧的概念做出了新的解释："情感智慧就是指个体在学习、记忆、思维、认识客观事物和解决实际问题尤其是与情感相关的问题时所运用的情感能力，包括认识情感、了解情感、判断情感以及管理情感、调控情感、利用情感的能力。语文教学主体的情感智慧就是指在教学过程中语文教师所体现出的情感能力。具体而言即指语文教师从教育使命、学科特色出发，着眼于语文教学中的情感因素（包括师生的情感和语文教材中所蕴含的丰富情感），运用一定的理性认知去准确地理解情感、贴切地表

---

①曹明海.语文教学本体论［M］.济南：山东人民出版社，2007年版，第155页。
②曹明海.语文教育观新构建［M］.济南：山东人民出版社，2007年版，第189页。

达情感、恰当地调控情感，以及理智地处理教师本人与学生之间以及学生与学生之间的情感关系，并对情感加以利用的能力。"①这里主要是针对教师来说的。其实，作为学习的另一主体学生来说，道理有相同之处。学习者的情感智慧对学习有着深刻而重要的影响。"真正地理解不是起源于对作品句子、语段的划分与理解，而是要投入自己的情感体验，否则我们就会与作者擦肩而过，成为作品的过客，更不能打消我们与现实的帷幕，进入那心醉神迷的瞬间。"②实践中我们都有这样的体会，凡是自己乐意干的事情，再苦再累，也会感到乐趣无穷。比如同为语文教师，有的一天读书、写作，乐此不疲；而有人为了评职称熬尽脑汁，苦苦作文，却无处发表，感叹这作文真是苦不堪言。也许他们的实际能力起初相距并不大，但随着情感的影响，对同一件事情态度迥然不同，慢慢造成差距的拉大。在师生进行文本研习的过程中，也有同样的情形。以良好的心态进入文本研习，就会感到满纸奇趣，满眼奇景，满心欢喜，在解决一个个疑难问题中，享受着探索的快乐。遇到困难、遭遇挫折，会想到，如果没有困难，还需要我来研习吗，人就是在不断地战胜挫折中变得成熟的。这时的情感智慧就会调控自己、激励自己。如果在文本研习中只习惯于听老师给答案，对文本找不出研习的目标，或者遇到问题就两眼发傻，一节课总是神游课外，总是盼望着下课、盼望着答案、盼望着告别这讨厌的疑难，那么，一节一节课相似，一天一天无所获，人就会在烦躁中、不知所以中产生厌恶情绪，加剧畏惧或者无所谓心理，以致影响研习效果，如此就会恶性循环，自然没有好的结果。遇到难题培育良好的情感智慧，是使研习不断获得成功的保证。

研习要有所获，需要有相应的研习品质，如深入思考、专心致志、目标确定、不舍钻研等，要努力克服浅尝辄止、心神不定、投机取巧等

---

　　①②曹明海，语文新课程教学论［M］．济南：山东人民出版社，2007年版，第100页、第352—353页。

不良心态。尤其是进入高中的学生，已经有了一些读书的经验，初中阶段的简单思维形成了一定的影响，面对高中阶段的研习内容，还习惯于以不变应万变，不习惯多角度、广联系、向纵深的研习方法，经过几次挫折，便发出悲叹：语文，尤其是阅读，简直是不可捉摸。此时，作为语文教师，其责任就显得尤其重要，我们要在帮助学生培育良好的情感智慧的同时，引导学生钻研研习方法。

3. 以科学的方法进行研习

调查研究中，我们发现，一些阅读教学课堂里，老师常常按照自己的备课笔记讲解，把自己钻研的结论告诉学生，即使也有学生"对话"，但往往是不知与学生一起探究，何以得出这样的结论的，没有从中总结出一点理性的方法，只强调"感悟""积累"，形成只知其然但不知其所以然的低效教学。甚至有的课堂就是一些干巴巴的赞美，"这句话写得真好""这篇文章写得真美呀"，有的就抄一些名人的言论高度赞扬一番，究竟何以美，却说不出个所以然。孙绍振先生批评某些大学教师："就是硬撑着进入文本内部，无效重复者有之，顾左右而言他者有之，滑行于表层者有之，捉襟见肘者有之，张口结舌者有之，胡言乱语者有之，洋相百出者有之，装腔作势，借古典文论和西方文论术语以吓人，以其昏昏使人昭昭者更有之。"[1]孙先生说这是中学教师语文课堂不尽如人意的根源之一。他也批评中学教学："缺乏微观基础的空话、套话、大话、胡话乃至黑话，本是由来已久的顽症，却在基础教育改革中，借强调师生平等对话之机，找到了合法的避难所，于是，满堂灌变成了满堂问。所问肤浅，所答弱智，滔滔者天下皆是。表面上热热闹闹，实质上空空洞洞，糊里糊涂。"[2]他强调："中学课堂要的是货真价实的、系统的分析，而不是玄妙的、空洞的赞美。"[3]怎样避免错误而

---

①②③孙绍振，名作细读（序）[M].上海：上海教育出版社，2007年版，第2页、第4页。

达到货真价实的要求？怎样使文本研习课卓有成效？我们应该探究一定的研习方法，使学生得法，用法，举一反三，形成能力。

　　曾祥芹先生主编的《阅读技法系统》搜列了阅读的程序阅读链、完全阅读链、基础阅读链、应用阅读链等四大系统108法。①同时，他在《文体阅读法》一书中分文章阅读法和文学阅读法详细罗列了消息、通讯报告、调查报告、游记、回忆录、传记、说明文、公文、总结、科学小品、教科书、思想评论、文学评论、学术论文、杂文、诗歌、小说、散文、剧本、影视文学等类文本的阅读技法。②虽然分类还有待商榷，但是为我们研究文本研习方法提供了很好的借鉴。孙绍振、王先霈等总结古今中外理论，倡导的文本细读，叶嘉莹的文本细读实践等，都是值得我们认真借鉴的。王先霈从总结历史的角度，例说了微言大义和穿凿附会、印象主义细读、点评家的细读、新批评派的细读、熊秉明的细读等文本细读的五种范式。③其中有错误的甚至是荒唐的，我们也可以以之为前车之鉴。他还讲到了咬文嚼字法、词义颖悟法、语境推敲法、韵外之致感受法、形式美的分析法等都极具实践价值。④另外，《语文教学解释学》⑤介绍了后现代主义、接受美学等中外解释学理论，对我们从理性指导上探究研习方法具有重要意义，尤其是孙绍振从操作层面的介入，更为接近我们的教学实际。

---

①曾祥芹.阅读技法系统［M］.郑州：大象出版社，2002年版。
②曾祥芹，张复琮.文体阅读法［M］.郑州：大象出版社，2002年版。
③④王先霈.文学文本细读讲演录［M］.桂林：广西师范大学出版社，2006年版。
⑤曹明海.语文教学解释学［M］.济南：山东人民出版社，2007年版。

第二节　文本研习课的特点

在课堂上进行的，以文本为研习对象的，目的在于提高学生阅读理解能力、思维水平和获得语文素养的教学活动，就叫文本研习课。既然如此，文本研习课就具有以下三个特点。

一、主体自觉性

师生都是研习的主体，在师生共同发展中，而以学生的获得教益为重点。

所谓主体性，本来是属于教学的共性的，但是在现实中我们发现，由于前一段时间对一些"新理念"的或者理解不透或者错误解释，对这个问题的理解比较模糊甚至错误，导致教学实际中出现一些偏差。所以，有必要将这个问题再突出强调。

研习文本是解读文本意义的过程，解读就是"读者理解文本意义、发现世界也认识自己的过程"。①"解读的理解本质，是读者与文本（作者）之间情感和理智的交融与沟通，使作品的'我思'带动着我的意识和我的原始活力中的全部意识去追逐新的生命意义。"②在这里，解读者，也就是研习者，在研习课堂中，是教师和学生一起解读文本，教师和学生都是研习的主体。教师和学生一起理解文本意义、发现世界也认

---

①②曹明海.语文教学解释学［M］.济南：山东人民出版社，2007年版，第96页。

识自己。只不过教师在与文本（作者）进行情感和理智的交融与沟通时，担负有带领学生一起完成这个过程的任务。

教师的研习，不仅要能心知其意，还要能言说其"知"的过程，"知"的方法，"知"的诀窍，还要能启发、引导、帮助学生自觉地学会使用这种诀窍、方法，使学生也能在研习中逐步提高理解文本的能力。归结起来，教师在研习课堂中的主体性体现在三个方面。第一，自身进行文本解读，哪怕是已经研读过多遍教了多遍的文本，而再次用来作为另一轮的研习对象，也绝不可能完全是按照过去的解读来做一次简单重复。每研习一次，都会再次投入情感，再次进行对话，产生新的领悟。大凡成功的语文教师都有这样的体会，哪怕这篇文章教了十次，但每一次重教都不会不认真备课，而每一次的备课总会有新的内容，每一次教学都会有新的思路。教师不是教参的贩卖者，也不是其他文本解读者的义务搬运工，他们是主体解读者。第二，教师在研习文本中，是探求方法的主体。文本自身没有明明白白地写着什么方法，但教师在研习中要摸索出方法，也就是自己走过的路，走路的过程，途中的探究方法、挫折经过、获得的喜悦等等。过去我们总是讲提高阅读能力的关键就是感悟，就是语感。而这感悟也好，语感也罢，都不是无可捉摸的。语文教师就是要设法让学生在研习过程中"有可捉摸"，引导学生学会捉摸，在捉摸中提升阅读智力。所以，教师的这个主体性与一般读者的主体性、与纯文学研究者的主体性有相似之处，也有很大的不同。这就形成了文本研习课中主体性的特殊性。第三，在作为教学的文本研习活动中，教师是活动的主体。教师要在活动中主动地组织学生，激发学生，吸引学生，使学生以最大的热情投入研习之中。在教学中，教师不只是为学生选材料，而要在学生研习中帮助他们定向，在学生感到老虎吃天无处下口的时候，启发他们寻找突破口；在学生找不到研习的问题时，诱导他们发现问题；在学生有难处时适当地伸以援手，帮他们渡过难关；在学生心有懈怠时，及时予以激励，等等。在这些活动中，教师始终是主体，而不是配角。他在课堂上是积极的工作者，而不是旁观者、"放羊者"。

学生在研习课堂中，也是活动的主体。文本被他们感受、理解，他们被文中的情感所感动、熏陶，他们在研习中获得了方法，增长了智慧，才是课堂研习的目的。学生作为研习课堂的主体，其意义也有三个方面。第一，学生是与文本的直接对话者，学生直接面对文本，而不是只与老师对话，只听老师把他的研习结果诉说出来。只听老师讲解，只记老师讲解的答案，那不是研习文本，而是脱离文本接受教师的解读话语。第二，学生在研习课堂上是研习的主动行为者，而不是被动接受者。探究的是他们，得出结果的是他们。他们在研习活动中，主动细读，主动质疑，主动思考，主动辩议，把研习作为锻炼提高、增强修养的途径，自觉地实践。第三，学生的提高、成长是研习活动的目的。学生研习是这个活动的本义，学生学会了研习，理解了文本，形成和提高了解读文本的能力，是这个活动的成效。教师虽然也在解读文本，但他是以教会学生解读为指归的。"教学，是拥有教学论视野的教授者与学习者沟通的文化。在这种沟通过程中学生是双重意义上的主体：一是活动的主体，二是沟通的主体。这种角色当然是现实的种种关系——同教师主体角色与其他同学的主体角色——相关联的主体角色。教学的沟通与活动就是在这种现实关系之中进行的。学生只要不是沟通与活动的主体，沟通便不能成立，活动也无从进行，因而也不会发生学生的变化。" "通过文本指向人的精神世界，人的精神世界又依托文本而展现。"①

我们常犯的错误是，一方面对理论抱有敌对情绪。常听某些人很反

---

①曹明海，语文新课程教学论［M］.济南：山东人民出版社，2007年版，第30页。

感理论，教导大家"我们不缺少理论"；另一方面，却对理论听其只言片语，便断然以为拥有了一切。当前的语文教学存在着两种偏向：一是灌输式，即教师把文本嚼得细细的，一点一点地喂给学生。这种课堂是教师主宰者，学生始终是被动的接受者，包括某些比赛课常说"请同学们配合"，就是此例。这种课堂，实际上反映了教师对学生的主体性的漠视，必然是研习课的失败。另一种是放羊式，即以学生自主学习为借口，完全由学生"七嘴八舌""热烈讨论"，还要美其名曰是充分发挥学生主体性，进行文本对话，让学生感悟。这种课堂是放弃教师主体性的，其教学效率很可能是低的，也是文本研习课的失败。我们要有效地进行文本研习教学，必须克服传统的单项式思维习惯。"教与学的关系要远远复杂得多。在'教'中内在地蕴含了'学'，在'学'中内在地蕴含了'教'。'学'总是不断地孕育着生产性与创造性的契机。以'教师为主体角色'与'学生主体角色'的辩证关系为核心的教学论，把沟通作为教学的基本事实，以对话为原理去构建教学理论"，"通过文本指向人的精神世界，人的精神世界又依托文本而展现"。①应该是我们在研习课中认真领会和贯彻的。

二、内容限定性

文本研习课限定研习的对象是选定的文本，整个课堂活动必须紧扣文本。在这里，我们有必要引进一个概念——教学文本。不是所有文本都可以成为教学文本的，而是进入课堂教学活动的文本才叫教学文本。我们的课堂研习活动，必须是有一定目标性的，是针对选定文本的，甚至是有确定的问题的。这就是文本研习课的限定性。我们从三个方面来阐释这种限定性。

---

① 曹明海.语文新课程教学论［M］.济南：山东人民出版社，2007年版，第30页。

1.研习对象有一定的限定

从广义上讲限制性，很清楚，我们进行文本研习课，就是针对限定的课文的，不可能说，现在上文本研习课，大家随意找个文本进行研习。凡事都应该有个计划性，要在计划内做事，就是一种限定。所以，文本研习课的目标性、计划性，甚至程序性，都应该有所关注。从这个意义上讲，教师在教学之前的预设性很有必要。这个预设包括根据学生实际和教学总目标"选材、选向、选法"。而更应该注意的是这个限定性体现在正确处理研习中的佐证法、旁通法、延伸法等的运用上。研习需要走进文本，又走出文本。但是，不管怎么走，都必须是以解读这个文本为目的的。我们听过这样的课，研习杜甫的《茅屋为秋风所破歌》，简单地解析了诗歌意思以后就印发了好几页"拓展阅读"材料，而这些材料又不是用来做解读该诗的佐证的，而成了新的研习文本，反倒是对于这首诗歌的研习是浅薄的。种了别人的地，荒了自己的田，这种现象是应该忌讳的。拓展是必要的，但是是有限度的。拓展是辅佐的，但不能喧宾夺主。

2.研习结论有一定的限定

我们倡导多元解读，但多元有界。我们不能无视朱自清为表达父子之情而写父亲穿越马路的主导情感倾向，而以现代的文明规则批判朱父的违反交通规则，进而批评朱自清的文章缺乏现代文明气质，"以今律古"。我们也不能无视杜甫在《茅屋为秋风所破歌》里表现的关注民生的思想倾向，而把诗歌解读成对人的素质低下的揭露和批判。有人在课堂上偏离诗歌主旨，抓住"南村群童欺我老无力，忍能对面为盗贼。公然抱茅入竹去"大做文章，从中看出了邻村儿童的顽劣，缺乏修养，杜甫与邻居的关系不好，没有人来帮助他，简直把诗歌解读得面目全非。这不是多元解读，而是误读。现在有些人以追求"怪异"为能，特别是公开课，总是想法设法搞点"新奇"出来，即使是被批判，也是扩大了社会影响，就像演艺界某些明星为了出名不惜以身体为本钱来炒作一样，显得极为恶俗。学生有时缺乏判别力，需要教师发挥主体作用。我们也倡导个性化阅读，但个性化也不能脱离文本。个性化是读者以自己的情感投射到作品中，发现作品的独特意蕴。这里的基础仍是文本，不能离开文本来讲个性。况且，学生的知识、阅历等都是有相对局限性的，其个性化的解读尤其需要教师予以引导。我们常见有的课堂师生读文本不到几分钟，便从一个狭缝中溜出去了，文本研习变成了双方或几方的辩论。教学《项链》，文本内蕴是什么不去管它，却去争辩玛蒂尔德得知项链是假的后该是如何的情形。不是说这样设计教学不可以，但这不是文本研习课。

3. 研习时间有一定的限定

研习课堂的特殊性还在于，我们的文本研习是以课堂为主的，而课堂是有时间限制的，尽管课堂可以延伸到课外，但学生的课外时间也是相当有限的，他们还要学习很多课程，这一点我们不能不顾及。所以，研习课，从选材到选点到选法，从预设到生成，都受到时间的限制。这就要求我们设计教学时，想到"度"的问题，找到学生发展的最佳临界区，做有效的高效的研习训练。文本研习课堂，既要放得开，又要收得拢，既要放手，又要调控。如果教师能在这个问题上多做研究，巧加练习，调控自如，那将会达到一个很高的境界。

三、思维发展性

研习以探究方法和内化修养为目的，借鉴前人、学习已有成果，但倡导有新的见解。方智范先生认为语文教学关注的文本是"广义的，它不仅仅是一篇篇课文，讲到文本的时候，文本的两个层面都要关注，即精神世界和语文素养两个层面，通过文本指向人的精神世界，人的精神世界又依托文本而展现"。①从文本世界,到精神世界,是一个上进的过程。我们往往关注文本的世界多,就文论文,就事论事,进一步的研讨往往有所缺陷。拘于一隅,就很难突破陈见,有所创新。文本研习课要有意识地引发创新的火星、激发创新的欲望、点拨创新的方法、指点创新的思路。否则,我们的文本研习课就达不到有效提升学生语文素养的目的。

文本研习课的发展性体现在以下方面。

1. 举一反三

引导学生关注教师的解读思路,学会查找资料,借鉴名家赏读的结果。创新不是空中楼阁,借鉴是做学问的基本能力。对于学生而言,他的发展是以他自身为坐标来衡量的。学生从不知到知,从知之甚少到知之较多,从思路不清到思路清晰,从认识肤浅到认识深刻,都是发展。

2. 生发新路

在学生只习惯于听从老师意见和遵从名家赏读结果时,有意识地生发出新的问题,让学生感觉到,研究没有止境,埋下出新的种子。如可以对同一个现象或者文句、段落,列出不同人的解读意见,引导学生分析其相同与相异之处,探讨何以有片段意见,发现其中的奥秘。

3. 导向引路

在学生有了发展的意识,在刻意追求新意时,及时发现学生新意的创建性和缺陷,发现其思维方法的可取性和错误处,及时给予褒扬、析因、纠偏、导向。现在时兴的是尊重理念,但是不少人是充当了歪嘴和尚,一本很好的经被念错了,只要学生说话,就一律加以赞扬,都是"你说得太好了""你真聪明""你说得太精彩了"。其实,对学生的尊重,是体现在尊重真理方面的,学生说错了、理解错了,你还在大加赞

---

①万明华,有效的语文教学(序)[M].南昌:江西高校出版社,2007年版。

赏，那恰巧是不尊重学生，是对学生的极不负责任。从另一方面看，也恰好显示了教者的浅薄，因为只说好很容易，答案唯一，不用动脑筋判别学生说的内容。

4. 重视方法

在研习过程中，既要重视结论，更要重视方法。现在有一种论调是不注重结果，只注重过程。我不同意这个观点。不注重结果论至少有三个弊端：一是销蚀了行为的动力机制。没有结果的探索，很难引起人们的探索欲望。二是不利于求实精神的培养。文本研习，过程固然重要，但是这个过程必然包括总结结论的过程，否则就是不完整的过程。教学调查中，我们发现，学生课堂上说得似乎头头是道，把录音整理出来，却是漏洞百出，错误时现。这与不讲结果有直接的关系。学生只求大概知道，不求无懈可击。这不利于培养科学研究精神。三是不利于考试成绩的体现。现行考试可是要结果的，这结果是必须写在纸面上的。学生为什么总是疑惑，课堂上我确实是懂得了，为什么考试总是得不了好分数。这也与不求结果论有关。研习文本教学，必须注意方法和方法论思想的总结和引导。

第三节 文本研习课的分类

一、文言文文本研习课

文言文本的研习因其时代因素、语言因素、文化因素等，注定其研习课有其自身的特点。主要表现在三个方面。

1. 文言文本研习，理解字词句是重要内容

文言文的字词句都与现代汉语文本有很大的区别，但是也有密切联系，因而需要有文言知识基础，也需要联系思考和细心辨别。字词句的辨析、理解，是文言文本研习的重要内容，这不是把语文课上成语言课。把文言字词句搞清楚了，把它们包含的微妙情意弄懂了，汉语的滋味就出来了，汉语汉字所包含的文化内涵和人文价值就显示出灿烂的光芒了。高中语文课程标准在初中学习的基础上对高中阶段的要求明确提出要"了解并梳理常见的文言实词、文言虚词、文言句式的意义或用法，注重在阅读实践中举一反三。"①对字词句式的梳理，也就是分类、归纳、整理；在阅读实践中举一反三，就是从已知走向未知，学会联系其他文章，做到融会贯通。对字词句的研习，重点要处理好文本义的理解，也就是在具体语境中的意义判断。要用到联系、比较、辨析的方法，在联系、比较、辨析中，明确特点，把握精微。

①中华人民共和国教育部. 普通高中语文课程标准［M］.北京：人民教育出版社，2003年版，第8页。

2. 文言文本研习，需要评判思想内容

读文言文，不仅仅是为了积累字词句知识，还需要读懂文字载体所负载的思想内容。要明白，文章说了什么，是怎么说的，为什么要这么说，说出了什么效果，这样说的合理性怎么评价。同时，也只有理解了内容，才能强化对文言基础知识的理解，明白为什么用这个词而不用另外的词，也才能深刻体会这个词的独特实用意义。更主要的是，高中语文课程标准要求："学习中国古代优秀作品，体会其中蕴涵的中华民族精神，为形成一定的传统文化底蕴奠定基础。"[①]在达成这个目标的时候，要"学习从历史发展的角度理解古代作品的内容价值，从中汲取民族智慧；用现代观念审视作品，评价其积极意义与历史局限"。[②]用现代观念审视，但不以今律古，不以现今的发展水要求古人，而要认识其在历史上的意义，从中悟出某种道理或精神，收到古为今用的效果。实践中，由于时间有限，师生往往为了赶任务，来不及研习思想内容；又由于古代文章内容与现实生活的距离较大，学生对文章内容的研习不感兴趣，使得思想内容的研习落不到实处。这都是与文本研习的初衷相违背的。

3. 文言文本研习，需要有一定的文化知识做背景

文章所产生的时代文化，影响着文本的思想内容，也影响着词义句意的特有内涵。所以，文言研习课要重视引导学生学会运用工具书，学会围绕一个目标查阅相关资料。如研习《陈情表》，就有必要了解文章所产生的那个时代的情况，作者李密的个人家世，当时政治局势和文化追求，晋武帝的心态背景等。只有了解了这些内容，才能深刻理解李密此表的情之所来，情之所寄，陈情之效。对祖母的孝顺之情，对晋武帝的忠诚之情，对自己处于两难境地的忧惧之情，是特定文化背景的产

---

①②中华人民共和国教育部.普通高中语文课程标准［M］.北京：人民教育出版社，2003年版，第8页。

物。教学实践中，我们常发现有学生不能很好地处理古今关系，不会站在历史的角度看问题，耻笑古文的幼稚和不可理喻，这时，教师应该做些正面引导。人常说初生牛犊不畏虎。为何不畏，因为不懂，因为无知，此时，教师就有必要去搭桥铺路，别让初生之犊在无知中闹出笑话，而要在研习中进步成长。

例如童志斌老师教学《项脊轩志》[①]，设计了三个环节：导入、文本探究、小结与思考。在"文本探究"这个环节里，安排了三步：重要的生活场所、青年归有光的心态、中年归有光的心态。童老师从研究标题入手，问"轩"在文中还有什么称呼，时而称"轩"时而称"室"有没有什么讲究。既有字义的区别研究，又有文化内蕴的启示，更有情感变化的分析，抓一字而动全文。在引导探究对院子的描写和对祖母的回忆中有一种站在文化背景的高度关注细节的思考。从教学设计看，没有更多地涉及"释字"，但是，理解内容和情感，分析文化内容，必然是建立在理解字义的基础上的。如果只是简单的疏通文字，那就失去了文本研习的意义。

二、古典诗歌文本研习课

古典诗歌因其语言形式的独特性，故其研习课也有其自身的特点。

1. 尤其强调诵读与背诵

这是研习古典诗词的基础，语言在胸，才可玩味。古典诗词的音韵格律，句式组合，都有其特别的规定，尤其是格律诗和各类词曲，讲究平仄、调式等，在研习中必须揣摩其各自特点，诵读出独有的抑扬顿挫。在读中体味，在读中揣摩，在读中比较，看看用怎样的音高、音速、抑扬、语调、节奏才能更好地传达出这首诗的诗味。在诵读中讨

---

① 王荣生，语文教学内容重构［M］上海：上海教育出版社，2007年版，第9页。

论，在诵读中探究，诗的情味、内涵便会被"浸泡"出来。

2. 注重推敲把玩功夫

古典诗词因其形式的特别，用词极为简约，而在简约中又包蕴丰富的内涵，诗人们常常是"吟安一个字，拈断数茎须"（卢延让句），"二句三年得，一吟双泪流"（贾岛句），"语不惊人死不休"（杜甫句），所以，安字用词都极具匠心。我们研习的时候，只有据文本而揣测，触摸诗人的思想情感，才能准确把握诗意，提升审美水平，收到感染效果。杜甫的《登高》被称之为"一篇之内，句句皆奇，一句之中，字字皆奇"。[①]纪勇、时剑波老师分别设计的两种研习方案[②]抓住字词，仔细玩味，体现了诗词研习课的特点。

3. 重视美学鉴赏熏陶

古典诗歌被选作研习文本的都是千古流传的名篇，其美学价值尤其突出，我们的研习必须充分顾及这个特点，发挥其美学熏陶作用。研习一首诗词，对其形式美和内涵美，都有了相当的认识和把握，才算达到研习的目的。故此，音律美、意境美、情感美的研习是我们必须抓住的重点。这也需要有一定的知识积累，教师在这个研习过程中的主体地位显得尤其重要，一要给学生指路，二要引导学生学会联系总结，三要启发学生感悟。

杨斌老师在设计《蜀道难》[③]这首诗歌教学时，首先引导学生背诵诗歌，然后介绍背景，再做诵读指导，学生读评，教师范读；然后，分层，找主旨句，抓住"蚕丛""鱼凫""壮士"等词语赏析第一层，抓住"六龙回日""青泥岭""悲鸟""子规"等词语赏析第二层，抓住"险"字赏析第三层；进一步分析诗歌表层意象下的诗人情感，再做比

[①]陈伯海.唐诗汇评［M］.杭州：浙江教育出版社，1996年版，第1182页。
[②]纪勇，时剑波.《登高》教学设计［J］.中学语文教学，2008年版，第1—2页。
[③]杨斌.《蜀道难》备教策略［J］.语文教学通讯（A刊），2007年版，第7—8页。

较阅读，领会情感和风格。就兼顾了背诵、把玩与熏陶的要求。

三、现代实用文文本研习课

实用文的主要特点是逻辑性。实用类文本包括论述类文本、新闻传记类文本、说明演讲类文本等。本类文本研习的目的是培养获取信息、概括提炼、训练逻辑思维、恰当表述观点、科学说明事理的能力。

1. 论述类文本研习重点在一个关系四个要点

"把握观点与材料之间的联系，着重关注思想的深刻性、观点的科学性、逻辑的严密性、语言的准确性。"[1]观点与材料的证明与被证明、支持与被支持的关系在文本中是怎样具体体现的，观点的提出方式以及它的针对性，按照历史的观点分析和判别观点的深刻性与科学性，分析行文论述过程的抽象性和严密性，分析使用的论证方法，文章结构，分析论证语言的准确性，这些内容都需要在研习过程中具体精细地分析。在研习过程中，需要论述类文章基本知识做基础，教师的作用是为学生做好知识准备向导。

2. 新闻传记类文本研习的重点是把握四性

信息性：通过概括、分析，研习新闻的信息，学会条分缕析，学会分清主次轻重。客观性：新闻传记要求具有客观性，只有客观真实，才有感染力，才有教育性，但是不是客观，还需要我们去辨析。从何得知文本知否客观，是需要我们掌握一定的标准、方法的。倾向性：文章传递信息力求客观公正，但是，不同时代不同作者必然会站在一定的角度来转述新闻、描述人物，也必然会打上思想倾向的烙印。学会揣摩思想倾向，是研习新闻传记的基本功之一。取舍性：新闻传记根据作者的具体选择，在使用材料时常常是有所取舍的，这样的取舍是否合适，有什

---

[1] 中华人民共和国教育部. 普通高中语文课程标准 [M]. 北京：人民教育出版社，2003年版，第16页。

么作用，也是需要分析把握的。

3. 说明演讲类文本的研习五重点

研习说明文要重点把握说明的对象特点、说明的顺序、说明的方法、说明的语言、演讲的鼓动性、情感性、逻辑性等。说明文本，不论是说明事理，还是说明事物，都是以读者明确被说明对象为宗旨的，演讲实际上是一种特殊的说明文，是要说明事情的意义、做事情的方法等，恰当的顺序、有效的方法、准确生动的语言是影响文章质量的重要因素，研习时需要重点关注。演讲虽然也要客观，但是要说服人，不能不投入自己的情感；借以感染听众，不能不具有鼓舞力量；借以使听众也能热血沸腾，不能不有严密的逻辑力量，借以使听众感到合情合理又可信可行。

张悦老师设计《谈中国诗》的教学①，把文本定位在文艺学论文上。第一步，以读为主，先进行整体阅读，梳理脉络，把握要旨，要学生用独立阅读、圈点勾画、概括大意的传统学法学习；再扫读文本、圈点勾画、筛选体现演讲特征的提示语句，再选读直接阐述中国诗特征的段落，提炼中国诗的特征。第二步，小组合作，精读文本，涵泳语言，理解内涵，重点探究了两个问题。这个设计体现了论文类文本研习的特点要求。

四、现代文学文本研习课

文学类文本的主要特点是形象性。现代文学类文本主要包括诗歌、小说、散文、戏剧。研习这类文本的主要手段是鉴赏，强调的是感受、品味、领悟、体验、思考。高中语文课程标准的一段解说集中体现了这类文本研习的特点："阅读文学作品的过程，是发现和建构作品意义的

---

①张悦.《谈中国诗》备教策略［J］.语文教学通讯.2007年版，第7—8页。

过程。作品的文学价值，是由读者在阅读过程中得以实现的。文学作品的阅读鉴赏，往往带有更多的主观性和个人色彩。应引导学生设身处地去感受体验，重视对作品中形象和情感的整体感知与把握，注意作品内涵的多义性与模糊性，鼓励学生积极地、富有创意地构建文本意义。"[1]要努力探索作品中蕴涵的民族心理和时代精神，了解人类丰富的社会生活和情感世界。

1. 诗歌研习要重视诗歌"三性"

即诗歌意象的营建想象性，诗歌意境的多义性，诗歌语言的跳跃性，诗歌风格的独特性。诗歌意象的营建与散文文本有其不同之处，它常用象征、比喻、描述、通感等手法形成颇具韵味的意向。诗歌营造意境常用借景抒情、托物言志、对比烘托、化用典故、联想想象、比兴象征等艺术表现手法。诗歌语言不像散文那样连贯，它往往是借助意合，常常留有许多空白。研习诗歌需要按照诗歌创作技法，借助联想想象，补充空白，生发新象，缀联诗句，贯通诗意。成熟的诗人因其性格特点、人生路径、美学倾向以及诗歌本身反映的内容不同，总要表现出片段风格，如雄浑、豪放、沉郁、悲慨、清新、旷达等等，研习时需要通过比较来认识和辨别。

2. 散文研习要重视"三种关系"

散文研习要重点研究形神关系、情景关系、言意关系。形神关系指文章的选材、结构与文章的主旨意图、中心思想的关系。所谓形散神聚，其形其神都是需要具体弄清楚的。所谓情景关系，是指写景、抒情散文而言的。一般讲，情为主帅，景为情生，具体体现在文本中是怎么回事，需要具体文本具体分析。所谓言意关系，指用怎样的语言表达怎

---

[1]中华人民共和国教育部，普通高中语文课程标准［M］.北京：人民教育出版社，2003年版，第16页。

样的情意，言是手段，意是目的。言要生动形象、准确入微，意要含蓄深刻、启人深思，具体体现在何处。这些都需要具体分析，落在文字的实处。

3. 小说文本研习要抓住三个重点

小说研习要突出人物形象、情节结构、语言风味等几个方面探究。人物形象的塑造，要研究他的特点，他的特点的显示方法，如言行表现、环境烘托，正面描写，侧面烘托，情节要探究真实与虚构、曲折与冲突，语言要鉴赏朴实与华美、诗意与崎岖等等。这些艺术手段都是为表现主题服务的。那么主题究竟是什么？自然也是研习的对象。

4. 戏剧文本的研习重点是三大方面

戏剧研习的重点是戏剧情节与戏剧冲突，人物性格与角色演变，人物语言与道白台词。戏剧情节是人物成长的历史，戏剧冲突是凸显任务的主要手段，人物性格具有丰富性、复杂性、发展性，人物角色是与环境变化密切相关的，人物语言具有个性特色，道白台词对戏剧情节发展有重要意义，潜台词是欣赏戏剧的一个要点。这些都是戏剧文本研习的独特之处。

总之，这里说各类文本的研习特点，只是为了研究的方便，对文本做一个大概的划分。各类文本本身是很难有个截然划分的界限的，而各类文本的研习课特点也不是绝对的水火不能相容的。作为一种所谓"特点"被提出来，无非是强调在教学此类文本的时候应该适当突出、特别注意而已。

第四节　文本研习课的实施

一、文本研习课的运行原则

1. 预设性与生成性相结合的原则

在课前，教师要对文本进行现行研习，从文本中挖掘适合本年级本班级学生的研习突破点、研习内容、适宜采用的研习方法等，对课堂教学进行假设、设计、安排，规划，也就是备课的一项重要活动。文本研习课是一种有目的、有意识的教育活动。预设是课堂教学的基本特性，是保证教学质量的基本要求。文本研习课的预设性表现在五个方面：

（1）对文本研习目的的预设

教学是有计划按顺序进行的系统地教育活动，不是脚踩西瓜皮溜到哪里算哪里的"自由运动"。教师必须在把握课程表现标准和培养目标的前提下，先行研习文本，对教学目的、任务和过程有一个清晰、理性的认识和构思。这样才能保证一节一节研习课的实际效益，节节研习课前后呼应，整体互补。

（2）对课堂活动的大体预设

学生在课堂上应该怎么活动，有许多方案可供选择，本节课究竟适宜于用什么形式，也应事先有个大体设计。这样才能有计划地开展教学活动，不至于课堂上形式单一或学生无法很快进入状态。

（3）对学生研习中可能遇到的困难应事先预计

学生面对这个文本，可能会有哪些问题，会走哪些错路，还会遇到哪些难题，教师应尽可能多地估计到，并有相应的解决方案，以便在各种情况出现时，教师能有游刃有余地发挥引导作用。

（4）对学生研习结果的预设

学生研习这个文本应该达到什么目的，可能达到什么目的，教师应事先要进行估计，这样在课堂上如果学生不能达到或者超越这个目的，教师便于全盘地考虑、修改和实施教学计划，增强教学活动的效率性。

（5）对研习教学的整体预设

一个学段、一个学年，甚至整个基础教育阶段的文本研习计划，教师心中有数，以便有条不紊地进行或者随时科学地调整，保证教学活动的科学性、高效性。为什么不少人对语文课总是给予多上一节少上一节没关系的评价？除了语文学科的熏染累积性特点外，也与整体教学没有计划性有关。初中选学这篇课文，高中也选学这篇课文（或者类似的课文），大学还选这篇本文章，究竟研习的侧重点或深度有什么不同，实际上有些人是不很清楚的。凡事预则立，不预则废。教学的预设性是不能被忽视的。

有人说，生成性是新课程课堂教学的亮点，它解放了教师、解放了学生、解放了教材，照亮了课堂，使课堂教学焕发出了生命活力。其实，自古以来，我们的教学传统就重视生成性。孔子教学就是适时引导学生"各言其志"，并且他对各个学生言志的回应也各不一样。对同一个问题，他自己的解说也是生成性的，如同是解说"仁"，他就有多种解说，也都言之成理。学生研习文本应该有多姿多彩的情况出现，这是学生进行研习境界应有的良好境界。

为什么强调研习课堂应该有生成性？

首先，研习课堂的生成是学生主体精神发挥的必然结果。

学生主动研究的活动是包含着学生个性特征的，他们各自的生理心理成熟度、生活经历、审美修养、文化底蕴等等都会影响到他们对文本的认识与解读，而这些独具个性的解读有时是很难预设的，而这种解读往往又具有独特的新见，是创新性的表现。学生主动性越强，其研习的生成性越明显，其研习的成效性也可能越大。

其次，文本的复杂性决定了研习课堂的生成性。

文本作为客观存在，可资研习的角度、可能探掘的深度，都有很大的空间，仁者见仁，智者见智，是研习文本过程中的必然存在，自古至今，莫不如此。文学创作有个"形象大于思维"的说法，就是说作者写作时未必想到这一层意思，但读者未必不能想到这层意思，所以，一部《红楼梦》能吸引那么多的人去细细钻研，且多有成果。文本解读没有唯一的答案，所以要提成课堂教学的生成性。

再次，教学的本质就决定研习课堂的生成性。

教学的本质是学生的发展。学生的发展固然需要接受，但更主要的是要他们自己内在素质的变化提升。这个变化提升主要靠自己的内在的"行动"，而不是外在的"注入"。同时，教学应该是教与学交往、互动的过程，师生、生生相互交流、相互沟通、相互启发、相互补充，在这个过程中师生分享彼此的思考、经验和知识，交流彼此的情感、体验与观念，丰富教学内容，求得新的发现，教学是一个发展的、增值的、生成的过程。

处理预设性与生成性的关系很重要。既要尊重学生的学习权利和创造性，让学生作为平等的一员参与课堂教学并受到平等对待的自由和权利，让学生独立思考、个性化理解、自由表达，启发学生质问、怀疑、批判教师观点或教材观点及其他权威的意见，也要发挥教师的主动性，不断增强预见性，增强预设性，对学生不完善性乃至片面性的理解给予实事求是的解说、辨析等帮助。其实，预设性越强，越是胸有成竹，越敢于放开课堂，收缩有度，发挥生成性。在比较不同教师的课堂教学的时候，我们就发现，越是学问深厚、经验丰富的教师的课堂生成性越是效果明显，而一般教师，要么害怕学生"出轨"让自己下不来台，就死死按照预设的方案教学，不敢略有变通。如课堂上经常听到教师说，由于时间关系，这个问题我们就不再讨论了（教学不是为了在单位时间里完成"任务"，而是为了学生发展）。要么教师胸无目标，学生自由阅读，无边无际，脱离文本，乱说一气，教师一概评价曰"好""很有创见""太棒了"，有的就干脆不见了教师，任由学生开"自由市场"。预设性与生成性的完美结合，才是教师应该追求的教学境界。

2. 接受性与探究性相结合的原则。

学生增长知识形成能力的过程，是一个复杂的过程，必然离不开接受，也离不开自己去探究。无论是接受，还是探究，都是以主体性、主动性为前提的。我们长期以来习惯于非此即彼的线性思维，缺乏立体思维意识，总是习惯于肯定一方面就否定另一方面。文本研习课应该强调探究性，也应该顾及接受性。

所谓探究，就是探索未知、穷根究底的活动。面对文本，有些是明显地显示的，一看就明白，用不着探究，而有更多的内容是不能一眼就看到底的，就需要探究。有的文本需要探究的因素少，有的需要探究的因素多。如一个请假条之类的应用文本，探究意义少，而接受意义多，只需要接受了，模仿练习，掌握了就可以了，还能把它探究出什么花样？而文学文本则往往具有多义性、模糊性、深刻性，一味地接受效果就未必好，而应该有更多的探究过程。诸如文本的比喻义、引申义、反义、隐含义，以及由此引发读者的思考空间、启发读者延伸思考等等。文本研习课需要培养学生的探究意识和探究能力。研习研习，就是要从未知到已知，从知之甚少到知之甚多，从知之肤浅到知之深刻。这期间，必然地要利用旧知探究新知，从已知推究未知。探究性是顺理成章的。没有探究，哪来的新知？没有探究，哪来的深刻？没有探究，哪来的新见？没有探究，就没有创新；没有探究，就没有发展；没有探究，就没有研习课开设的目标达成。

所谓接受，一是指学生从教师的传授中接受知识，一是指学生从文本中直接接受知识。在文本研习课中，这两种接受都是需要的。人类学习知识，甚至发明创造，不可能完全只凭自己的理解去独自探索，接受前人的、别人的成果，接受别人的启发是很有必要的，甚至是不可缺少的基础。学生在研习文本过程中，对于一些知识，由于知识视野、人生经验等等的限制，要跨过某一个难关，势必需要教师做适当的讲解，学生是必须要接受教师的讲解，也需要接受别的书上的讲解。所以文本研习课，并不排斥教师的讲授，学生也不排斥接受老师的意见。只是处理要适当，当讲授时不妨讲透，当探究式不妨深入，更多的时候还需要接受与探究结合。

3. 显效性与隐效性相结合的原则

文本研习的知识性等因素，往往是显现性的，而其他因素则往往是隐形的。研习的成果，也随着评价标准、评价方式的不同而或隐或显。现在人们评价往往只是从高考这一个角度这一套方案来评价，分数考得高就是效果好，分数考得低就是效果差。而整个学段的评价也都是模仿高考，用期中期末考试来衡量。于是，教学往往就演变成了"做题"教学，文本研习课也都变成试题形式来进行。这是忘记了语文教学的显性成果与隐性成果的区别。这样只追求成果的显性显现，不注意隐形成果，其结果是显性成果也未必能够很好的显示，更大的危害是影响人的正常发展，退化人的必要素养。

文本研习课既要重视显效性，也要重视隐效性。显效性要抓必要知识的掌握，重要方法的运用，包括必要的常识积累，研习文本的技巧，试题提问的方式，解答问题的思路，组织答案的方法等等。而这些知识要突出应用性。隐效性要抓文化因素的潜移默化，思想方法的历练熏陶，知识思想的累积沉淀，人文素养的升华飞跃等。在设计和进行文本研习时，要从人的全面发展、有效发展、科学发展的角度综合考虑，要讲效率但不可急功近利，要看当下更要看长远，要有考试成绩更要有素养发展。

所以，文本研习课，还要注意三个方面：

（1）研习要讲"三化"

问题明确化，方法具体化，过程细致化。教学中要探讨总结提出研习问题的具体思路，如"研习《今生今世的证据》"，这就不够具体，而"《今生今世的证据》的'证据'的物象意义"就比较具体，研习起来就方便多了。研习是一个大的方法，具体研习一个问题要用到哪些，需要具体，有操作性，如概念限定法、条分缕析法、深层追求法等等。探究过程关键是要养成学生一种科学的思考习惯，不要总是"我认为这应该是如何如何"，而要根据原文分析、理论追索、旁征博引等推究出"由此可见如何如何"。

（2）研习要讲"三重"

活动重实效，积累重清晰，应用重创新。研习活动不必过分追求表面的"热热闹闹"，要追求内思维活动"紧张有序"。讨论中，要培养学生注意倾听的习惯和品质、随手记下要点的习惯，锻炼准确把握别人讲话要点和听出其漏洞的能力，有针对性地发言的能力。对于该积累的东西，要听准确、想明白、记清晰。运用知识和技巧解决问题，要能够举一反三，化原则为方法，化思想为操作。这是一个很重要但是也很难得的一个教学策略。

（3）研习要讲"三思"

求索要发散，结论要聚合，创思要拓展。探究问题，尽量扩大思路，从多个角度寻求解决问题的方法。文本研习往往是思路一变，角度一变，探究的路径一变，探究出的结果就大不一样。这样的探究，答案可能并不唯一，但是能使我们的思路开阔，使我们对文本的理解更周密，更准确。探讨的问题有许多思路，有时要做定向思考，特别是在考查思维的灵敏度时，往往会限定方向回答问题，这时就要有思维的聚合性，有多种意见，但是要经过分析，进行归纳。对有些问题，还应该有自己的独特见解，在原有思路上进行拓展。

上述这些内容，都顾及到了显效性和隐效性。如此辩证地全面地进行研习活动，可能会收到比较理想的效果。

二、文本研习课的基本方法

教学有法，教无定法。文本研习课可以根据教师和学生的实际，灵活运用各种方法，但是从众多的课堂教学中，我们也发现有一些基本方法。前面我们已经讲过，教师与学生都是研习的主体，但是在不同情况下，研习课的结构形式中，两个主体的行为体现是有所差别的，学生和教师各自活动的隐形或显性程度显示也是片段。据此，我们大概地把研习课分成教师诱导法和学生读悟法两种。

1. 教师诱导法

教师诱导课法更多地体现为预设性教学。教师在提前研习文本后，根据教学目标和学生实际选择出适当的方法组织教学。根据课堂上所采用的教学方法的主要特色来划分，主要有这样几种形式：

（1）情境诱导式

教师先预设一种情境，一进入课堂研习，大家便自觉不自觉地沉入一种情境之中。在这种情景下，师生都被感染着，潜移默化地影响着研习的导向。例如笔者的《我有一个梦想》导创教学设计。首先一个环节就是"情景预设"，然后依次设计了五个步骤："听读感知"（听教师范读，初步感受这篇演讲的魅力所在）、"自读感知"（围绕"本文的魅力何在"这个问题，再次细读课文，同学间互相交流初步感受）、"品读质疑"（全班分四个小组，采取各领任务，分头品读，相互交流，启发合成的办法来品读。领悟思想，感受精神；理清构思，梳理线索；诵读文本，体验情感；品赏语言，把握特色。）"深层追索""梳理积累"。一种情境的预设，暗中做了研习的定向。这种形式对于缺少一定文化积淀的学生来说是适用的。

（2）主题探究式

这里所说的主题是指这节课的主题，而不是文本的主题。就是一节研习课围绕一个主题来进行，避免散乱无章，盲无目的。例如邹方针老师的《琵琶行》音乐描写教学案例①，先以提问导入，问："《琵琶行》一诗共写了琵琶女几次弹奏？哪一次给你的印象最深刻？"再根据主问题研习课文中"诗人是怎样用文字把音乐描绘出来的？"（期间用到了朗读、找描写文字、分析、体会等环节）然后总结，再背诵（加深感悟），拓展阅读（读韩愈的《听颖师弹琴》和叶君健的《看戏》片段，交流写音乐的方法），最后体验，自己描绘一段音乐。这个课题是主题型的，以文本研习为主，也用到了活动体验。

（3）集中讲授式

就文本研习中的一个难点问题，教师有必要做一点集中讲授。例如黄玉峰老师在处理《世间最美的坟墓——记1928年的一次俄国旅行》文本研习课②时，因为对高考试题的先入之见有怀疑，所以处理时，用了较多的讲授，帮助学生研习文本，获得正确的认识。他的教学过程是这样的：首先介绍两个人物——托尔斯泰和茨威格，为此还诵读了很长

①唐建新.新课程课堂教学案例丛书高中语文［M］.成都：四川教育出版社·四川文艺出版社.2006年版，第30—31页。
②黄玉峰，上课的学问教学案例［M］.南京，江苏凤凰科学技术出版社，2016年版，第12—15页。

一段茨威格的剧本台词《逃向苍天》，然后继续导入。应该说这个导入是比较长的。接着让学生读课文，思考用两个字概括自己的感受（高考试题）。再读课文，学生说自己的感受。然后是大段的串讲。可以说，这节课是以教师讲授为主的。这也是文本研习课的必要形式。

这三种课的形式，只是就其表现形式的主要方面或者主要特征而言的，甚至只是就课的某一环节而言的，不是绝对概念。在一节课中，可以是纯然的一种形式，而更多的则是几种形式的综合运用。其实，我们在研究文学作品时，往往会说这个作品使用了某某、某某表现技巧，而有很多地方就很难说只是用了一种技巧，常常见到的情况是技巧的综合运用。现实中，我们评课也是如此，常常会说这节课用了什么什么教学方法，总是有好几种，很少见到只用了一种教学方法的。我们这里也只能为了研究问题，明白肌理，拿起解剖刀做残忍的切割。

2. 学生读悟法

学生读悟模式更多地体现为生成性教学。学生读书、感受，获得见解。主要的形式有如下几种：

（1）对话讨论式

这里的对话是狭义的对话，就是你说我说，大家交流，不是学术含义的"对话"。学生在读书中有所感悟，就说出来。说出来的意见，对别人有启发；听到别人的意见，对自己有启发。于是相互讨论，相互启发，相互提高。如我的《麦当劳里的中国文化表达》一文的教学，开始，让学生自读课文，自己写出最想研讨的问题。十分钟后，收起学生的问题单，把问题归结到三个方面，即文章写了什么、文章是如何写的、文章这样写使你得到什么启发。学生边读边思边讨论二十多分钟，问，还有谁的问题没有得到解决，学生说都解决了。我说，你们没有问题了，我可有问题了，题目出现了两个概念，"麦当劳"仅仅是指饮食店吗？它在本文中还暗含着什么含义？"中国文化"在"麦当劳"中是怎样体现的？这两个概念间是什么关系？能不能从分析这个题目入手把文章的思路梳理清楚？学生又进入研习讨论状态，快下课时，我和学生一起很快列出了文章思路图。课后，同时听课的几位老师都认为这节课简直可以用行云流水来评价，学生学得也极为活跃。课堂中尽管也有教师诱导，也有问题探讨，但主要是师生间、学生间对话。

（2）专题研讨式

这种形式与前面讲的"主题探究式"很近似，从围绕一个或几个专题（主题）来说是一致的，也就是从内容上讲是一致的；只是"主题探究式"是教师引导为主，而"专题研讨式"以学生讨论为主，是教学形式的不同。也可以说这两者其实就是一种形式在以教师引导为主还是以学生读悟为主的选择中的不同呈现。专题研讨可以用在一篇课文的一个问题上，类似于"问题探讨"课。如《失街亭》的"得失"研究，教师先引导学生找研究问题的角度，宏观的、微观的等等。然后学生自己阅读，小组讨论，整理提纲，全班交流。教师只在学生交流中，参加到某一组里去倾听，也发表意见，是平等参与讨论，也适时地给予一点启发。然后，要学生写一点研习体会，实际上是借体会做小结。

（3）撰写文稿式

这可以是独立的一种课型，也可以是其他课型的延伸。在获得一定的鉴赏知识之后，学生就某一文本，自行选定一定的角度进行研习，用文稿的形式发表自己的研究心得，在班级里或学校里采取各种形式交流，如印行专辑、办专栏壁报、网上传播等，有的好稿件还可以投送报刊发表。这类似于研究性学习。有人利用湖北《语文教学与研究》的"标新立异读课文"专栏，组织学生选题研究，撰稿投稿，对学生的研习能力提高帮助很大。

学生对话，不一定要专题，而专题研讨，又不一定要对话，对话完了，专题研讨结束了，学生也可以就此告一段落，也可以继续延伸，撰写文稿。怎么使用，完全是可以灵活截取的，可以综合，可以渗透，可以组合。

我们把文本研习课大概地分为所谓"教师诱导课型""学生读悟课型"，只是从整体特点上加以区分研究。实际上一节课，很难说是教师诱导课型就不需要学生悟读，是学生悟读课型就绝对没有教师的诱导。预设和生成本身就是任何一节课都不能离开的，只不过是在一节课中或某个环节中可以表现出轻重主次而已。就如同我们研究宋代的词人，很难说豪放派就没有一点婉约，是婉约派就没有一点豪放。其实，所谓"文本研习课""问题探讨课""活动体验课"的提出，本身也不是截然的划分，不是"文本研习"就没有"问题探讨"和"活动体验"，是"问题探讨"就不允许"文本研习"和"活动体验"，这些划分本身就是就其主要特点而言的，并不是理想化的一刀两断式切分。我们分出基本课型，其意义不是要给每节课贴标签，也不是为了指导教师一定要按照某种课型来教学，而是通过条分缕析，使研究者，也使读者明白这研习课还有如需的问题需要思考，需要明白，使我们的教学更具有理性指导下的比较清晰的思路，也引起同行的参与讨论和深入研究，在讨论与研究中，一步步使我们的教学从必然王国走向自由王国。

第五节　文本研习课的误区

一、视野逼仄

文本研习课必须突出"研习"二字。在研究过的案例中发现，有些课名为"文本研习"，实则是文本泛读课，或者叫作"文本诵读活动课"，课堂上少了"研"，"习"也不多。之所以形成这样的情况，是因为教者阅读视野比较狭窄，研习功夫不够，对文本缺乏深入的研读，找不出研习的问题，抓不住研习的重点，也找不到研习的切入点，因而课堂上，只能是泛泛而读，泛泛而讲，对文章的研读深不下去，对课文也只能是"雨过地皮湿"，有的连地皮也没湿。这可能就是"语文课上不上都一样"或者"语文课多上一节少上一节没关系"论形成的原因之一。

文本研习，需要用到文本解读知识，需要较强的文本解读能力。就如同学习任何技术一样，文本解读也是有规律的，也是需要知识的，也是需要方法的。其他方面的能力很强，但缺乏阅读的基本理论素养。读书，解读文本，进步指导学生解读文本，就很可能是"外行"，就很可能"不得要领"。甚至有些作家也不一定明白这个道理，总是拿自己的文章别人设计出题目自己也做不好来说事。如果他理解了阅读也是有规律的，也是一种"专业"，就不太会武断地指责"命题有问题"了。俗话说"衣服可以乱穿，话不可以乱说"，否则，就会留下把柄被人讥笑。有些学校喜欢请作家、专家给师生讲学，这是非常好的事情。但是也要注意，各自所站的角度不同，说出的话也许不够一样。有很多作家、专家是很注意这一点的，值得佩服，他们懂得"专业"的特殊性。语文教师要称得起"专业工作者"的名号，必须要促进自己解读文本的能力加强，还要使自己引导学生解读的能力进一步加强。

文本解读，有时需要比较。要比较，就必须有较宽的知识面，相类的文章要读得多，异类的文章也要读得多，这样才能做相似比较，做对比分析，发现规律。要深入解读文本，有时还需要相距较近甚至较远的理论文本知识。语文教师如果缺乏这样的阅读积累，很难在文本研习中深入下去，拓展开来，有效地培养学生的思维能力。如研习鲁迅的《祝福》，如果我们仅仅读读教材，甚至连教参都没读通，只用别人的教案来教学，很可能出现解读错误的现象。鲁迅为什么在这里"批判封建礼教"？他批判的是什么"封建礼教"？"吃人"的是什么样的"礼教"？是不是真正意义上的"礼教"？现在应该怎么对待"礼教"？等等问题，需要有宽阔的知识背景。

二、聚焦不够

这个问题有两个方面，一个方面是文本需要研究的内容很多，一节课，或者在片段学段、年级，或者片段文化背景的学生需要研习的内容有所不同，需要取舍。而有些课堂则不分青红皂白，一股脑拿来，面面俱到，面面不精，蜻蜓点水，无法深入。另一方面是一节课的设计不够精细，学生要研习的重点不明，线索不清，逻辑凌乱。表现在教学设计上，就是提出了许多教学目标，散点状，无逻辑，缺顺序，美其名曰"板块教学"。真正的板块教学，并非是无序的，而是更强调内在的逻辑联系。板块与板块之间，要么具有并列关系，要么具有递进关系，要么具有因果关系，等等。一节课里，几个板块，不应该是毫无联系的"拼盘"。一般而言，一节课，最好集中研习一个问题，为了研习好这一个问题，可以划分出几个研习的步骤，或由浅入深，由表及里，或由因溯果，或由果追因，以求"一课一得"的效果，以达一节课有一节课之用的效果。

有的教师设计研习课，不善于设计主线，以至于显得课堂散乱，缺乏聚焦。如有的老师教学《老王》，不善于把研习的中心要么放在老王形象及其价值意义上，要么放在研习作者所表达的思考真义上。如果把研习的中心确定在一个问题上，那么，就可以围绕中心，可根据需要，把其他材料贯穿在主要研习问题的线索上。

三、脱离文本

文本研习文本研习，整个教学活动务必紧扣文本。在研习文本的过程会需要旁征博引，但这些引证材料，都必须是为研习文本服务的，都是以研习文本为中心、为目的的。有些课堂，名为"文本研习"，结果，一节课下来，基本没有接触文本。大部分时间在借助文本搞拓展，或者以研习文本为点，基本延伸出去读别的文本去了。有一节《荷花淀》教学，老师名为研习"荷花淀"，课堂上基本没有设计"荷花淀"，导言过后，就引导学生"研习"水生嫂雨水生的对话，结果又没有深入研习这段对话的形式、内容及其所蕴含的文化意义，而是点到这个细节后，便任由学生讨论"妇女的社会地位"问题。这样的研习与文本的意义背道而驰。有一节研习《烟花三月下扬州》的课，一节课根本没有接触过这篇文章，倒是拟定了五六个很漂亮的小标题，引出了与"扬州"有关的古今诗文，可惜的是，都只是点出题目而已，全都是教师"牵着"学生探讨"扬州的文化意义"。这样的课，如果叫作阅读拓展课，也许勉强，但叫作文文本研习课，确实是牵强附会。

文本研习课，必须针对文本，研习文本，可以有参考资料帮助研习文本，但不可脱离文本信马由缰。

第六节 文本研习课教学实践

一、《我有一个梦想》导学设计①

【设计理念】

阅读教学还是要有点系统论思想的，作为一篇教材，在整体语文素养的培养过程中究竟要发挥什么作用，是需要通盘考虑的。同时，确定一篇课文的教学思路，要有整体思想，找到适当的切入口，走进课文，科学设计"行走"路线，以一个问题领起，牵一发而动全身，使课堂教学具有整体感，也追求像写文章一样的行云流水感。学习中要切入课文具体段落具体语句，但是这些要串在设计主线上，不要支离破碎。

课文是例子，通过例子学习，要引导学生学习总结出一些学习方法，教学设计要突出具体方法指导。

学生是学习的主体，教师也不能不承担"教""导"的责任。教师不能代替学生思考，但是要有适当地预设、适当地导引、适当地帮扶，适当地提升。所以，我们的设计从学生学的角度立意，不忘教师的主导作用。

---

①纪勇，《我有一个梦想》教学设计［J］.中学语文教学参考，2007年09期，第31—32页。

【学习目标】

1. 知识与能力

（1）理解本文使用的比喻、排比等修辞方法，并由此出发总结出本文的语言特色。

（2）由本文总结几条演讲词写作的技法。

2. 过程与方法

（1）体悟出诵读在欣赏口语类作品中的独特意义。

（2）概括出本文之所以能赢得盛誉的思维方法。

3. 情感态度与价值观

感受作者争取种族平等的热切情怀和伟大的献身精神。

【学习准备】

1. 细读文本，走进文本，与文本对话，力争细致品味出文本蕴涵的多层次的信息。

2. 上网或阅读相关图书，了解美国黑人民权运动，了解这个运动的领袖人物马丁·路德·金，了解其在历史发展中的作用，与作者对话，体会作者彼时彼地的思想情感，想象演讲情景。①

【学习程序】

1. 情景预设

1955年12月1日，在美国搭城市的一辆公共汽车上发生了一件很不一般的事情。一名叫罗莎·帕克斯的黑人妇女坐在第十一排。当时汽车很拥挤，几个白人上车后，其中有一名白人告诉司机说他需要一个座位。司机于是要求帕克斯等四名黑人乘客让出座位。其他黑人不情愿地站了起来，但是累了一天的帕克斯拒绝让位。司机说，你不让座位，就

---

① 参考网页：http://baike.baidu.com/view/81787.htm http://www.360doc.com.cn/showweb/0/0/281397.aspx

叫人逮捕你。帕克斯说，那就逮捕我好了。司机果真把警察叫来了，警察问帕克斯为什么不让座位。帕克斯说："我不认为我应当站起来，你们为什么欺辱我们？"警察说："我不知道，但是法律就是法律，你被捕了。"罗莎·帕克斯的被捕促成一场大规模的黑人人权运动。帕克斯的教区牧师就是著名的美国民权领袖马丁·路德·金博士。帕克斯的非暴力不合作原则，得到金牧师的立即响应，他率领黑人民众展开了三百八十一天的抵制该市公车的行动，并引发了轰轰烈烈的民权运动。1956年11月13日，美国最高法院裁决种族隔离违宪，美国的种族歧视制度被正式废除。但是，种族歧视和种族压迫现象仍然十分严重。1963年8月25日，华盛顿特区组织了一次二十五万人的集会，要求种族平等。马丁·路德·金站在林肯纪念堂与华盛顿纪念碑之间的一个地方，向成千上万的黑人发表了一个著名的演讲，这篇文采飞扬的演讲通过电视、广播，震动了数以百万计的美国人，也震撼了世界。这就是《我有一个梦想》这篇享誉中外、影响深远、文采斐然的演讲词。它何以有这样强大的震撼力呢？我们一起来探究这里的奥秘。

2.听读感知

听录音或者教师范读，初步感受这篇演讲的魅力所在。

3.自读感知

围绕"本文的魅力何在"这个问题，再次细读课文，同学间互相交流初步感受。

点拨：理解文章，探讨问题，必须先找到入门的路径。要找到路径，先要明白寻找的方向或者思考指向。这里，分角度、分层次是很重要的很适用的思想方法。一个文本之所以具有魅力，一般而言，可以从思想深度、情感张力、构思技巧、语言特色等方面来考虑。

4.品读质疑

（1）品读策略：全班分四个小组，采取各领任务、分头品读、相互交流、启发合成的办法来品读。

a. 领悟思想，感受精神

点拨：领悟思想，要追求整体感悟，要学会提取主干句、关键句，学会从理解思路中归纳要点，从逻辑的角度提取信息，对信息进行分层面的归纳。例如：本文第三段至第七段揭露美国的现实，从物质和精神两个方面展示黑人的痛苦的生活处境，指出美国处在危险之中；第八段至十七段赞颂黑人群众的高昂的战斗精神和争取民权的决心；第十八段至三十四段满怀憧憬地表达了要求人人平等、渴望民权自由的强烈愿望。在这之中，演讲者既突出了斗争的必要性、抗争的鼓动性，更突出了斗争的原则和策略，让人听了既激动又明确方向，自然具有吸引人的强大魅力。在提出策略和原则时，逻辑性很强。文章第八段至九段提出斗争原则和对白人的态度：不使用暴力；对白人不应该全不信任。第十段到第十五段指出斗争的目标：黑人获得自由，争得正义的权利。第16段至第17段指出坚定的信念。这里，马丁·路德·金从五个维度提出斗争策略：原则——不使用暴力，因为暴力易造成更大的情感伤害；态度——团结大多数白人，由此能获得更多的认同和支持；目标——黑人必须获得自由，达到的目的绝不含糊；信念——长期斗争才能成功，胜利总会实现；激情——蕴含着理性的导向，因为斗争仅仅有激情没有理智往往失败。这样清晰的思路，丰富的角度，严密的逻辑，怎能不振奋人心！从整体上看，演讲的核心或灵魂是为了追求理想，可以付出千百次的努力，信念不移，决心不改，执着顽强。

b. 理清构思，梳理线索

点拨：文章思路的梳理是提升理解能力的重要环节。理清了思路，就目有全牛，就能准确把握文章要旨，对细部问题的理解就有了基本方向。理清思路要做好三个基本工作：通读全文，弄清怎样起、怎样转、怎样析、怎样结；归纳整合，"近亲合并"，层次排列；仔细思索，寻找联系，理解目的。如演讲首先阐明"签署解放黑奴宣言"的巨大意义，指出黑奴争取民权自由运动的强有力的法律基础，将美国政府置于一个极为不利的境地，为以后的斗争扫清舆论上的障碍。然后，话题陡转，向听众揭露一百年后美国让人失望的现实，黑人的悲惨处境与宣言的光辉形成巨大的反差，对比之下，产生非常强烈的讽刺效果，增强了鼓动力和感染力，更主要的是说明了此次游行的合理性以及要求和要求的正当性，为号召起来抗争做了自然铺垫。于是演讲就自然转到陈述为实现其要求所使用的斗争策略。这不仅是自己的主张，更是表明斗争目的的纯正性与合理性，使政府无任何由头来拒绝或镇压。顺着这个思路，再充满激情地表达作者心中执着追求的理想以及为了实现理想所具有的决心与信念，既让政府感到一种不可抗拒的力量，更鼓励了广大群众。文章紧紧围绕着争取黑人民权这一中心，线索清晰，丝丝入扣，整体性强，周密老到，无懈可击。

c.诵读文本，体验情感

点拨：演讲要以理服人，也要以情感人。本文可谓是情理俱佳的典范。对理往往要默读以细细分析，而对情则往往要声情并茂地诵读，以体验感悟。在诵读中，我们会发现，本演讲词充沛的情感贯穿全篇，无论是对让人激动的历史的赞颂，还是对让人失望的现实的揭露，还是对政府兑现诺言的紧迫性陈述，还是对自己梦想的喷发以及对灿烂前景的描绘，无不寄托了演讲者悲愤与热切的情感。这种情感很容易与听众与读者形成情感的共鸣，使听众或读者的情绪在倾听或诵读中受到感染并得以升华。

d.品赏语言，把握特色

点拨：对品味语言，需要有一定的知识积累，比如修辞知识、音韵知识、风格知识等，要能找到思考评价的角度；还要借助默读、诵读，或仔细比较，反复咀嚼，或设身处地，体会颖悟。通过诵读、品味，我们会发现本文文字生动流畅，语调热情，具有极强的鼓动性和感染力。尤其是各种修辞手法的灵活运用，达到了引人共鸣的目的。新颖的比喻，如把美国应该履行的义务比喻成"空头支票"，支票上盖着"资金不足"的戳子后被退了回来，形象地揭露了政府的虚伪与可鄙。多次用排比句、排比段，如第二段的排比，多侧面、多角度地描绘黑人的悲惨境遇、低下地位、贫困生活，给人以极为深刻的印象。第五段的排比，把示威游行的目的神圣化，增加了正义的分量。二十七段连用五个"一起"，表达了黑人团结协作，将民权运动进行到底的决心和信念。通过排比，使这个信念更坚定、执着，更充满了义无反顾与视死如归的悲壮，更能唤起了所有读者与听众的共鸣。还有"我梦想有一天"五个连续的排比段落使得这篇演讲充满了真挚热烈的感情色彩，气韵流转，一气呵成，令人神往。它淋漓尽致地表达了黑人群众渴望自由平等的心声，也增强了人们为民权而斗争的力量。

巧用比喻排比，充满感人激情，音韵和谐流畅，情理相得益彰，是本文的语言特色。

（2）交流方法：各组推举中心发言人，向全班宣讲本组品读的收获，其他同学补充。中心宣讲人力求条理分明地解说，能够以某某同学发现了哪一点，某某同学提出了怎样的看法或怎样的疑问为材料（例子）说明。听了宣讲后，其他组同学可能被引发思考灵感，或补充，或提问，主讲组同学可以予以解说，或请老师谈看法。老师也可以引导学生把上述环节设计或在读解中生成许多细小问题，逐一讨论解决，逼近学习目标。

5.深层追索

（1）联系现在美国黑人的地位情况，思考《我有一个梦想》及其斗争的历史意义，这件事对我们有何启示意义。

点拨：有梦想，才有实现梦想的可能；实现梦想是需要不屈不挠的斗争的。权益是斗争得来的，长期的斗争才能赢得长期的权益。美国黑人坚持长期的斗争，获得了应有的地位，越来越多的美国黑人成了政坛领袖，大腕明星。虽然马丁·路德·金的梦想还没有完全实现，但美国黑人的地位已是今非昔比了。

（2）仔细阅读课文，提取演讲词中的"非暴力"主义思想内容，上网或读书查阅资料，找到诸如美国黑人领袖马尔克姆·X的暴力斗争主张、张承志通过对此人的评价表明的态度，毛泽东在对马丁·路德·金的唁电中体现的态度等，自己深入思考思考，谈谈自己的看法。

点拨： 从矛盾的双方以及社会背景情况的综合角度思考，能初步关注、明白演讲中的观点即可，不一定深究。

（3）本文虽然是不朽的名作，但是，也不是没有一点缺陷的。由于翻译的原因或者是即席演讲的原因，按照今天的语言表达水平看，它也有一些值得推敲的地方，不妨研究研究，看看能不能发现一二。

点拨： 主要可从语言表达规范的角度探究。

6.梳理积累

学生学会小结，重点从本文入手总结演讲词写作的特点，由此串起本文学习要点。

【教学评价】

写一篇课文赏读文章或者仿照本文自选主题写一篇演讲词。

【参考资料】

1.金乾波：激情燃烧的演讲——《我有一个梦想》的演说艺术鉴赏。《现代交际》2007年第2期。

2.任阳海：《我有一个梦想》的理性光芒。《中学语文教学参考》2006年第7期。

3. 毛恩波：聆听伟人之声，推敲激情之语。《中学语文教学》2006年第2期。

二、《我的呼吁》教学设计①

【设计理念】

文以载道，我们不妨把"道"的内涵理解得宽泛一些，即文章的内容，包括思想、情感、事件等等。阅读教学，首先要教学生读懂文章的内容，其次要教学生弄清楚作者是怎样表达这些内容的。读懂文章内容是有门道的，门道有多种，具体教学一篇课文根据什么选择怎样的门道，是教者教学智慧的体现。同样，研究作者表达内容的技巧也是有许多路可走的，具体在这篇课文中走怎样的路，也是教者教学思想的反映。《我的呼吁》是一篇思想性很强的演讲词，一般地理解其思想要点并不难，但是表达这个思想的语言方式和逻辑顺序却是需要深入探究的。文章的思想内容诸如"尊重生命"的伦理内涵，培养尊重生命的意识，理解起来难度并不大，学生读书中自然会得到感染、熏陶。教学构思当舍弃相同内容的大量"拓展"，而应紧扣文本做深入的内在思路和语言剖析。

【学习目标】

1.知识与能力

（1）根据自己的情况积累五到十个字、词的音形义。

（2）挑选三五处精彩语言，把握其准确、鲜明、严密、针对性强的特点。

2.过程与方法

领悟作者深刻的思想，梳理作者表达这种思想内容的思路和方法。

3.情感态度与价值观

感悟文中表现出的作者的思想感情，做出自己的评价。

----

① 纪勇，《我的呼吁》教学设计［J］.中学语文教学参考，2008年06期，第53—54页。

【学习准备】

1.学生们课前阅读课文，给有关字词做注音、解释。

2.查阅有关资料，了解史怀哲的经历及其思想。

3.每人找一两个问题，供课堂讨论。

【学习程序】

1.情景预设

鲁迅说："中国自古就有埋头苦干的人，有拼命硬干的人，有为民请命的人，有舍身求法的人。"其实，何止中国，在世界上也不乏为了世界的和谐发展而鼓与呼、而以身实践的人。在20世纪初，法国就有这样一位让人感动的人。大家一定明白我们所说的是阿尔贝特·史怀哲。现在大家交流一下各自所了解到的有关他的情况，重复的不说。

点拨： 阿尔贝特·史怀哲得过哲学、神学、医学三大领域的博士学位，还对音乐有极高的造诣，三十八岁，又正式取得医生执照，他毅然放弃"似锦的前程"，带着新婚的妻子，从法国赶到未开化的黑暗大陆——非洲，为黑人义诊。其目的是为了实现"三十岁之前为研究科学和艺术生活，三十岁之后献身服务人类"的宏愿。他以对人类苦难的无比同情及其热忱的献身精神，将生命中的半个世纪贡献给了赤道非洲，贡献给了那里的医疗事业，从1913年建立丛林诊所，直到与世长辞，他在非洲蛮荒丛林中度过了五十余年，非洲人称他为"非洲之父"。他一直被视作行动的人道主义的象征。他的"敬畏生命"的思想闻名于世。爱因斯坦说："像史怀哲这样理想地集善和对美的渴望于一身的人，我几乎还没有发现过。"1954年他获诺贝尔和平奖金，但他将资金用来修建了麻风村。在瑞典斯德哥尔摩授奖仪式上，他发表了著名演讲《我的呼吁》。

2.听读感知

听录音（最好是英文或法文录音）或者教师范读，再次感受这篇演讲的魅力所在。

3. 品读质疑

把同学们课前提出的问题进行梳理，归结到知识理解、方法探究、深层追索三个层面上，引导大家进行讨论。

题目是"我的呼吁"，他呼吁什么？为什么要呼吁？从呼吁中我们感受到他怎样的思想？从原文中找到关键信息，或摘录或概括，有针对性地获得知识性理解。

点拨：第一呼吁人类重视尊重生命的伦理；第二呼吁人们远离暴行，去恶从善；防治疫病，去帮助所有需要帮助的人。第三呼吁人类放弃原子武器，避免战争，和平共处。

之所以要发出这样的呼吁，是因为他深切地感受到人类正面临着暴行、疾病和战争的威胁。从这些呼吁中，我们会发现他的思想要素：针对全世界的人民，呼吁真理、友爱、善良等道德原则；针对施行暴力的人，呼吁他们去恶从善，帮助需要帮助的人，同时也针对全人类，呼吁更多的人从事平凡而伟大的献身事业；针对掌握国家命运的领袖们，不要再进行毫无意义的核竞赛，避免战争，运用和平的方式解决问题。反映了他的"平等、博爱、和平"的思想。

2. 作者是以怎样的思路来阐述他的思想的？这个思路有怎样的特点？其间有哪些语言值得品味？

点拨：在讨论交流之中，教师可以根据情况参与发表意见，做必要的引导。

文章一开始就开宗明义，直抒胸臆，呼吁全人类重视尊重生命的伦理，并阐述这种伦理的内涵和特点：生命具有同等价值，要尊重生命。（一段）接着阐述建立在这种伦理基础上的善恶观，提出敬畏生命伦理学的核心："善就是爱护并促进生命，把具有发展能力的生命提升到最有价值的地位。恶就是伤害并破坏生命，阻碍生命的发展"。（二段）于是顺理成章地呼吁从善去恶，爱护并促进生命，指出人类现行生存状态是"隐藏在欺瞒之后的暴行，正威胁着全世界"，而只有良善才是消除冲突和争端的最好的解决之道。（三段）接着指出人类还面临着疾病的威胁，呼吁人们去帮助所有需要帮助的人，强调人类应该互助。（四段）再从今天我们还深陷在战争的危机里的现实出发，呼吁放弃原子武器，希望互相信任，和平共处。（五段）由此出发，提出解决国家争端的办法是谈判取代战争，用和平的方法来解决问题。（六段）而决定是否采取和平方法的关键是国家领导人，于是接着呼吁"掌握国家命运的领袖们"，"能互相勉励，尽一切可能维持和平，使人道主义和尊重生命的理想，有充分的时间发展，并且发挥作用"。维持和平、尊重生命、实行人道。

由这样一个逐层内容的分析，我们发现作者的思路是：先提出主张，并揭示其实质，以新颖的见解揭开了被掩盖的事实和真理，以代表人民最大愿望的声音震撼大众，然后指出与此愿望相矛盾的三大社会问题（暴行、疾病、战争）摆在我们面前，我们必须解决这些问题，顺理成章地提出了解决的办法，也就是"呼吁"的内容。事实清楚，道理明白，层层推进，顺理成章，以严密的逻辑力量把自己的观点推到世人面前，是其思路的最大特点。

指导时可引用名家言论为规律总结，如杨丙乾说："发端之风格，以自然为贵，字句须短洁，词语须温和，不能如描述之华美，不能如推辩之流利，亦不能如结尾之热烈，优良之发端，具有'简单、平易、明确'三性质，使人愉悦与接受。"用这一段话来评价史怀哲的开篇很合适。开篇重要，承转也足显功力。本文作者接下来由首段伦理将意义逐次扩展，语意逐渐加强，以形成后浪赶前浪、一浪高一浪的论述高潮。最后以诚恳信任的态度，热情洋溢地提出今后努力的方向。这样的结尾方向明确，提法具体，态度坚定而谦逊，富有感召力。正如白居易所说："首句标其目，卒章显其志。"

　　逻辑力量也是这篇演讲词的语言特色。如文章第一段对尊重生命这种伦理内涵和特点的论述，就体现了论说性语言的逻辑特色。他不是平面的单向地阐述，而是从正反两个方面进行。首先，他反对人为地将生物分成有价值的和没价值的、高等的和低等的。因为这些标准是人类根据自己的狭隘感受来主观评判的。事实上，世间的万事万物都有自己存在的价值和意义，它们或许有种类的区别，但没有高低之分。既然我们能凭着我们的直觉意识到自己的生命存在，那我们也应该能意识到环绕我们周围的都是有生存意志的生命，尊重它们就是尊重我们自己。作者的举例相当浅显而说服力强（如"蛇"之于庄稼，"微生物"之于"食品加工"）。正是在这些论证的基础上，第二段顺理成章地从正面提出了自己的观点，也就是敬畏生命伦理学的核心含义。

　　而文中有些语句的理解则需要结合历史文化背景和作者的哲学思想基础来理解。比如如何理解"我们对旧日殖民地的民众所给予的善良帮助并不是什么慈善事业而是赎罪"这句话的含义。作者之所以这样说，是从历史的角度看问题的。西方殖民者给殖民地人民带来了深重的灾难，榨取了人民的血汗，占领了人民的家园，现在给予帮助是道德良心发现的一种表现。从这个角度看，史怀哲是一个勇于直面历史的人，令人钦佩。这一点与当今一部分日本人歪曲历史的做法形成了鲜明对照。孰高孰低，不言而喻。再比如"所以白人和有色人种必须以伦理的精神相处，始能达到真正的和解"这一句中伦理的精神具体指什么样的精神？这一"伦理"就是指不论是哪一人种都具有生存意志，他们都是生命，都应得到充分的尊重和发展。

　　本篇演讲词，语言准确、明白、鲜明、有力，具有严谨的逻辑性。运用对比手法，增强了说服力，用比喻增加形象性，用排比增强了气势等特点，都是值得品味和借鉴的。

4.深层追索

（1）《我的呼吁》与《我有一个梦想》都是演讲词，二者在内容和形式上有哪些异同？

点拨：两篇演讲词关于种族平等与反对暴力的主张相同，表述角度略有区别。《我的呼吁》正面主张种族平等；《我有一个梦想》提出反对种族歧视。《我的呼吁》"呼吁"尊重生命，反对战争；《我有一个梦想》要求黑人进行创造性的斗争，即不用暴力的斗争。

两篇演讲词的语言都有明显的鼓动性。《我的呼吁》通过直接"呼吁"，表现鼓动作用。《我有一个梦想》以诗意和美感的理想，对听众产生强烈的鼓动作用。

从语句看，《我的呼吁》多用对比句，《我有一个梦想》多用排比句，都具有非常强烈的鼓动性。

（2）由本文的阅读，我们思考一下，如果要写好一篇演讲词需要哪些基本准备？

点拨：俗话说，文如其人。写好一篇文章，不仅仅是技巧问题，主要是人格和思想修养问题。从《我的呼吁》和《我有一个梦想》里，我们不难发现，其演讲词之所以能够感人，一是与其人格品位分不开的，二是与其思想修养分不开的。其次才是写作技巧，充满正气、饱含激情、讲究逻辑、善用修辞等。这些都是写好演讲词的必要准备。

5.梳理积累

（1）学生整理本节课的内容，分条理出收获和尚需探讨的问题。

（2）总结演讲词写作的技法要点。

【教学评价】

从下面几个题目中任选一个写一篇文章，字数不限，但要求主题集中、观点鲜明，有一定说服力。

1.以"谈《我的呼吁》的逻辑力量"为副题，自拟标题，写一篇文章。

2.以"谈《我的呼吁》的语言特色"为副题，自拟标题，写一篇文章。

3.以"我对史怀哲《我的呼吁》思想内容的一点看法"为副题，自拟标题，写一篇文章。

三、《失街亭》教学方案设计

【教学目的】

了解《三国演义》内容、地位及其价值。

欣赏《失街亭》中的战争描写技巧。

欣赏《失街亭》中的人物描写方法，进而理解诸葛亮形象。

熟悉本课的语言特点，积累词汇，增强语感。

【教学重难点】

复杂的战争描写分析。

人物性格展示的技巧。

【教学方法】

方案一："欣赏——比较——研读"法。播放电视连续剧《三国演义》有关失街亭部分，然后阅读课文，学生比较画面展示与文字描写的异同，在此基础上研读课文，进入文学欣赏境界，锻炼欣赏能力。在教学过程中，可以适当运用背景敷设法（师生交流背景知识）、资料引入法、重点点拨法，尤其注重引导学生运用联想想象感悟法。

方案二：课本剧改编导演法。学生在深入研读课文的基础上，根据人物性格特点和事件发展逻辑，编写剧本，要求对编写有适当说明，然后，学生表演，学生评价。

方案三：研究性学习法。做好三个指导工作：资料搜集与筛选，主题选定与推敲，论文撰写与修改。

（上述三法可单一用之，可合而用之，根据学校和学生实际情况具体确定。一般地，方案一宜于常规课堂教学，教师主导控制课堂，又充分注重学生自感、自读、自研、自悟，教师可根据学生水平调整讲、导、学、研的适当比例。方案二、三要求资料来源比较丰富，学生见多识广，基础较好，学生的主动精神和独立精神更强。）

【媒体设计】

直接借用或剪辑电视连续剧《三国演义》片段。

绘制街亭之战形势地理图。

播放《三国演义》录音带（碟）。

【教学时数】

课内设计2课时。

【教学步骤】

方案一（比较欣赏研读法）。

第一课时

【导入新课】

中国的明代为世界文化的繁荣做出过不朽的贡献，仅以出现了《三国演义》《水浒传》《西游记》等享誉世界的长篇小说和《牡丹亭》等杰出戏剧而言，就足以令世人注目。今天我们要欣赏《三国演义》中的一个精彩片段，借一斑而窥全豹。现在，请大家交流一下各自掌握的有关《三国演义》的情况。（教师在必要时补充几点：1.《三国演义》是我国章回小说的开山之作，也是我国第一部最完整的长篇历史演义小说。有人认为它是我国艺术成就最高的一部历史演义小说。2.该书成书以后，不仅国内流传很广，而且流传到国外，英国不列颠博物院、牛津大学图书馆、法国巴黎国家图书馆都有明代的刊本。日本、俄国都有不同版本流传。它成了世界人民的共同财富。3.《三国演义》的社会影响十分巨大，不仅在政治、军事、思想、和文学艺术方面有着明显的影响，而且在经济领域也表现出不凡的魅力，近十几年，世界一些著名企业的厂长经理都读这本书，有的还把它作为厂长经理必读书。）

（设计此导入法，目的有两个，一是暗示学生要多读书，在同学面前表现其渊博，并引导学生通过网上查阅等获取资料。体现学生主体地位，达到教学生会读书的目的。二是引发学生学习的兴趣，感受中华民族的伟大，增强热爱祖国、振兴中华的感情。在介绍完作品后，点出本课学习目标。）

【解题】

《失街亭》节选自《三国演义》之第九十五、九十六回，描写的是诸葛亮实现"伐魏复汉"大业的"六出祁山"之"一出"中的一次关键性战役的失败过程。它不仅仅留给人们办事要从实际出发，死搬教条必然失败的反面启示，而且让人深深领悟到准确识人、恰当用人的极端重要性；同时，这一节故事所表现的塑造人物的方法和描写战争的技巧，都达到了极高的品位，让我们在获得独特的艺术美感的同时学习这高超的写作方法也十分有益。（点出思想意义和艺术意义，引导阅读方向。）

【研习课文】

1.学生快速阅读课文，理清故事情节。

点拨：全文以孔明派将点兵始，为故事开端，以马谡拒谏为故事发展，以双方激战、蜀失街亭为故事高潮，以孔明布置退兵、挥泪斩马谡为故事结局。其间错综复杂，多线交互，波澜曲折。行文思路：细作急报（引子）——孔明调兵｛开端：马谡争先（咽喉）——王平辅佐（谨慎）——高翔备救（谨慎）——魏延据要（周密）——赵邓疑兵（周密）——自出斜谷（略提）｝——马谡拒谏（发展）——司马探营（发展）——双方激战（高潮：司马探营，调遣军马；司马进兵，蜀兵丧胆；王平救援，张郃迎当；马谡败逃，魏延救援；魏延被困，王平驰援；高翔救援，失去列柳；高魏劫寨，被困获救；败逃阳平关）——挥

泪执法（结局）

（本程序主要是引导学生充分熟悉课文，理清行文顺序，为理解战争描写技巧奠定基础。在操作过程中，对重点的词语予以必要解释，包括注出读音。强调读书，积累语感。）

2.播放电视连续剧《三国演义》相关片段，比较其与课文的异同。

点拨：故事内容一样，人物一样，但电视剧重在动态表现，情态真切，可感性强；课文交代细致，描写细腻，便于表现内心及布兵过程，便于读者整体把握，细心品味，看出复杂多变的战斗过程。

【布置作业】

细读课文，思考课文情节安排艺术特点。

通过语言品味，分析课文中的人物性格。

第二课时

【导入新课】

点拨：《三国演义》构筑情节的特点是整体相连，而又各自相对独立，自成格局。既便于展示战争全貌，又利于集中而统一的刻画人物形象。由上节课的情节分析可以看出，"失街亭"是整个"六出祁山"的一个战役，具有相对独立的格局。点将是开端；马谡据山扎营，不听劝谏是发展；激烈的街亭交锋，拉锯式的几场鏖战，是高潮；退守阳平关，挥泪斩马谡，是结局。

【研习课文】

1.具体研习，落实重点，突破难点。

（1）课文写街亭之战，采用的是全景式写法，重在战争双方的形势分析和调兵遣将等准备过程，蜀魏双方在分析形势和军事部署上各有何特点？从中可以看出这场战争什么样的特点？

点拨：写双方的形势分析，主要是通过双方主帅的语言来写。诸葛亮闻听司马懿兵马将到，立即猜出其"必取街亭，断吾咽喉之路"。司马懿令司马昭去探前路，首先探街亭，"若街亭有兵把守，即当按兵不行"。诸葛亮嘱马谡"街亭虽小，干系甚重。倘街亭有失，吾大军皆休矣"，并嘱"下寨必当要道之处"。司马懿闻听"街亭有兵把守"即叹"诸葛亮真乃神人，吾不如也"，当听说守兵"军皆屯于山上"时立即喜曰"乃天使吾成功也"。可见，双方主帅认识惊人的相同：战略之地同，守兵扎寨方式同，真是英雄所见，兵家俊杰，预示这将是一场智谋均为高手的人指挥的战役，其严峻程度可想而知。且看布兵：蜀方派王平在山下十里扎寨，魏方便派张郃阻击；蜀方担心王平不是张郃对手，派魏延去街亭之后接应，魏方用两面夹击，三面包抄围困魏延。以上双方布兵几乎互有了解。但是后面妙在蜀方的赵云、邓芝和诸葛本人这两路兵马未被魏方料想得彻底；而魏方出兵夺列柳又不曾被蜀方全然知晓。真是同中有异，各有短长。可见，双方形势分析都看准了街亭为首要战略重地，双方的布兵都以街亭为重心，通盘考虑。这是一场旗鼓相当、高手相逢的恶战，任何一方的一丁点失误，都将导致成为整个战役的失败一方。这种写法表现了作者高屋建瓴、把握全局的大家风范。他把战役放在了整个政治形势和战争形势中予以通盘考虑，为蜀国的国运将江河日下铺下了基石，也为马谡的必死蓄够了形势。作者没有孤立地写街亭之战，而是在不动声色中做了全局鸟瞰式绘画，把具体的特定的街亭之战与整个战局沟通起来了，如此更能突出马谡的错误，使人不可原谅马谡这一"才子"，增强对"死守教条"教训的认识。（引导学生从课文具体描写中熟悉《三国演义》描写战争的特点之一。）

（2）为什么战役双方都把街亭看得那么重要？

点拨：街亭是蜀兵进军退兵的咽喉之地。毛宗岗在第九十五回总评中说："前卷方写孟达不听孔明之言而失上庸，此卷便接写马谡不听孔明之言而失街亭。上庸失而使孔明无进取之望，街亭失而几使孔明无退足之处矣。何也？无街亭则阳平关危，阳平关危则不唯进无所得，而且退有所失也。"这在诸葛亮叮嘱马谡时也说得明白。蜀方固守街亭是北伐保证，魏方死夺街亭是变被动为主动的关键。魏国要打退蜀军，必然要找其要害，断其"咽喉"。故双方均以街亭作为必争之地。正因为此地如此重要，所以，双方拉锯式的争夺战才如此激烈。（在上一个问题的基础上加深理解。）

（3）课文在写战争过程中有怎样的特点？

点拨：曲折有致，跌宕生姿。魏兵围山，马谡兵败；王平欲增援，却有张郃打援；马谡逃遁，眼看危急，又遇魏延救援；魏延一路冲杀，眼看就要夺回街亭，却受三面夹击之危；在千钧一发之际，王平引兵来援；魏、王、高会合后计议夜袭劫营，又遭埋伏，奔回列柳，却见城已被占。魏方设计，蜀方中计，时升时落，似大海潮涌，忽起忽伏，如叠嶂层峦。令人忽喜，让人陡惊。真是一波三折，一宕再宕，如平沙千里，陡有峭崖扑面，于尺幅之中，尽龙腾虎跃之势，扣人心弦，引人入胜，表现了《三国演义》高超的战争描写艺术。（引导学生欣赏文中最精彩的战争描写艺术，进一步掌握情节结构特点，落实教学目标。）

（4）课文作者是站在哪方的角度来写这一战役的？从哪里可以看出？另一方是怎样处理的？

点拨：是站在蜀方来写这一战役的。从题目"失街亭"可看出。魏方是穿插在情节推进中来写的。整个情节以司马懿与诸葛亮为矛盾主线，穿插诸葛亮与马谡、王平与马谡等矛盾，各线相互牵制，烘云托月，交错起落，围绕街亭这一中心错综展开。课题着一"失"字，很值得品味。全文写一"失"字，皆由用人失察引起。失了街亭，失了战机，失了已夺之地，失了将得的胜利，失了锐气，最终失了灭魏兴汉大业。诸葛亮失察，误用了马谡；马谡失聪，误扎了营盘；马谡失察、失谋、失随机应变，导致失了战略要地，失了性命，失了蜀方的大业；诸葛亮失察，失了用人的正确尺度，失了正确的决策，失了军事家、政治家应有的明智。真可谓一失足成千古恨。（继续补充理解文章情节安排技巧，深入理解失街亭战例的深层意义。）

（5）本文着力展现了诸葛亮和马谡等人物形象，请在错综复杂的关系中分析人物形象。

点拨： 从这篇课文中可以看出《三国演义》描写人物的技巧：言行互补，绘形传神。诸葛亮、马谡等人物形象鲜明，给人以深刻印象，其主要原因是作者在写这些人物时不是静止地交代，而是通过人物的言行来具体表现。用的是中国传统的"略貌取神"法。诸葛亮点将时对马谡说的话，既见精细小心，又显见解清明；他对马谡既有疑虑，又由于有一贯的好感，在马谡主动请缨又信誓旦旦的情况下，终于抹不开面子，委以大任；面对马谡的狂言不休，他已经失察一次，但未引起注意，接着又派王平相助，尽管表现了他谨慎的一面，但是，岂不知马谡哪肯听王平之言，又表现了诸葛亮的再次失察。失败之后，诸葛亮一再自责。先是迎接赵云，言"是吾不识贤愚，以致于此"，后是杀了马谡，痛哭不已，"深恨己之不明，追思先帝之明"，表现了不掩过、不饰非、不推诿的品质。他对马谡家属的顾惜，又决非念旧情之故可以完全概括的，其中也体现了他的自责在内：是我的一念之差害了马谡呀！文章就从点将、布兵、执法、痛哭等行动和贯穿于这些行动之中的语言，使诸葛亮形象真实可感，活生生地立在了读者面前。马谡也是如此，先是口出狂言，照应了先帝"言过其实"的评价；后是不听劝告，表现固执己见的性格；满口"名言警句"，恰是读书不化的典型；临阵缺乏应变之法，可见缺少实干才能。然而，马谡也是条"汉子"，兵败后，并不投降，也不逃匿，而是自缚请罪，甘愿就死，并不企求以与丞相的私交而告求免死，也不再言希望戴罪立功，也有敢作敢当的硬气。马谡的悲剧是"食书不化"的悲剧，是理论不联系实际的悲剧，是刚愎自用的悲剧。其他人物，也是寥寥数笔，便形象毕现的，足见作者写人艺术之高明。相与比照，多方映衬。三国人物塑造，很注重人与人之间的对比映衬，在对比映衬中形象更为鲜明。诸葛亮的精细与马谡的轻狂，马谡的骄矜与王平的慎重，处处对比；司马懿的精明与诸葛亮的绵密，司马、诸葛的互相称赏，蜀方将领对马谡的看法与司马父子对马谡的评价，多处映衬；敌对双方映衬，自己一方对比，正面对比，侧面映衬，变化多样，手法灵活，不仅使人物形象更为鲜明，而且还给人以深层思考的空间。如司马懿一眼就可看出马谡"徒有虚名，乃庸才耳，孔明用如此人物，如何不误事"，为何蜀方竟无异议？（落实人物塑造方法重点。帮助学生站在较高层次欣赏文学作品。）

【欣赏品味】

1.欣赏课文叙事语言和人物语言特色。

点拨：叙事语言，繁简适宜，人物语言，特色鲜明。如"二人拜辞，引兵而去"等一类的出兵过程，两军的扎寨过程，都写得很简，战斗过程写得较详。在表现人物性格方面有作用的又一定点到，如"孔明寻思，恐二人有失，又唤高翔"，"孔明大喜，亲引诸将出迎。赵云慌忙下马伏地……孔明急忙扶起，执手而言"等，表现了孔明的性格特点，显得很细。人物语言各有特色，都是聪明的指挥员。孔明的话与司马懿的话不同，孔明精细周密，老练沉着；司马懿精细谨慎，又直露畅快，表现了明显的被孔明威压之感。马谡、魏延等人寥寥数语，也情态毕现，非他人所有。（细细品味语言技巧，在加深上面的理解的同时，增强语感能力。）

2.有人认为诸葛亮被人为地神化了，其实他也是人，在三国争战中，他也犯了普通人易犯的错误，请谈谈各自的看法。

点拨：由于《三国演义》的精心塑造，诸葛亮成为"古今贤相中第一奇人"。作者倾注全部感情来写他，以致有写诸葛近似妖的说法，即使在失街亭中写他的失误，洗掉了一点"神"气，但也是说他如何知错，如何责己，如何执法，如何通情。有人指出，诸葛亮不是神人，他也有常人的不明智和失误，正因如此，他才真实可信。他的识人之误、用人之错，决非一次。如华阴道错用关羽而放走劲敌，疑魏延屡驳其计而坐失战机等。再如他攻陈仓，始终未能攻下等，也都显示了他不是全能之神，而是普通之人，或说是杰出之人。更有甚者，批评诸葛亮挟个人私见，高傲固执，不听先帝告诫，以个人好恶和凭关系用人，甚或不用魏延是有阴暗的心理目的等等，则有偏激不实之弊。综观诸葛亮一生，其光辉形象是不容置疑的，错误也是不可回避的，这就是真人。（引导学生关注课外知识，渗透研究性学习因素，锻炼实际分析问题能力，把语文与社会和做人联系起来，进一步理解诸葛亮形象。）

【课堂训练】

完成"练习"第二题。

【课堂小结】

"文不甚深，言不甚俗"的《三国演义》"据正史，采小说，征文辞，通好尚，非俗非虚，易观易入，非史氏苍古之文，去瞽传诙谐之气，陈述百年，该据万事"，结构宏大，善写战争，人物传神，影响深远，值得深入研读。今天，在《三国演义》这条大河里，我们只取了一瓢甘浆，就已经领略了它的巨大魅力。今后，我们可以继续自己钻研，有的同学还可以写出有价值的研究论文或专著，为我们的文学宝库再增一点亮色。（引导学生回顾授课内容，引导学生树立远大目标。）

【布置作业】

方案一：结合课文，搜集有关资料，以《谈街亭之失》为题写一篇文章。

附：板书设计

方案二：学生读书讨论，编写课本剧。教师指导，与学生一起修改，排演。组织一次课本剧演出会。

方案三：指导学生从图书馆、互联网等搜集资料，进行研究性学习。

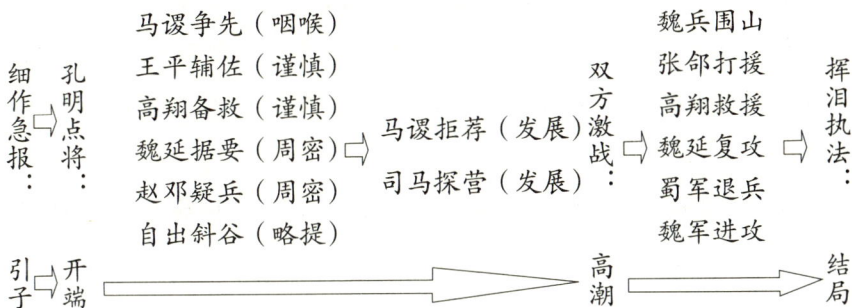

细作急报 → 孔明点将：

马谡争先（咽喉）
王平辅佐（谨慎）
高翔备救（谨慎）
魏延据要（周密）
赵邓疑兵（周密）
自出斜谷（略提）

⇨

马谡拒荐（发展）
司马探营（发展）

双方激战

魏兵围山
张郃打援
高翔救援
魏延复攻
蜀军退兵
魏军进攻

⇨

挥泪执法：

引子 → 开端 ⟹ 高潮 ⟹ 结局

参考课题：1.诸葛亮司马懿之比较研究。2.马谡研究。3.从《失街亭》看《三国演义》的叙事技巧。4.诸葛亮论。

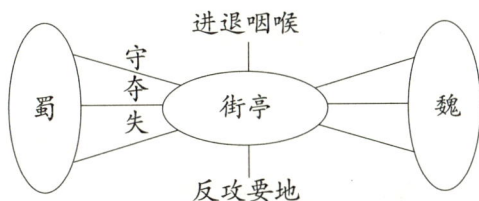

蜀　守夺失　进退咽喉　街亭　反攻要地　魏

四、有效设问：文言文本研习课突破的节点

【课堂回放】

《鸿门宴》课堂实录

谭梦诗

师：上一节课完成了对《史记》有关文化知识的了解和疏通了文意，分析了故事情节发生的背景、起因、经过、结局等。那么，你对文

中项羽的性格有何评价？结合具体语句谈谈。

生1："狂妄自大"。从项羽接到密告后大怒要"击破沛公军"的话中不难可以看出；按古代座次礼仪，宾主之间相对，宾东向坐，主西向坐。项羽宴请刘邦却"东向坐"，违背待客之道，显然目中无人也可以看出。

生2："不善用人"。宴会前不听到范增"急击勿失"的建议，而听已背叛自己的项伯"击之，不义"的话；宴会中范增多次举玦示意杀掉刘邦的暗示"默然不应"，放走了刘邦，导致后来"乌江自刎"的悲剧。

师：刚才这两个同学们的回答，自觉地运用了一种基于文本分析人物形象的方法是——

生3：抓住具体细节做分析。

生4：联系文本前后勾连做分析。

师：是的。人物的性格特点总是伴随他的言行表现出来，而文章写人，也总是用最为恰当的词句来表现其的言行的。宋人刘辰翁说《鸿门宴》写人物："历历如目睹，无毫发渗漉，非十分笔力，摹写不出。"《鸿门宴》这"十分笔力"到底是怎样的呢？

师：读一读宴会前的一处片段，看能不能有感情地朗读。

"沛公左司马曹无伤……为击破沛公军！"

（生3读）

师："王"和"飨"在文中意思是什么？

生3："王"是破音字，做动词，"称王"的意思；"飨"是"犒赏"的意思。

师：解释很准确，刚才读的重音、感情还不到位。感情是蕴含在语言内涵背后的，这里有个"怒"字，刚才这位同学读的时候，虽然做了重音处理，但总感觉还不到位，主要原因是读的感情没投入进去。怎样才能把感情投入进去呢？我们先来找找"怒"的原因，同学们互相讨论一下，这"怒"的原因有哪些呢？

生5：从密告内容看，刘邦想称王的举动让项羽勃然大怒。

生6：从军事力量看，"四十万"对"十万"，项强刘弱。实力弱的刘邦也想称王，项羽岂可不怒。

师：还可从当时个人威望看，项羽在"巨鹿之战"击溃秦军主力，诸侯震恐，莫敢仰视，号称"诸侯上将军"，不可一世，而刘邦呢？

生7：刘邦自"泗水"亭长任上起义后跟随项氏，刘邦的称王使项羽的尊严受到挑战，故而大怒。

师：简单一个"怒"字却蕴含多重含义，可见其语言特点是？

生2：言简意赅。

生5：言简意丰。

师：不错。那么，项羽的话该怎么读？（生纷纷读）读出"怒"味了。但"破"字似乎读得还不够重，大家是不是觉得这个'破'可以去掉？为什么？"

生9：不能，因为这个"破"字体现了"怒"不可遏的程度。

生10："破"字突出"击"的结果，充分体现项羽的自负、狂妄、轻敌的性格。

师：这段话是在什么背景、场合下说的？

生11：是在听密告后当场脱口说出的。

师：这体现了项羽做事不偷偷摸摸，有想法就脱口而出。用哪一个词可以概括其性格？

生12：直率。

师：文中项羽的话不多，但一开口，就将其性格展现在了读者面前：自负、狂妄、轻敌、直率。可见项羽的性格呈现出——

生（七嘴八舌）：复杂性。

师："怒"与"破"字准确而生动地揭示了项羽的性格。柳宗元认为《史记》文章写得"朴素凝练、简洁利落，无枝蔓之疾；浑然天成、滴水不漏，增一字不容；遣词造句，煞费苦心，减一字不能"，道出了《史记》中"春秋笔法"的神韵。再来读一读这段文字，看看感觉怎么样。

（生13读）

师：停顿、重音、感情基本到位。

师：读读"哙即带剑拥盾……壮士！能复饮乎"这个片段。（读）

师：你对哪个人物感受最深？为什么？

生14：樊哙。这是一个勇猛、豪气、忠诚、重义的人。

师：从哪些细节看出的？

生15：一个"即"字表现他为了救主的当机立断，显其忠义；只身入军门，"侧盾撞卫士"，显其勇猛；"瞋目视项王，头发上指，目眦尽裂"，显其无惧。

生15：还有赐酒时，他先"拜谢"，再"起，立而饮之"，表现他既懂礼节，又豪爽不卑。这里有个"与一生彘肩"，我有点疑问，古人是吃生肉的吗？很可怕呀！（大家笑。）

师：哟，还读出问题了，很可贵！谁能解答他这个疑问？

生16：这个"生"应该是"全"，"生彘肩"就是"全彘肩"，一整只猪膀，是说其多。樊哙一会儿就切它吃完了，多么豪爽！

师：解释不错。谁对项羽这个人物有感受？

生17：（举手）项羽有血有肉，樊哙只是他的陪衬。

师：能从人物关系的角度来思考问题了，具体说说。

生17：项羽先见莽汉闯入，惊疑之际称"客"以掩饰"惧怕"。当得知他只是个车夫却这般勇猛，改成称其为"壮士"，又是赏肉，又是赐酒。

师：你说称"客"是掩饰"惧怕"，是从哪里看出来的？

生17：从"按剑而跽"的动作看出的。他从坐的姿势转为半立姿势，准备搏击。

师：樊哙的身份是？

生众："参乘"是古代坐在车右护卫的人。

师：项羽怕一个卫士吗？（生面露疑惑之情。）据《史记·项羽本纪》记载，项羽"力能扛鼎"，在百万军中，取敌上将首级，如探囊取物一般……所当者破，所击者服。大家看，这样的人会惧怕一个车右护卫吗？

生18：不会，是惊慌而不是惧怕。

生20：惊慌好像也不妥。

师：可以说是一种警觉反应。那么，"客"在古代是怎样的称谓？

生21：一种普通称谓，如门客、侠客等。称樊哙为"客"是不知闯入的人是谁？故用一般称呼。

师：说得对。表现出项羽对闯樊哙怎样的情感态度？

生5：怀疑的、猜测的态度。

师：为何后来改称"壮士"呢？

生22：因为项羽欣赏樊哙冒死闯帐的勇气和豪饮豪吃的"壮举"。

师：感情变化了，称呼也随之变化。可见项羽也是一位——

生22：赞勇、豪爽、重义的人。

师：项羽由警觉准备搏击时称"客"到欣赏其勇、义之举而改称"壮士"，在这一"称谓变化"中彰显他赞勇、重义的性格。那文本中还有哪里能看出项羽"重义"呢？

生8：宴会前，项伯说："今人有大功而击之，不义也。不如因善遇之。"项王许诺。"许诺"是因为项羽不想做"不义"之人，说明项羽重义。

师：文本之外谁还能知道项羽重义的举动？

生24：刘太公和吕后被项羽作为人质在楚营生活了三年。项羽一直善待他们，项羽也的确一度架起油锅，以烹刘太公来威胁刘邦退兵，却被刘邦"吾翁即尔翁，如若烹家翁，幸分一杯羹"的义语所激而惭愧作罢。可见项羽重义。

师：一处称谓的变化竟能展示人物性格，确实是"十分笔力"。文中的"赐之卮酒！"与"能复饮乎？"是不是显得不简洁？

生3：句式、用词虽然相近，但表情达意有所不同。

师：能具体分析一下吗？

生3：先是赐酒试探，既有赞赏勇，但又有考验其忠，若抗拒有被杀的危险；第二次省略了"赐"字，变为疑问句，有热切期待之意，表现出项羽由试探其勇、忠，到欣赏其豪饮、豪吃后由衷敬佩之情。

师：钱锺书说："马迁行文，深得累叠之妙"。"累叠"就是反复使用语意相同或相近的语句来达到层层深入地揭示人物性格的效果。项羽的话中有"累叠"的妙用吗？

生25："赐酒""赐彘肩"也是"累叠"法。

师：能具体分析一下吗？

生25：第一次的赐酒是试探其忠、勇，第二次赐彘肩是试探后的真心赏赐。

师：这种"累叠"的妙用，对项羽性格的揭示有何作用？

生26：层层揭示项羽对樊哙有英雄惜英雄的试探、感叹、欣赏、敬重的心理。

师：这又是从语言运用的哪一方面体会项羽的性格的？

生7："累叠之妙"。

师：体会了运用"称谓变化"与"累叠之妙"表现项羽的忠、勇、义方面的性格，我们再来齐读体会一下。

（师生齐读）

师：宴会后刘邦离席未归，项羽的一句问话是什么？

生27："沛公安在？"

师："安"字在此处朗读时的语气是该重读还是轻读？

生27：重读，从上下文看是项羽发现刘邦不在时的疑问与警觉，毕竟刘邦是"欲王关中"的对手，突然不见引起疑问。

师：有一定道理，还有片段读法吗？

生28：轻读较好，因为项羽此时已无杀刘之意。

师：从文中哪些细节可以看出。

生28：宴会前项羽已许诺不杀刘邦，宴会中项羽对范增的举玦暗示视而不见、置之不理，甚至项庄席间舞剑被项伯阻挠也听之任之。宴会后欣然接受刘邦的礼物并"置坐上"，再未深究刘邦的逃席失礼与逃跑之罪，可看出项羽早无杀刘之意。所以轻读表现项羽对刘邦的离席这件事并未放在心上。

师：说得好。项羽的问话是在张良的一番托词和献礼时才说的，显得轻描淡写。可以看作是发现被宴请的刘邦不见时的一种询问，并未有过多的考虑。也可以说是项羽顺水推舟的一句礼节性问话，轻读比较能体现项羽此时的心理。那么，这又揭示出项羽哪方面的性格？

生11：目光短浅、寡谋轻信。

师：这种语言运用可以概括为——

生29：虚词妙用。

生30：语气变化。

师：总结得很到位。文本内容呈现是多元的，读者的理解也可以是多元的。刚才的研习是从语言运用的"言简意丰、称谓变化、累叠之妙、虚词妙用"等方面，体会了项羽的性格的丰富性与复杂性，也只是触及了人物形象评析的某些角度。刘熙载《艺概·文概》说："《史记》叙事，文外无穷，虽一溪一壑，皆与长江、大河相若。"《史记》的叙事，寓丰富的内涵于简练多变的文笔中，言外还有无穷的意思。本文是《史记》中的一段"极得意文字"，今天只研习了有关项羽的语言描写，那么刘邦性格的复杂性在文本语言中又是如何揭示的呢？请同学们运用刚才分析项羽性格时归纳出的方法，再次与文本展开对话，找出相关语句体会评析。

【对话】

纪勇（以下简称纪）：你的这节课受到了大家的许多肯定，请你说说这节课的教学目标是什么吧。

谭梦诗（学生，下文简称谭）：品味语言，体会人物性格的复杂性与语言运用之妙。

纪：依据是什么呢？

谭：依据对教材、学情、培养目标的分析来选定的。从教材文本价值看，《鸿》作为"极得意文字"，其语言运用简练传神，富有张力，是引导学生品味精练传神地刻画人物形象的好材料。从编者意图看，此文列"仔细体会"专题，学习方式是"文本研习"。通过品味语言，仔细体会，从品味语言中获取深层次的感受与认知，既便于感知人物形象，又能培养语言敏感能力。从学情看，学生对项、刘这两个历史人物已有初步的个性情感判断，而这些情感判断往往有游离文本而多臆想的成分。我从预习作业反馈中发现大多数学生对项羽形象存在肤浅与片面的认识，教学时有必要引导学生与文本展开多维对话，准确理解项羽形象的丰富性与作者运用语言之妙所蕴含的文化价值。

纪：你的选择依据合理，思考全面，定位恰当。从课堂呈现来看，也基本实现了教学目标。从课堂流程看，我发现你似乎在很轻松地与学生交流，在交流中逐步实现你的教学目标，这是一个"怎么教"的问题。你能谈谈这么处理的想法吗？

谭：好的。这节课，我就是想通过有效设问触发学生的问题思维意识。问题是课堂展开的起点。问题明确、适宜、巧妙，是触发思维活动的引爆点，是文本对话得以展开和深入的基点，也是课堂动态生成的关键点。于是，我就把自己研习文本的过程梳理出一系列问题，以问题激发学生思考，以解决问题实施文本研习，以研习文本达成深入理解的目标。

纪：问题意识是课堂教学的核心，由问题激活思维活动，是新课改精神的导向，也是培养学生创新精神的起点。问题的设置一般应遵从精准、巧妙、梯次、多维的原则，既抓住文本的魂，又触动学生的心，更激活课堂的场，这样的问题才有价值。你能谈谈在这节课上你课堂设问的问题做了怎样的考虑吗？

谭：我对文本的教学内容做了必要的取舍，以理解项羽的性格特点及形象蕴含的意义为主，抓住语言呈现，透过其表，深入其里，仔细理会。选取"宴会前、中、后"三个典型片段中的关键点诱发学生深入思考。于是设计了从读开始，到拓展的一系列问题，力求在每个环节中寻找具有研读性、启发性、探究性的问题点，引导学生以语言为切入口，以片段的点带动文本内容的前后串联，与文本展开深入的对话，获取具体真实的感受，引发对文本内涵的深刻思考。我想力图以"问题链"的方法来实现我的教学构想，就是在学生感觉"没问题"的地方设计出问题，在有问题的地方引向深入。

纪："问题链"的设问方法值得肯定。你觉得你的这个想法实现了吗？

谭：部分实现了。像追索"怒"因、品析樊哙的几个环节上连贯性比较强，有链的感觉。但一个段落结束后，还是有点"另起一笔"的感觉。

纪：有点"掉链子"，我也有这种感觉。另外，你的几次问半句，意在让学生回答后半句的设计，我觉得是挺有难度的，似乎还应该有所铺垫。

谭：是的，这几个地方设问比较生硬，如果用更为具体的问法效果可能会好一些，如加上"能不能找一两个词语概括一下"，甚至可以举一两个词语的例子，因为毕竟学生的积累还不是很足，需要老师帮助他们构建"模式"。

纪：对，需要构建理解和表述"模式"。这很不容易，需要研究。你的课堂中的设问都是实现预设的吗？

谭：不是，有些是随机生成的。预设只能是些比较宏观的线索性问题，以保证一节课的相对集中和完整，有许多问题是要随机生成的。

纪：这也是有效设问必须顾及的方面。有效设问的关键在"有效"上，第斯多惠说："教学的艺术不在于传授的本领，而在于激励、唤醒、鼓舞。""唤醒"的功能应该是有效设问的目的，而实现这一目标的关键就在于：一是问题设问指向明确，二是问题具有指向诱发学生思维的梯度。这样基于文本内涵的张力与诱发学生思维张力基础上的有效设问，既培养学生的问题意识，又能引导学生思维的层层深入，很好地促进了课堂动态生成效果。你的这节课做了有益的探索。

【观点】

文言文文本研习教学，往往会出现两种弊端，一是"读读译译"式的浅表化教学。二是课堂里教师或学生"满堂问"式的散漫化教学。克服这两种弊端的策略之一，是教师努力锤炼自己的有效设问功夫。

1.为什么说有效设问是克服文言文本研习教学弊端的策略？

（1）有效设问是把学生引入"研习"境界的必要手段。

什么是"文本研习"？就是对文本进行仔细研磨，反复习玩，以探究其奥妙。研磨什么？习玩什么？是词语，是句子，是文章思想、人物形象、表现手法。词语是文本研习的起点和着手点，离开了词语的研磨玩习，就不能很好地理解句子，也就难以体会文意，对人物形象的整体把握也就不能落实了。谭老师引导学生深入玩味词语，学生品出了可圈可点的思想闪光点，这便是进入"研习"境界了。而研习能不能深入，深入到何种程度，则又要看教师的设问功夫了。如这节课在研习"破"字时，谭老师在学生说出了"破""怒"的程度、"击"的结果后，追问一句"这段话是在什么背景、场合下说的"，把思路引向深入的一层，又把思维的缰绳紧紧勒向"人物性格"这个核心上。如在研习宴会中的人物形象时，教师问"你对哪个人物感受最深？为什么？"这是一个散漫性的问题，似乎不甚具体，但仔细思考，发现这也是一种必然选择，学生答出"樊哙"，也是很有必要的。学生也针对"为什么"做了回答。教师随机追问"从哪些细节看出的"，把"为什么"具体化了，做了避免贴标签的暗示。学生谈完樊哙，教师继续把学生的注意力导向项羽，于是问"谁对项羽这个人物形象有感受"，问题虽然有点生硬，但与前面的问题也联系密切。一步步设问，把学生从表面化的"理解"引向深刻的"研习"，这就避免了"读读译译"式的浅阅读。

（2）有效设问利于形成完整的"课堂形象"。

盲无目标的问题要么浅显，要么杂乱，要么与文本无关。一节课下来，看似"充分体现了学生的主体作用"，课堂也热热闹闹，但在热闹过后，构建不起一个完整的"课堂形象"，形不成强有力的知识构建或能力滋养刺激，所以有人便说"语文课多上一节少上一节都一样"。而有效的教学设问则好比是一个高明的向导，他会把游览者不动神色地一步步引向曲径通幽处。有效设问是教师整体把握文本，引领学生由浅入深"研习"探究的有目的的筹划，是针教学目标的实施步骤，其问题的向心性、目的性都是明确的。一些精心设问引导，由于把学生引向了一个新的奥秘境界，会给学生留下深刻印象。况且，有效设问的机巧体现在前后连接、承上启下的关键点上。一节课应该像写一篇文章一样讲究章法，一个问题一个问题连起来应该是一个整体，整节课给人一种行云流水、浑然天成的感觉。如谭老师的这节课，对"怒"的研习设问，就体现在把浅显问题深刻化，把散乱问题条理化，让学生感觉到对一个字，也能理出这么几条理由，既为自己的收获而高兴，又为掌握了一种方法而兴奋。但这节课在处理"宴会前""宴会中""宴会后"三个环节时的设问，前后照应性略有欠缺，整体性还不是十分完美。

（3）有效设问是促使学生思维发展的重要措施。

有效设问，是在教师深入研习文本的基础上，结合自己的研习路径，精心设计的教学提问。一般的，这种提问是引导学生巧妙地发现铺设性问题、诱发性问题、启示性问题，它往往是教者对所研习的文本多角度地深入感受和思考，有自己的独特研究思路，有独到心得后的，全文在胸、关联自如、联想丰富的问题链。这些问题本身具很强的思维启迪性，它把学生的注意力吸引到由浅入深、由散乱到条理的思考上，引导学生从文章表面进入文章实质，从感性触觉进入理性颖悟层面，从而研有所得，习有体会。这样的围绕条理性问题进行研习的过程，就是学生思维品质孕育、思维能力发展的过程。《鸿门宴》教学案例的某些探究是有积极意义的。

2. 文言文文本研习课有效提问的一般特点是什么？

（1）问题设计是为读懂读透文本为目的的。

文本研习课的提问与问题探讨课的提问是有联系也有区别的。联系是又有"问题"，且都与教学文本有关，而其区别主要是教学目的不完全相同。问题探讨课的问题是由文本生发出来的，具有可争议性的问题、可探究性的问题，一般地会出现多种答案，甚至得出完全相反的结论。如《兰亭集序》教学中，设计的问题是"怎样评价作者在文章里所表达的人生观"，这就是一个问题探讨式的提问，学生可以根据自己的分析提出片段理解，思路是多元的。当然，解决这个问题的前提是研习文本，理解作者在文中提出是怎样的一种人生观。而如果提出的问题是"作者的情感是怎样起伏变化的，这种变化表达了什么样的思想境界"，那这就是文本研习的问题了，问题的指向是读懂文本，读透文本，问题的答案或者思路与文本贴得更近，更强调贴近文本、忠实于文本。文本研习，实际近似于文本细读。文本研习的设问是针对理解文本内涵的。如谭老师课中的通过三个环节理解项羽形象的提问就具备文本研习的特点。

（2）一般的设问形式有两种。

就一节课的整体而言，文本研习课的有效设问形式，一种是演绎式设问，一种是归纳式设问。前者是由主问题引入，未解决主问题，又逐步切分出若干小问题，把一个个小问题解决了，主问题也就解决了。如前面提到的《兰亭集序》的关于情感变化的设题就是这样的问题。为了解决这个问题，教师需要引导学生进入文本，一步一步研习，理出作者情感变化的三个阶段，最后推导出作者的思想境界。谭老师的采取的就是这种设问方式，一节课围绕《鸿门宴》"十分笔力"到底是怎样来展开，通过三个环节的语言研习解读，最后得出对项羽形象的认识，形成对其性格特点的归纳。教学中每一个具体问题都是细小的，而这些细小问题的解决，集中起来，又从不同侧面体现出项羽性格特点，在侧面累加中，人物形象得以丰满，由此看出文章十分的笔力。但是，谭老师在设计问题时忽视了一个环节，就是前面树了"的"，后面没照应，显得一节课首尾不圆合。后者则是指从具体文段、具体字词句的分析开始，通过一个一个环节的设问，最后归纳出一个相对完整的认识（结论）。如教学《失街亭》时，我曾根据文本顺序设问，每一部分的研习都会得出一两个侧面的"失"，最后归结出来街亭之失。从蜀国而言，失了蜀伐魏的战略地势，失了兴复汉室的伟大事业，失了统一中国的一次机遇；从诸葛亮自身而言，失了识人之明、用人之察，失了谋略之智、战略之周，失了神算之机、料事之神；从马谡而言，失了阵地，失了性命，失了英名。真是街亭之失，失之良多。但是，从小说来讲，这一失，也是有得的，得了小说写人之真，诸葛从神坛回归人间；得了历史经验之实，智者千虑必有一失；得了引人深思之效，如果诸葛总是百战百胜，一切遵从天意，缺失了历史实感，还会引人深入思考、多面思考吗？但这种设问，把握不好，很可能显得细碎而不连贯。

（3）问题呈现具有相关性和渐进性。

有效的教学设问，问题与问题之间具有相关性，为了一个共同的教学目标，具有渐进性。一节课前后环节紧密相扣，是为上乘之课，有效设问，也当为环环相扣服务。谭老师的课堂设问，基本体现了相关性的特点，如在研习"宴会前"部分时，用有感情诵读来扭结每个设问，研习"怒"与"破"指向的是项羽性格特征，也体现了渐进性。研习樊哙的设问以及与项羽关系的设问，都体现了相关性和渐进性。不过，有些地方的设问缺乏过渡性，显得不够圆合，除前述三个环节设问有欠挽合之处外，关于"王"和"飨"的读音、意义的设问也显得孤立，且有违有效性，因为这是上一节课已经疏通了文意。

3.设计问题要注意三点：

（1）读透文本。

文本研习课的问题设计要有效，必须建立在读透文本的基础上。谭老师的这节课，对文本的钻研是达到了一定深度的，所以在设计问题的时候，能由浅入深，步步推进。读透了文本，整篇文章烂熟于胸，设问就会行于所当行，止于所当止，得心应手，左右逢源。当年于漪、钱梦龙老师把课上得炉火纯青，就源自他们对文本的深透解读。我们如果对文本钻研不透，设计的问题就会表面化，引导性设问就不能层层进入。

（2）梳理研读思路。

教学中的有效设问，还必须对自己研习文本的过程来个反刍，把自己解读文本的思路反复梳理梳理，就如同去欣赏一个精巧的园林，走怎样的路线用时最少，赏景最多，见景最奇。教学设问要能首尾圆合、环环相扣，就必须理出一个清晰的合理的思路。谭老师的这节课从三个具体环节看，每一个环节的一组设问还是有条理性的，如关于宴会后的研习问题，联系紧密，设问适当。

（3）捕捉学生的理解"三点"：闪光点、疑惑点、误差点。

教师的设问，有预设性，也有生成性。一般地，大体思路需要，微观问题需要随机生成。生成时要充分顾及学生的课堂反应，特别是参与讨论的语言，从这些语言里发现起闪光点、疑惑点、误差点，随机既做评价，又引出新的问题。如谭老师在处理学生问"生彘肩"时及时发现了疑惑点，做出恰当追问；在学生说项羽"惧怕"时，又及时发现了误差点，后面一连串的问题很显功力。

五、伫立生命之崖，飞翔不屈之魂——李白《梦游天姥吟留别》课例评析①

【导语激趣】

师：近几天出现了一种天文奇观，是什么？

生：双星伴月。

师：太白金星、木星和一弯残月相约相伴，形成了"双星伴月"的奇观。看到太白金星，我想到了一个人。

生：李白。

师：李太白，据说是母亲梦见太白金星而生。如果唐诗是文学天空的皎皎明月，那么李白就是这明月旁的太白金星，他和杜甫共同构筑了这一浩渺天空的星月神话。面对这一奇景，我写了一副对联：金木双星伴明月 李杜两峰耀唐诗。

师：如果李白面对这奇景，他会做什么？

---

①张安群，《梦游天姥吟留别》课堂实录［J］.中学语文教学参考，2012年第7期，第17—18页。

生：作诗。

师：是啊，他一定会"俱怀逸兴壮思飞，欲上青天揽明月"，因为他本是"青莲居士谪仙人"。"李白一斗诗百篇，长安市上酒家眠"，李白是"酒仙"；"兴酣笔落摇五岳，诗成笑傲凌沧州"，李白是"诗仙"。然而，这样一位谪仙才子，却等到四十二岁才奉诏入京，供奉翰林。虽有唐玄宗降辇步迎，御手调羹，但李白却不甘心成为供帝王消遣的一介词客，最终得罪权贵，不到三年就被赐金放还。回到东鲁的李白，准备南游吴越，于是，他告别东鲁的朋友，写下了《梦游天姥吟留别》。

【初读会意】

师：诗歌，是诗人用生命弹奏的歌谣，我们一起用朗读来传达诗人生命的节奏。两个要求：读好字音、停顿和起伏，并思考诗歌的三段与题目有什么联系。大家推荐两位同学。

第一段，请一位学生读，全班齐读两个地方，一处是"列缺霹雳，丘峦崩摧……仙之人兮列如麻"，一处是最后两句"安能"。剩下的句子我再想请一位同学读。

生：（分工合作朗读全诗。）

师：大家觉得读得怎么样？

生：好。

师：我也觉得很好，很多同学读着读着脸上不自觉地笑了起来。课文的标题应该怎么读？

生：梦游天姥吟留别。

师："吟"是什么？

生：作诗。

师：我们曾经学过孟郊的一首诗——

生：游子吟。

师：我们还学过白居易的《暮江吟》，再读读课文题目，应该怎么读？

生："梦游天姥吟留别"，"吟"是一种诗歌体裁。

师：大家一起把标题读一读。

生：梦游天姥吟留别。

师：（走到朗读第二段的同学面前）你刚才读得很有感情，我想和你商量一组诗句的朗读，"云青青兮欲雨，水澹澹兮生烟"，你的下句读得很有情味，但是上句读得铿锵了些，你再调整一下。

生：云青青兮欲雨，水澹澹兮生烟。

师：我读一读，你听听。（示范读此句）你再来读一读。

生：云青青兮欲雨，水澹澹兮生烟。

师：孺子可教也！（众微笑）

师：诗歌的三段内容与题目有什么联系？

生：第一段写入梦之因，第二段写梦游天姥所见到的情境，第三段写作者和友人道别。

师：我觉得你对于第一段概括得非常简洁——"入梦之因"，第二段能不能也调整成四个字？

生：入梦之境。

师：第三段写作者和友人留别，实际上抒发了自己梦游后的？

生：入梦的感觉。

师：我们选择四个字：入梦之感。

【品读入境】

师：诗歌，是诗人的生命酿造的美酒。李白是浪漫主义诗人，怎样去品出浪漫之酒的滋味呢？当代作家陈世旭曾这样说："从世俗到灵魂，只隔着一层薄得看不见的门。李白在里面经营意境，偶尔取出一些，就惊呆了历代猖狂之士的眼睛。"

意境，是诗人主观情意与其描写的客观物象融合而成的世界。例如"双星伴月"就是一个美妙的意境：双星与月相依相伴，描绘了亲睦祥和的画面;人们给它取名"双星伴月"又融入了赞叹神往之情,两者相融就构成神奇美妙的世界,这就是意境。

李白在他灵魂的世界里给我们经营了怎样的画面?片段画面中又融入了什么情感?

师:小组合作,找出自己喜欢的几幅画面,从下面三个方面说说品读收获:运用了什么手法或词语,描绘了怎样的画面,融入了什么情感。

师:大家一起来交流自己在诗中欣赏到的不同意境。谁先来发言?

生:我喜欢的是"脚著谢公屐,身登青云梯。半壁见海日,空中闻天鸡",这里作者描绘了雄伟、壮观、气势磅礴的画面,我觉得李白充满了喜悦欢快的情感。

师:"雄伟""壮观""磅礴"一连用了三个词语来描述自己感受到的意境,也激发了我的同感。

生:我喜欢"青冥浩荡不见底……仙之人兮列如麻"。

师:你觉得这一幅画面是怎样的?

生:高潮。

师:"高潮"是名词,你看看我描述"双星伴月"的意境用的是"神奇缥缈"的形容词,你也试着换一个形容词?

生:激越。

师:激越?好的,你先坐下,大家也来看看这幅画面,是"激越"的意境吗?

生:是欢乐、静穆的。

师:我知道你想说的不是"静穆","虎鼓瑟""鸾回车""仙之人兮列如麻",你们觉得这是一场什么样的盛会?

生:热闹欢快的。

师:把"静穆"换成"和乐""祥和"是不是更贴合你的想法?

生:我喜欢"海客谈瀛洲……对此欲倒东南倾",写出了天姥山的神奇高大，看了以后很想去。

师：作者是怎么写出天姥山的神奇和高大的？

生：衬托、对比和夸张。

师：具体说看看？

生：用"瀛洲""烟霞"写天姥的神奇，又用"烟霞""天"写天姥山高耸入云，再用五岳、赤城、天台山来对比写它高大雄伟。

师：如此耸入云霄的山，真是令人心向往之！

生：我喜欢"忽魂悸以魄动……失向来之烟霞"。

师：你真独特，这是写作者梦醒后的心理感受的句子。记得王国维说过："境非独谓景物也，感情亦人心中之境界。"没想到你竟然能发现这独特的感情之境！

生：老师，我觉得第二段整个都是缥缈的境界。

师：大家有不同意见吗？

生：我觉得不全是，"熊咆龙吟殷岩泉，栗深林兮惊层巅"；"列缺霹雳，丘峦崩摧。洞天石扉，訇然中开"就写得惊心动魄。

师：第二段的意境是不能用一词道尽的，因为它的意境变化多姿，李白的情感也随之起伏跌宕。我们先前曾说，我们今天品尝的是一杯什么滋味的酒？

生：浪漫的酒。

师：这就是李白的浪漫主义风格。

生：我喜欢"且放白鹿青崖间，须行即骑访名山"，写出了自由的意境，流露了李白向往游山玩水的情怀。

师：又是一处"情境"。好的，梦游就在这里画上了句号，梦境的美是一堂课难以言尽的，我想在这里留白，给大家课下回味涵泳的空间。这个浪漫的梦境变幻莫测，神奇万变，令人目不暇接，诗人想象丰富而瑰奇，夸张手法的运用大胆而出奇，流露的情感起伏跌宕，摇曳多姿,正彰显了作者的浪漫主义的风格。

【研读悟情】

师:李白之梦让我想到了庄子之梦,"昔者庄周梦为胡蝶,栩栩然胡蝶也。……俄然觉,……不知周之梦为胡蝶与?胡蝶之梦为周与?""栩栩然"是什么意思?

生:栩栩如生。

师:不大一样。我们平常说蝴蝶怎么飞舞?

生:翩翩飞舞。

师:对,就是这种感觉,自由轻快的样子。从梦中意境与醒后感慨两个角度比较李白之梦与庄子之梦有何异同?

生:庄子在梦里和蝴蝶成为一体了,是万物与我的融合。

师:那李白之梦呢?

生:李白的梦浪漫飘逸又变化多姿。

师:你刚才说到庄子和蝴蝶融为一体了,这是个很好的比较角度。你看看李白与梦中的仙人融为一体了吗?

生:没有。

师:为什么李白不能"栩栩然"仙人也?是什么牵绊住了他?

生:李白不能摆脱现实带给他的苦闷。

师:李白怎么了,会为现实而苦闷?

生:被贬了。

师:我们常在古文阅读中看到"出"和"入"两字,"入"是入朝为官,而"出"是贬到地方为官。那么李白此时是怎么了?

生:赐金放还。

师:李白遭权贵排挤,据说,他曾让高力士为他——(生:脱靴),让杨贵妃为他——(生:研墨),你们说,他怎么不被放还呢?李白的梦境越是美妙,就越衬托了现实的丑恶。梦,是李白摆脱现实的避难所。李白作为梦境的旁观者，看到热闹欢快的梦境，正如朱自清先生说的那样——

生："热闹是他们的，我什么也没有。"

师：李白梦后的感慨和庄子有什么不同？

生：庄子恍如还在梦中，而李白却要骑鹿访名山，不愿再回来。

师：为什么？

生：他不愿再侍奉权贵，他不愿再过这种让他不开心的日子。

师：如果回来，他就得怎样？

生：卑躬屈膝，失去尊严，丧失人格，失去个性。

师：你觉得李白是真想骑鹿远游、别君去兮永不还吗？你怎么看出来的？

生："且"放白鹿，说明他只是暂且游山，排遣心中的愤懑。

师："安能摧眉折腰事权贵，使我不得开心颜"这两句照亮全诗，让所有的意象熠熠生辉。它喊出了李白蔑视权贵、追求自由个性的愿望，成为全诗的最强音，甚至在《唐之韵》这样来评价李白：正是这个宣言'安能摧眉折腰事权贵，使我不得开心颜'的超级巨人，把盛唐精神推上了照耀千古的最高峰。"我们来看看这个超级巨人的人生经历：

十四岁，立志"安社稷""济苍生"；二十五岁，仗剑远游，求仕无果；四十二岁，奉诏入京，供奉翰林；四十四岁，权贵排挤，赐金放还；五十四岁，安史之乱，从军报国；五十六岁，兵败流放，中途遇赦；六十一岁，再请从军，因病折回；六十二岁，病逝当涂。

这就是李白，有着儒家兼济天下的壮志，即使在遭遇了排挤和流放，也矢志不渝。梦是他壮志难酬时的安魂曲，是他怀才不遇时的精神家园，他的骑鹿远游里深藏的是对现实的不满，对权贵的不屑，对自由的追求。

【小结励志】

师：李白在失望之中希望，在失落之中追求，在困厄之中超越。"太白的诗写在天上，飞翔的生命挂在悬崖。"既然现实是灰暗的，就在心灵的天空飞翔。我们每一个人都需要一块圣地，安放自己的灵魂；我们需要时刻对生活保持积极乐观的态度，因为，这才是对生命最大的尊重。

六、《前赤壁赋》文本研习课设计

【教学目标】

1. 准确地用现代汉语翻译原文。

2. 理解文章诗情、画意与哲理之美。

3. 理解作者关于"知"与"不知"的哲理思辨。

【教学重点】

对文章表层和深层意思的理解。

【教学难点】

关于"知"与"不知"的哲理思辨的理解。

【教学课型】

文本研习。

【教学思路】

紧扣文本，逐层研习，先知其表，再探其理，以达读通读懂文本并进而受到美的熏陶和哲理启迪的目的。

【教学过程】

1. 情景导入

学生齐读：成熟是一种明亮而不刺眼的光辉，一种圆润而不腻耳的音响，一种不再需要对别人察言观色的从容，一种终于停止向周围申诉求告的大气，一种不理会哄闹的微笑，一种洗刷了偏激的淡漠，一种无须声张的厚实，一种并不陡峭的高度。勃郁的豪情发过了醇，尖利的山风收住了劲，湍急的细流汇成了湖，结果——引导千古杰作的前奏已经鸣响，一道神秘的天光射向黄州，《念奴娇·赤壁怀古》和前后《赤壁赋》马上就要产生。

《赤壁赋》究竟是怎样一篇作品，竟让余秋雨满怀豪情地称之为"千古杰作"？请让我们一起来研习这篇五百三十七个字的作品，研习这千古杰作的内蕴。

2.一读，整体感受文本

（1）生齐读课文。

（2）谈谈整体感受。

这是一篇熔诗情、画意与哲学于一炉的千古杰作。

3.二读，研习文句含义

要理解文章的诗情美、画意美和哲理美，就必须仔细阅读文本，进行深入研习。请大家再读课文，在读了课文注解以后，如果还不理解的，或者没有注解而不理解，或者对注解有疑问的地方提出来，大家一起讨论。

（1）"少焉"的"少"怎么读？为什么？

读第三声，是指时间短，不是指年轻。

（2）"乐甚"怎么理解？"扣舷"怎么理解？

甚乐，倒装。扣，敲打；扣舷，敲打船舷。

（3）"美人"所指为何？

屈原《离骚》里的"香草美人"影响了此后的文人，大家都常用"美人"作为明君圣主的象征。苏轼此处所唱内容，以屈原自比，用桂兰香木做船桨，用痴情忠心做船帆，暗含翘首以待圣君赏识的情怀。

（4）如怨如慕，如泣如诉。

怨：幽怨。慕：思念。泣：低声哭。诉：倾诉。

（5）舞幽壑之潜蛟，泣孤舟之嫠妇。

舞："扭动""摆动"或"扭曲"。在"舞幽壑之潜蛟"句中，联系上下文意，"舞"字表现出来的情态当是"不安""难以忍受"。试想，"如怨如慕，如泣如诉""呜呜然"的箫声，既然能"使舟中的寡妇想起身世而悲哀哭泣"，那么深渊里潜藏着的蛟龙听了怎么会高兴地"起舞"呢？"飞舞"更不恰当，有腾空飞跃之嫌。即使译作"舞动"也不妥，体现不出箫声的哀和蛟龙听后之情。如果把"舞"字译为："'舞'，使动用法，使……起舞，这里引申为扭动讲。即这呜咽的箫声，使深渊里潜藏的蛟龙听了都感到难受不安，扭动不已。"这样既反衬了箫声的凄恻感人，又照应了下句的嫠妇之泣。

"客有吹洞箫者，倚歌而和之"从而使"嫠妇"闻之而泣。这即情而吹出的箫声在如此短暂的时间内能引起"嫠妇"强烈的反应，足见箫声之哀凄、"嫠妇"之痛切。若无切身之痛，何能闻声泣下？其情真挚深切，绝非白诗中长守空船、夜梦往事的"商人妇"所有！由此看来，"嫠妇"当作"寡妇"解，既合《说文》，又合文意。

（6）正襟危坐。

正：动词，整理。危：严肃的，庄重的。

4.三读，研习文本之诗情画意

刚才我们做的研习，还基本是对字面意思的理解，我们再读课文，研习文章字面所承载的诗情画意。

（1）女生读第一段，感受诗情画意。

（2）用点评法对本段文字做研习点评。

如第一句交代时间、人物、地点。第二句写风小速慢，江水平静，见秋气之爽。第三句写游客之雅，情调之高。第四句写月出而露清光，悠闲而见自在。第五句，出句写秋意之浓，对句描秋水之旺。第六句写夜游之乐，显自由之心境。第七句以想象升华感情，极显意欲乘风归去之惬意。

作者以秋江之浩阔之景，引心胸浩阔之境，发俗念暂除，独享风月，无边身心俱自由的浩荡感情。这里所写既是画也是诗，具有空阔、瑰奇的壮美。

（3）男生读第二段，体验情意。

（4）研习手法，感悟情感变化。

a.解说歌词

桂木做的棹啊兰木做的桨，拍打着澄明的水啊在月光浮动的江面上逆流而上。思绪黯然邈远啊我心茫然惆怅，朝思暮想的美人啊与我天各一方。

b.歌声、洞箫声与第一段的情调是否一致？为何？

不一致。敲船而歌，渲染伤意；洞箫和奏，深化悲情。且这悲情竟一发而不可收。连用六个比喻，描绘悲声，将悲意具体化。这是因为什么呢？带着这个问题读第三、四段。

5.四读，研习文本之哲理内涵

（1）女读第三段。

（2）"客"怎么解释他把笛音吹奏得使潜蛟不安，寡妇伤心？他说了几种理由？

a.由眼前江景，想起古今。古人创伟业，我辈落江野，宏伟理想与现实困顿反差，油然生悲。

b.由物是人非，想起英雄。英雄难免死，苦于不长生，宇宙无穷与人生须臾比照，不免生悲。

推出联想：我只能"挟飞仙以遨游，抱明月而长终"。

故得出："知不可骤得，托遗响于悲风。"

这种思路叫作——缘景生情。

点拨：观景，触发，联想，把景与我联系起来，把物与心贯通起来，思路就打开了。

（3）"客"说出了一番理由，苏子是否同意他的说法，苏子有什么见解？

（4）男读第四段。研习苏子的观点。

a. 如何理解第一个问句？这个问句缘何而来？

"知不可骤得"。

b. "客"对"水与月"是怎样理解的？

"客"理解的"水与月"：吾生之须臾，长江之无穷，一"哀"一"羡"，是其所知之一。挟飞仙以遨游，抱明月而长终，一"挟"一"抱"，是幻想而已也。

c. 苏子是怎样理解的？

苏子相应的理解也是两点：逝者如斯，而未尝往也。浩荡长江，虽日夜奔流，而从整个大江来看，不曾流失消逝。盈虚如彼，而卒莫消长也。月亮如此圆缺，而实际没有长一分也没有减一寸。"月亮还是那个月亮"。

d. 看来，苏子的观点是什么？

不同意"客"的观点，认为他"不知"。

e. 上面还是讲物的，讲物不是目的，目的是要说人。那苏子到底要说什么？

自其变者而观之，则天地曾不能以一瞬。若从虚无角度观人生，那么天地间的事物不到一转眼的工夫就消失了。——此乃客之"知"；自其不变者观之，则物与我皆无尽也，而又何羡乎？若从永恒的角度看人生，那么万物与我同属于无穷无尽生命之旅中的一环，又何必羡慕那源源不断的大江呢？——这是苏子的"知"。

f. 怎样理解苏子之"知"和客的"不知"？

歌德："我深信人类精神是不朽的，它就像太阳，用肉眼来看，它像是落下去了，而实际上它永远不落，永远不停地照耀着。"（《歌德谈话录》）认识自然和历史的真理，痛快淋漓地享受生命，重获一颗自足的童心，这是真正严肃思考过人生的中外人士的共同特点。

g. "客"是主张怎样对待人生的?

"挟飞仙以遨游,抱明月而长终。"不免于"哀"与"悲"。在"哀"与"悲"的情境中,他幻想"挟"与"抱",这是虚幻的,是假"得"。

h.苏子持怎样的主张?

"物各有主",怎能挟飞仙而抱明月? 换一种思路才是真"得":对清风,耳得之而为声,对明月,目遇之而成色。耳得,目遇之乐,实为心得心遇之乐,这乐又是"取之不尽,用之不竭"的。从苏轼的诗文中找得到他思想的印证:

春未老,风细柳斜斜(《望江南·超然台作》)——耳

桂魄飞来,光射处,冷浸一天秋碧。(《念奴娇》)——目

明月如霜,好风如水,清景无限。(《永遇乐》)——目、耳

这种思想,反映了苏子天人合一、顺应自然的旷达开朗情怀。而这种万物与我共有,"是造物者之无尽藏也,而吾与子之所共适"。肉体与精神返璞归真,都回到自然的怀抱之中,才是真"知"。"常以谓人之至乐,莫若身无病,而心无忧。"(《书东皋子传后》)生活只对懂得向他微笑的人微笑,这是确认人生价值之后境界的升华,是一种比"遗世独立"之乐更高层次的享受。

i.由此可见,此文是以记游为主,还是以探析人生宇宙真谛为主?

探析人生宇宙真谛。文章以苏子之"知"与客之"知"的对话,展示内心苦恼、矛盾交织的独白,重叠了两个人的内心灵魂。内心的"主"终于说动了内心的"客",作者乐观向上积极的一面,压下了颓伤自怜消极的一面。

林语堂《苏东坡传》:"短短几百字就道出了人在宇宙中的渺小,同时又说明人在此生中可以享受大自然无穷的盛宴,没有人写得比他更传神。""捕捉诗意的片刻,化作永恒。"看来,这篇文章的确是千古杰作。

6.五读,享受文本美韵

设问与回应：教学目标达成的两大重要方法

——简评张安群老师的《梦游天姥吟留别》课堂实录①

从课程性质、文本理解、教学程序等视角来考查，张安群老师的《梦游天姥吟留别》的课堂教学，可以说是体现了语文课程的特点，显示了对文本理解的准确度与深度，表现了教学设计的完整性和教学流程的流畅性，堪称一堂具有多重借鉴意义的好课。这里我重点从教师的视角（部分地涉及学生的视角），从设问与回应这两个观察点来评析一下这一节课。

当代语文教学，在扬弃了"满堂讲"的方法以后，又出现了多被诟病的"满堂问"。问，并没有错，就像"讲"本身也并没有错一样，其错就在于不分青红皂白地"满堂"运用。也就是没有研究"问"的技巧，"问"使用的原则，没有从实现教学目标、提高教学效率的角度去思考该不该问、该怎么问。问，是引导学生进入文本、激活学生思维细胞、体现教师指导作用、实现教学目标的重要方法之一，使用得好不好，很能体现一个教师对课程、教材的理解能力和教学设计、教学艺术的运用能力。张老师的这节课，教师一共问了四十五个问题。从形式来看，可分为两种：一种是明问，都用问号标出了；一种是暗问，或叫作隐问，看似不是在问，实质是要学生回答，如"看到太白金星，我想到了一个人"，这后面有个拖音，意在留给学生思考的空间，让学生"跟一下嘴"；像"我们曾经学过孟郊的一首诗——"这样的问，从文字形式上就更为明确了。从内容上看，也可分为两类：一类是引导过渡性问

---

①纪勇，简评《梦吟天姥吟留别》课堂实录［J］.中学语文教学参考，2012年7期，第19页。

题，如上课伊始时的问题；一类是研习文本性问题，如"课文的标题应该怎么读"这样的问题，虽然看似问诵读的问题，其实质是引导学生思考这几个字的停顿问题，而要理解停顿问题，又必然地涉及对"吟"这个词的理解问题。我们还可以从设问的作用来考察。一种是掌控课堂的设问，一种是推进思维的设问。前者如"谁先来发言"之类，哪些用破折号的隐问也是这一类的。后者如明显地问"为什么"，颇具思维含量的如"李白梦后的感慨和庄子有什么不同"，"你觉得李白是真想骑鹿远游、别君去兮永不还吗？你怎么看出来的。"这类问题直接指向对文本的理解，或启发联想，或提示比较，或暗示体验。这类问题最能反映教师对文本的理解功底和教学艺术的精湛程度。这节课的第三部分"品读入境"部分的一些设问，引导学生进入文本，理解诗意，显得比较突出，尤其在选用词语概括诗歌画面、意境的结果环节尤有思维启发价值。在第四部分这一类的问题相对比较少，而引导回忆、铺垫性的问题比较多，回忆性问题也有用，尤其能够起到活跃课堂，吸引学生注意的作用。这节课基本按照常规理解来处理教材，是可取的。但为了拓宽学生视野，激活创造型思维，也不妨借用新材料引导学生拓展，如这样设问：有人认为人各有其长，李白之长并非为官，唐王赐金放还，也算知人善用，李白应有自知之明。你怎么看？

这节课，学生几乎没有设问，完全是被教师引着走。这虽然也是一种教学思路，但可不可以换一种方式，让学生也来提提问题、以更进一步体现学生的主体性呢？另外，"导语激趣"部分的设问，隐形限制很多，放在别处，很可能会出现"冷场"或学生并不能按照教师预设的思路走以致课堂拖沓而不能快速进入正轨的现象。

回应，是教师对学生的课堂活动的反应，一般包括对学生所提问题的解答和对学生活动的评价。这节课因为学生没有提问，所以，也就没有教师对学生问题的解答。而教师对学生活动的评价则很显教师的课堂把握功底。张老师的课堂回应值得借鉴的主要有三个。第一是委婉性，即对学生的活动往往交由学生评价，而教师在表示赞同的同时，又抛出一个问题，委婉地指出其不足的一面，进而引出下一个问题。如关于学生朗读的回应，教师先把皮球踢给学生，教师在肯定学生评价的基础上，又问题目该怎么读；学生回答后，张老师还不正面评判，而是引出过去学过的诗歌题目，启示学生做类比联想，让学生顺着路子发现曾经的错读错解，找到正确的答案。第二是评价性，就是对学生的活动提出看法，让学生知道好在哪里、错在何处。如有关"高潮""激越"的概括辨析，教师态度虽然很温婉，但是态度明确。第三是启示性，启示方法归纳、思路总结等，如对第一个学生讲述画面时的回应，和对第二位同学的回应都注意了对此语的概括提炼，方法引导。其他的回应也多有精彩之处。

　　但教师的语言仍有继续锤炼的必要，有些说法值得推敲，如"甚至在《唐之韵》这样来评价李白""很期待"，"传达"诗人的生命节奏，或许还是"体味"好。

第四章 问题探讨课型

　　问题探讨课,虽然也是针对文本理解的课,但是,它与文本研习课有区别。区别在于入手点不同,着眼点不同,理解的路线不同。因而,设计课堂的思路也有不同,采用的教学方法不甚一样。如果说文本研习课侧重在字斟句酌、研磨探究、挖掘欣赏,那么,问题探讨课则侧重在针对问题,做分析,找答案,更注重寻找依据、逻辑推理、批判思维。课堂的思路是因读而问,因问而探,因探而得。

第一节 问题探讨课课型特点

问题探讨课与文本研习、活动体验有着密切的联系，但是也有着自己独特的地方，主要体现在三个方面。

一、问题为教学主线

问题探讨课是以问题为主线的，表现在三个方面。

1.问题贯穿始终

由导入引出问题，到讨论探究问题，到得出结论解决问题，课堂教学活动都是围绕问题来进行组织的。一般地，效果最佳的问题探讨课，总是有一个主问题的，为解决这一个主问题，可以分蘖出几个分问题，一环套一环的问题形成的问题链解决了，主题问题的答案也就解决了。苏教版语文教材必修五的《兰亭集序》，课本安排了一个"问题探讨：作者的情感是怎样起伏变化的？这种变化表达了什么样的思想境界？我们在教学中就以这个问题为贯穿全课的主问题，进行问题探讨教学。因为这是篇文言文，学生一下子读懂是有一定难处的，我们就采用呈现型问题探讨法组织教学，即教师在做导引发言中抛出问题，引导学生进行探讨。为使问题探讨步步推进，我们采用化整为零、化大为小的办法，把主问题切分成小问题或者叫分问题。安排这样几步：第一步，析字解句知文意。第一段写什么？写景。这景有什么特点？优美无比。何以把景写得这么优美？心情愉快。这个写景突出一个"乐"字，时节美好可乐，环境清雅可乐，友人聚合可乐，文雅饮酒可乐，交融自然可乐，把乐情美意写得令人神往。第二段写人生的几种状态，仍承上而来，写乐情乐意，待到"所王既倦"之后，生命意识觉醒，感到生命短暂，不由悲从中来。文章由"乐"转到"痛"，表现作者由生命愉悦境界转到生命感悟境界。到第三段，继续生发人生感悟，表现生命之"悲"的情感。第二步，感受悟情知蕴含。作者写景表现喜乐之情，写各类人的生存状态，由物及人，由人而兴感，从生命的自然状态进入自觉状态，再进入理性思考，从古人想到后人，在不动声色之中，以自己的行动否定"一死生""齐彭殇"的观点，想前人而生感，推后人而兴叹，与古往今来的人做心灵的沟通，蕴含对人生的眷恋和热爱，表达生命不得永恒的悲伤之情。第三步，前后勾连明起伏。第一段是"起"，昂扬快乐至极；第二段由理性归类，表"不知其老之将至"的忘我境界之乐，为起之稍降；接着转入"痛"，痛人生之短。这里的"不知老之将至"把从"乐"到"痛"的情感转变挽合得妙合无垠，令人叹绝。第三段由议写"悲"，情绪再次低伏。全篇情感起伏线是由乐而痛，由痛而悲，情绪逐渐低落。但是，这低落又是有限度的，是悲叹而不悲观，感情曲折而深沉。第四步，联系背景做深推。作者的情感为何有这样的起伏变化？或者说这起伏让人感受到什么？学生在讨论中，能够体悟到作者内心在想什么，怎么想的，问题第二问就有结果了。在这个时候，教师可以适当引导学生了解时代背景，了解别人的评价。第五步，总结方法谈规律。比如可以探讨一下，这问题是从何而来，是怎样提出来的，探讨过程中，我们是怎么做的，可以归纳出什么样的方法，如从钻研文本中求答案，从了解背景中明所寄，在互动讨论中受启发。问题探讨课也应该上得有一个清楚明晰的线索，即使是学生发现问题，也应该有一定的向心性。

2. 问题从文本中来，为深入理解文本服务

阅读课的问题研讨，始终是立足于理解文本和鉴赏文本的。是针对

理解文本的问题是真问题，研讨这样的问题是有效研讨。脱离文本的旁逸斜出的问题研讨，有可能是耕了别人的地，荒了自己的田，上的就不是语文课了。比如一位年轻教师讲《兰亭集序》一文，开始出现在屏幕上的是"儒、道两家对于生死的看法"，教师意在以此为这节课探讨的问题。在简简单单问答了几句课文以后，就出示大量的研究资料，要学生读资料，讨论儒家与道家关于生死看法的分歧在哪里。课后评课老师大加赞扬，说这位老师钻研很有深度，立足点很高。教师理解问题的素质应该是好的，其他方面的长处也明显，但是，作为语文阅读课的问题探讨，这个问题充其量只能作为探讨文本思想、理解作者观点的一个支撑材料，不应该是主问题。听过不少"优质课"，所谓"省级""国家级"比赛获奖课，进入文本不几分钟，便热衷于搞拓展了，一串串新人耳目的问题被抛出，学生唇枪舌剑，热烈非凡，但是，往往发现被讨论的问题或者学生的讨论与文本越离越远，甚至毫不相干，课文只不过做了一个引出话题的引子，这就不是语文阅读的问题探讨了，也许把它作为综合实践活动课还算可以。

3. 讨论问题有所选择

在问题很多时需要对问题进行分析、归类，有选择地进行讨论。问题探讨课与文本研习课有个区别，就是在对待问题的处理上。文本研习，可以是关于文本的一切问题，不论是教师挖掘出值得研习的问题，还是学生提出不懂的问题，都有问题。但是，这些指向文本的问题可以是宏观的，也可以是微观的，可以是零碎的，遇到什么问题解决什么问题，常采用问问答答式的处理办法。问题探讨课，也是解决对课文的问题的，也需要提出问题，讨论问题，但作为问题探讨课，突出的是问题性，是有一个主问题的，尽管也可以有许多细碎问题，但是这些细碎问题都是为解决主问题服务的。这里有一个教学设计思想的问题。有位教师教学《渔父》，标明这是问题探讨课（课本编者也是按问题探讨课编排的)。他备课很认真，引导学生逐段逐段、逐句逐句地理解课文，一问一答，似乎在探讨问题，最后归结到对两个人物形象的分析上，再上升到屈原、渔父这两个人物的人生选择问题。学生各抒己见，谈自己支持谁的观点。这样的处理，更像文本研习课。而作为问题探讨课，就是要讨论屈原是如何进行人生选择的这个主问题，这是首先要摆在学习者面前的。要在这个问题的统帅下，进行探讨。要探讨这个问题，就涉及研究屈原在人生选择上的历程，这就需要理解文本，这时的理解文本，就是为解决问题的理解。在这样的思路指导下，很容易发现，渔父作为假想人物，实际上是屈原内心的一种形象，也就是说，借一个与本体屈原的"对立面"（在人生选择上观点态度片段对立面）出现的假想对手，来表现诗人内心的"斗争"。诗人屈原也是有内心斗争的，这才体现了真实的屈原形象，是作为人的屈原形象。所以，如果是探讨"发现型""创造型"问题，学生面对文本，可能会提出许多问题，教师需要引导学生对这些问题进行分析归类，分出主次，理出先后，商量出一个问题"体系"，确定探讨路线，形成一个问题探讨的"序"，然后才好高效地进行探讨。

二、探讨为教学形式

问题探讨课的主要教学方式是探讨，即师生围绕问题进行讨论，在讨论中逐步接近直至得出答案。这里的探讨也有三个特点：

1. 探讨必须围绕问题

问题探讨课是针对问题的探究活动，问题是统帅课题活动的主脑，所有讨论是为解决问题、寻找答案而进行的，一切脱离问题的讨论都是无效的。如在教学苏轼的《念奴娇·赤壁怀古》时，我以苏轼在词中表现了怎样的内心世界为主问题，引导学生进行探讨。学生始终在词的字里行间搜寻词人内心世界的"蛛丝马迹"，从浩荡的景象中，嗅出了词人抱负不凡的内心秘密；从对历史人物的兴叹中，感到了时光无情的悲慨；从人生如梦一樽还酹江月中，听出了"消极"人生态度的表白。在学生似乎已经尽力达到"终点"的时候，我引导学生再探讨两个问题，第一个问题：在三国人物中有很多人物可写，为什么单单写周瑜，这是个简单的背景铺垫性问题。第二个问题，既然写周瑜，为什么要写"小乔初嫁了"，小乔初嫁与周瑜成就"英雄"大业有何关系。这是学生没有想到的，即使想到了，也只是从资料中知道，小乔其时已嫁周瑜十年，并非"初嫁"，无非是想到"自古英雄配美人"，以突出周瑜是英雄罢了。我引导学生从人事关系角度再想想，学生恍然大悟，由"小乔"想到"大乔"，由大乔想到孙策，孙策是孙权的哥哥，由此不难想到周瑜与孙权的关系。原来，苏轼转弯抹角是想表达这样一个意思：周瑜与孙权的关系不一般，因而受到绝对信任，所以成就了大业。再做一点背景铺垫，知道苏轼命运多舛，是在欣羡周瑜的机遇多好啊，而我苏轼就没有这样的机遇。由此看来，苏轼一心要成就大业的内心世界不是在揭开层层蔽障之后显露出来了吗。这样一探讨，就知道后面的"人生如梦"是无可奈何的内心情感表白。正因为有积极进取的内心情愫，才有无可奈何的慨叹，若真是消极的，是不会去那么想，也不会去慨叹的。百事不想，百事不烦，管他冬夏与春秋，才是真正的消极呢。这些探讨都是围绕主问题的，一步步引导，一步步求索，都是围绕问题的。

2. 探讨必须注重过程

问题探讨是培养学生学习钻研能力的过程，而能力的形成是必须在实践操作中历练的，所以，必须强调十分重视学生的探究过程。对教材，无论是从知识积累，还是理解经验上讲，都会有足够的理解能力，再加上精心备过课，对于问题大多是"心中有数"的，这时千万要注意，不能以直接告诉答案代替学生的思考探究过程。学生在探讨过程中也许可能走弯路，不要急着去矫正他。走过弯路，再走回来，适时引导学生总结经验和教训,也是一种收获。可以说,问题探讨有时探讨的过程比得到结论更重要。比如上述列举的课例,学生探讨出苏轼的消极思想,其实,这不完全是学生的认识,过去许多成人不也是这样认识的嘛。我们在进一步的探讨中,学生恍然大悟,发现先前的认识是浅表的。于是,他们就会印象很深了,更重要的是学会了一种思考和求索的方法。如果没有实践探讨的过程,即使老师告诉他应该怎样去探讨,往往也有一些同学不会用这方法去探讨。有效的问题探讨,是一步步落实实际探讨过程的。

3. 探讨必须有一定难度

能够作为问题的,就是需要思考、追究才能解决的,那个字怎么读,某种程度上讲除了多音字需要根据对语境的理解来决定还有点探讨的价值外,绝大多数是没有探讨价值的。那些工具书上有,甚至课本中有注释的(注释是正确的),一看就知道,一查就明白,是不需要探讨的。所以,那些课堂上简单的一问一答,不是问题探讨课。如《记念刘和珍君》,课本提出的问题是:

第一,文章开头反复说"有写一点东西的必要了",后来却说"实在无话可说",最后又说"说不出话"。联系全文,说说你是怎样理解这些语句所表达的思想感情的。

第二,鲁迅笔下的刘和珍有哪些特点?鲁迅为什么称赞她是"真的猛士"?文中"庸人"的主要特点有哪些?鲁迅对"庸人"的态度是怎样的?谈谈你对这些问题的认识。

第三,结合文章,说说对下列语句含义的理解。

a.我将深味这非人间的浓黑的悲凉;以我的最大哀痛显示于非人间,使它们快意于我的苦痛,就将这作为后死者的菲薄的祭品,奉献于逝者的灵前。

b.真的猛士,敢于直面惨淡的人生,敢于正视淋漓的鲜血。这是怎样的哀痛者和幸福者?

c.苟活者在淡红的血色中,会依稀看见微茫的希望;真的猛士,将更奋然而前行。

这三个问题以第一个为主问题,另两个是为解决这个主问题设置的分问题,探讨这样的问题是有难度的。这样的问题探讨清楚了,对文本的理解也就达到了一定的层次,也就会对感受这样比较深奥的文本有了一个比较明晰的思路。这里探讨主问题是贯穿全课的,是要从三句话贯穿起来理解作者的思想感情态度的角度来探讨,是从一个较高难度上来确定探讨的问题的。如果只把这三句话单独提出来从字面上进行一些探讨,问题的难度就降低了,对这个文本的理解也就浅表了,对作者的内在思想的体会就不能到位了。

三、思维为训练重点

1. 注重活跃的思维氛围营造

问题探讨课成功的关键是学生的主动积极参与,自觉地投入探讨学习。学生在研读文本中发现了问题,对寻求解决问题的方案有浓厚的兴趣,热烈投入地进行探讨活动,在探讨中不断激发出新问题,在探讨中互相启发,生发出新的见解,使得每个人的思维越来越趋于活跃,越来越有思考的路子,越来越会思考,以至逐渐学会了研究问题,形成了创造性思维,这就是问题探讨课的良好境界了。要达到这个目的,需要营造一种良好的氛围,使学生进入这个环境,就有探讨问题的欲望萌动,就有积极参与的冲动直至主动。他们没有顾虑,没有压抑感,没有被嘲笑或批评的畏惧。教师的责任就是引导学生营造这样的氛围,创设产生问题的情景,营建探讨问题的情景。教师是民主的,以参与者的身份与学生一起探讨,在学生探讨中百思不得其解确实需要援手时,伸手指点方向,是启发式搭桥,而不是给定答案;在学生自己觉得已经达到圆满答案时，适时引向深层思考，把学生的思维引向深入。学生出现失误，不要嘲笑，不要漠视，而要引导其逐渐修正自己的思考和发言，也要引导学生正确对待别人的发言。教师的水平要体现在适时的引导与暗中的推动上，而主要不是提出令学生叹服的"高见"。做教师有三种境界，第一层次的境界是自己会提问题，能得出答案，给学生讲清楚；第二层次境界是自己对教材有深入的研究，有独到的见解，常常让学生感到惊叹、佩服，有望尘莫及之感；第三层次境界是教师似乎不太会讲，常常要向学生请教（实际是启发学生思考），且请教的问题还有些是学生不曾想到的但是很感兴趣的，学生慢慢会了问问题，也学会了自己去找答案，因为能给老师解决问题总是荣耀的。教师教学生，如果学生完全放心地听老师的，不是最佳境界；最佳境界是学生形成了得靠自己探讨的意识，学会了自己去求知、去创造。问题探讨课的意义就在于此。

2. 注重探索兴趣的培养

探讨问题的兴趣形成是问题探讨课要特别关注的。学生有了探讨的兴趣，慢慢就会产生动力，就会形成习惯，创造性意识慢慢就培养起来了。培养探讨的兴趣，有三个层次的工作要做。第一层次是注意问题自身的趣味性，第二层次是注意问题的适合度，第三层次是探讨问题的思路导引。问题探讨需要问题的趣味性，但是不能仅仅停留在这个层次，有的教学一味地强调趣味性，是很难提升教学境界的，也是很难培养起学生所应有的思维能力的。一味地追求教学的低俗化是我们应该尽量避免的。这里有个对兴趣、趣味的理解问题，学生感到陌生的，探究以后有所收获，能获得收获喜悦的，就是有兴趣的，就是有趣味的。所以，探讨的问题应该适合学生的实际程度，学生"跳一跳"能够摘到桃子。不太需要思考的问题，学生对其不会产生兴趣；太艰深，学生无法探究，学生对其也会丧失兴趣。而只有学生在探讨中经过艰苦的劳动，摸到了门路，找到了可以用到下一次的探讨中的方法了，才会产生浓厚的兴趣。有人讲，语文本身就是不可捉摸的课。但是，我们还必须去找一些可以让学生捉摸的东西，让学生有可捉摸的。试想，一个人始终是在黑暗中摸索，别说是孩子，就是成人又有几个人能坚持下来？要研究学生探讨问题的思维问题，每次探讨总要和与学生一起总结出一两点经验性、规律性的认识来，不断引发学生新一轮探究的兴趣。

3. 注重思维品质的熏陶

学生探讨问题是个历练过程，教学的任务之一就是训练学生一种良好的思维品质。如思维的灵敏性品质、条理性品质、深刻性品质等。引导学生敏锐地发现问题，敏锐地感知问题的指向、问题的精髓，敏锐地捕捉别人发言的要点及其思考的立足点，敏锐地生发自己的新思考新理解新论证新观点，灵活地调整思考的角度、方向，灵活地修正和拨转。在学生讨论问题时，要有意识地引导学生从不同角度思考，分层次分条理地表述。还要引导学生学习逐步深入、层层推进的思考方法，逐步从事物的表面，从文字的表面走向事物的本质，认识文字背后的深层意蕴，训练思考的深刻性。例如探讨《论语》中的"学而时习之"章，可以引导学生逐层深入探究，一般地把它理解为对待学习的态度，是乐观地对待学习，认为那是快乐的；而南怀瑾则认为那是误读，孔子这里所说的"学"是指做人，反复学习做人，做到一定水平了，才享受到成功的快乐。有朋自远方来，不亦乐乎。是指自己独善其身，刻苦磨炼，是孤独的，也许到了若干年后被人发现，得到认同，才有了快乐。这"远"可指地理方位的远，也可指时间的久远。这样的理解有道理吗？学生去谈论，慢慢从字面到字里，认识逐步深入，探讨问题的思路慢慢拓展开来，这就是收获。

第二节 问题探讨课的分类

问题探讨课的重点是对文本中的问题进行探讨，通过分析问题、研究问题、解决问题，以达理解文本的目的。对课型的分类有很多标准，根据不同标准可以分出片段类别。此处，我们按照问题的产生分为两类：预设问题型和生成问题型。

一、预设问题型

在阅读教学设计中，教师先行研读文本，发现文本中具有研究价值的问题，把它们找出来，比较分析，探源求证，提炼出可作为课堂教学探讨的问题，以此问题为主线设计课堂教学路线。这类课堂，问题是教师预先设计好了的，有很明确的针对性、聚焦性、线索性、条理性。

这类课堂的设计要抓住三个问题：

1. 以教师对文本的深入研读为基础

要在文本中发现问题不容易，因此，很多人对阅读不感兴趣。其原因之一是，觉得这文章一读就懂，没什么"嚼头"。其实这往往是因为没读进去，没有读懂，只在文章表面溜了一圈。比如，读《老王》，"他蹬，我坐。"许多人感觉不出这里有什么问题，有什么深意，品不出味道，就会感到"无趣"。这样的阅读，就发现不了问题。教师不能满足于这样的浅阅读，而要善于"研读"，于普通中发现不普通，于一般中看出不一般，在看似浅显的文章中发现其深藏在里面的"黄金"。

要在文本中发现有价值的教学问题更不容易。这是教师的专业水平的体现。笼统地说"有教学价值的问题"，还是显得粗糙。准确地说，应该是发现根据所教学生实际水平提升需求的教学问题。在认真阅读文本的过程中，会发现许多问题，甚至有些问题还相当深刻，以至于是文学研究专家都值得探讨的问题，这些问题是不是适合这个年段、这个学生班级的现状，需要思考。

发现有教学价值的问题，要顾及这么几个原则：

一是这个问题是理解这篇文章的关键所在、重点所在、难点所在，具有振一发而动全身的作用，具有提纲挈领的作用。如研读《前赤壁赋》，怎样理解作者所说的"知"与"不知"，这个问题，就贯穿起了整篇文章，前因后果都在问题囊括之中，理解了作者所说的"知"与"不知"，就理解了文章的精神实质。

二是这个问题对这个群体的学生来说有探讨的必要，有探讨的可能。也就是根据学生的知识水平、可接受能力等等现实状况来确定这个探讨的问题。比如《老王》，初中生探讨作者为什么要把老王的许多细节写得那么详细，学生是可以探讨的；怎样理解"这是一个不幸者对步行者的愧怍"，这样的问题高中生可以探讨，但初中生就不一定探讨得了。

三是这个问题有探讨的价值。在理解文本中，有些问题没有讨论的价值，属于常识性问题，一查资料就能解决，是公众常识，作为常识来理解就可以了，就没有探讨的必要。在听课中，经常会发现有老师喜欢问"是不是""对不对"的问题，这类问题往往是没有研讨价值的。

2. 教师要把自己研读中发现问题和解决问题的路线理清楚

教师的阅读与普通读者的阅读，如果从教学意义上来讲，它的不同就在于教师需要"回味"，需要"探求规律"，而不仅仅是"欣赏"与"求知"。

教师需要发现"发现问题"的奥秘。自己是怎么发现问题的，把这个规律、方法找出来。诸如"从不该简单它却从简单处发现问题"，"从看似无理他确实这么说的处发现问题""从反复强调处发现问题""从重点设问处发现问题""从违背常规处发现问题"等等。找到这些发现问题的秘密，是为了要教学生"善于找到问题""善于发现问题"。

教师需要"回味"解决问题的过程，从中发现解决问题的方法、规律。诸如"追本溯源法""因果推演法""字斟句酌法""联系实际法""联系背景法""对比分析法""逆向反问法"等等。总结解决问题的路线方法，是为了设计教学时，有目的性地设置教学过程，安排教学环节，引进教学资源，帮助学生掌握探讨问题的方法规律。

3. 教学过程的设计要考虑"领着学生去走一遍教师自己走过的阅读理解之路"

这个环节，重点在于强调学生的"学习过程""学习历程"。根据学生的生理心理特点，根据文本的解读规律，设计学生学习探讨的过程。比如，在解读文本探讨问题中，有哪些弯路，有哪些陷阱，有哪些道路可走，我们应根据需要选择性地安排进教学环节中，每一个环节都有明确的"培养"目标。学生在这样清清楚楚的实现目标过程中，获得思考方法，形成思考能力，正确理解文本。

在这个环节设计过程中，教师可以考虑设计问题链。成功的问题链设计，是源自问题解决过程的。把解决问题的过程梳理清楚，逆向思考后，把最后的解决的问题作为总问题，把解决问题的过程中遇到的疑点、难点、拐点、突破点、生发点等等，一一理出，倒过来，便可以理出一个问题链。一环套一环，最终达到解决问题、理解文本的目的。

二、生成问题型

此类课难度较大。一般可有两种设计路线：

第一种，整节课完全放开，由学生提出问题，提一个问题探讨一个问题。课堂上也许问题并不集中，但都是指向文本理解的。这种课，需要学生有较好的阅读素养，掌握了一定的阅读技能，并能针对文本提出有探讨价值的问题。需要教师有掌控探讨情况的本领，善于理解学生的问题，也善于理解学生提出的问题，随时能够把握探讨的方向，使得课堂不至于成为散马由缰的"信天游"。教师要有充分的准备和很好的阅读素养，能够驾轻就熟地应对学生提出的各种问题，善于把这些问题转化为课堂研讨问题，引导大家研讨。并且能够把研讨引导到正确解决问题的道路上来，能够得出相对理想的答案。

第二种，先由学生集中提出问题，再由教师引导学生梳理问题，把这些问题进行归类合并，梳理出问题链、问题串，再确定出一个在这节课中要讨论的问题或问题串。这类课，更能体现教师的主导作用，课堂相对会"正规"一些、"严谨"一些。这种课除了需要学生提问题以外，更需要教师随机理解，敏捷把握能力。学生的提问，可能是很散的，甚至有些可能与文本理解不一定有关系，问法（表述法）也不一定规范，此时需要教师迅速反应，理出问题的实质所在，理出问题与问题间的关系，进行关系梳理和排队列序，有些还要做问法调整，使问题成为更利于研讨的问题。有时对学生的问题还要做取舍。取舍时，要巧妙地让学生感觉不到老师对自己提的问题"轻视"，不至于伤害了学生参与的积极性。这样的课堂，需要教师有较强的理性思维能力和较强的聚合组装能力，还要有准确、幽默的语言表达能力，很强的课堂组织能力，把握课堂，调节课堂，使课堂教学既活泼生动，又科学有序，以确保教学有效高效。

【参考阅读链接】

提问：落实新课程理念的切入点在哪里？

近年来的课堂教学一般都少不了教师提问，学生讨论，教师指导或提供答案，学生在教师的"主导"下，按照教师的精彩设计，"一节又一节，一年又一年，等待着问题，等待着答案，等待着相同的故事再次重演"。教师在相机诱导、巧妙启发方面钻研探讨，确实取得了不少令人赞叹的经验。但是，在不同课堂也常常出现不同问题，学生参与的普遍性如何？学生参与的主动性如何？学生的实际收获如何？一直是我在思考的问题。近日又听了两节初中语文课，我感到这种流行的被称作"启发式"的教学，与新课程教学理念还有差距。提问，这种教学形式，在新课程理念下，究竟该以怎样的形式出现？我就所听的两节课的几个环节做点探讨。

第一位老师教学《陈毅市长》第二课时，设计的第一个教学环节是"温故知新"。教师首先用多媒体打出两个问题："什么是戏剧？戏剧有哪些特点？"并配上这样的指导语："上节课我们学习了戏剧，现在我检查一下学习效果，也为我们今天的学习打下基础。"教师运用教学检查这个常规督促手段来温故知新。从一般教学过程看，语言简洁，问题明确，目标清楚，快速入题，是应该肯定的。但是，仔细想想，这种指令性提问，目标过于集中明确，范围狭窄，不利于学生思维的发散；这种提问也只是记忆性知识复习，没有什么启发性；特别是"我检查一下"几个字一下子把教师的"审判者"的位置、学生的接受检查的被动位置表露无遗。这种设计体现了教者的思想仍是把学生放在被动接受者的位置上的，学生的主体性没有被提到应有的位置上来。按照新课程教学理念，作为教者，首先应该考虑怎样才能使学生处在积极的主动的自觉的发展状态中，真正在教学语言、教学过程中体现对学生主体性的尊重。我们不妨试一试，把教师的复习检查提问变成让学生回忆、交流上一节课的学习收获或疑问。这样的形式，就可以让"答案丰富多彩"起来，学生可以根据自己的实际情况各抒己见，畅所欲言。因为是自己的收获或疑问，带有自己消化吸收后所得的幸福和成功的快感，是富有个性的，是在交流，是在展示，有一种发自内心的冲动感，这样实际上就把学生让到了前台，让到了主动者的地位上来。比较一下，我们会发现，用具体知识性问题提问，学生只需被动地记忆一下老师讲解的要点即可，时间一长，学生可能养成一种习惯，就是教师讲的才记，教师要求的才做，完全依赖老师，知识面会越来越窄，思维会越来越死，依赖性会越来越强，求索性会越来越弱。相反，谈收获和疑问式的温故知新，则因为实际上包含了暗示学生复习、思考、求深、求新、求异的功能，学生可能为了在下一节课堂上表现优异，主动去读书、查资料、深思考。学生不仅会说出什么是戏剧、戏剧的特点等知识性问题，还可能结合课外生活经验探讨疑难问题，就读课外书、看电影电视戏剧所获得的新认识谈自己的看法，思维的天地一下子就宽阔多了。并且，学生自己为了寻求在课堂上获得成功的快感，他会很自觉很愉快地投入精力去做，他会想方设法求异求新，创新意识和能力得到培养与锻炼。能这样经久历练，学生的阅读兴趣、思考习惯、表达欲望都会强起来，思维的宽度、深度、灵敏度都会得到很好的训练，学生的自主学习积极性自然被激发出来。

　　同样是温故知新，思想方法一变，提问形式一改革，课堂一下子就活跃起来了，教师再敏锐地捕捉学生发言中的信息，及时点评鼓励，并很自然地开始新课学习，学生会处在一种亢奋状态中，积极投入。整个教学环节可能会没有先前的段落分明，却把"温故"和"知新"结合得天衣无缝。一节课水到渠成地完成教学任务，下课了，学生还会意犹未尽，这样的课堂教学感觉应该是非常好的。

这样的做法会不会形成课堂漫无目的、"脚踩西瓜皮，溜到哪里算哪里"的无中心状态？只要教师积极参与，善于捕捉时机，巧妙引导，课堂会朝着理想的目标行进的。这就是教师主体作用如何发挥的问题了。我们说，教师的作用是不可少的，意义也在于此。

另一位老师教学《济南的冬天》。老师准备了很美的画片投影，还配了音乐，经过一番铺垫后，由教师提出问题："作者是怎样写济南冬天'温晴'的特点的？"把教学参考书上的相关提示直接设计成问题要学生回答。有一段时间学生无人应答，教师只好自问自答地进行启发引导，慢慢地总算把任务完成了。但是，提问来得突然，学生感到很难，参与的兴趣和积极性都大打折扣，课堂效果不好。我在想，能不能让学生细细品味课文，由他们找出作者笔下"济南冬天"的特点，由学生七嘴八舌，各抒己见，在不断求索中，甚至碰壁中，让学生走进文本，与文本亲密接触，并以文本为思索起点，反复阅读，反复思考，获得感受？这样的效果，会不会比很快给出答案好得多？教师不以提问者、审视者的身份出现，而以讨论者的身份出现，适时插进自己的"理解"，课堂局面会不会改观？其实，抓不抓住"温晴"二字，并不是很重要的，关键是由此引导学生认真读书了，仔细品味了，这是功德无量的举措。

两节课说明一个共同的问题，教学理念很重要。但是，把理念转变为教学行为需要寻找一个切入点，这可能是一般才入门者的一个难点。以学生为主体，以学生发展为本，在课堂的切入点可以有很多，从提问方式的转变入手不失为一个好的切入点。我们抓住"提问"这个切入点，可以实现从旧方法到新理念的过渡。在新课程理念下，提问需要变形，一是提问权由教师独占变为以学生为主；二是提问方式，由测试式变为体验式，要让学生自己读书，谈读书的收获，找出自己的疑问，学生再不是接受检查者，而是主动交流者，使学生的参与兴趣大大提高。当然，在这种情况下，教师的参与、引导、搭桥、铺路作用很重要，放开手，给方法，出例子，导掘进，是教师的责任。需要注意的是，如果学生还习惯于提一些这篇文章的中心思想是什么、写作手法是什么之类的大而不当的不是具体深入语言和文本的不用动脑筋的"传统问题"，读书、体悟、质疑、讨论就细不下去，深不下去，就会影响教学效果，学生的兴趣也就会消失。我们要给学生以适当地引导、指导，让学生循序而进，自得其趣，自识其路，自享其乐，自获其益。

学生的主体意识需要精心培育

——关于主体探索式教学答读者问

读者：拜读了2002年第8期《语文教学通讯》刊登的您的《在不懈求索的路上感受人生的幸福》一文，深感震动。您说出了我的心里话。我从事语文教学五年，诚如您所说，书越教越不知怎么教了。我认真备课，每次备课都翻阅大量的资料，精心设计教学步骤，自以为准备得还可以，可是一到课堂上就无用武之地了。提出一些问题，学生无兴趣，不会回答，引导半天，不得要领，组织讨论，学生不发言。我感到很困惑。

答：可以想到，你是一个很有上进心很有事业心也是很有前途的年轻教师。你的困惑涉及目前教学工作急需要解决的一个问题，即学生主体意识培养的问题。长期以来，学生接受的是传授式教育，已经习惯了听教师讲授、做练习题的学习方式，初中学生已经经过了至少六年的熏陶，现在要让他们回答问题，要自己开口来说，确实很难。加上初中教材又相对深了，学生感受起来也有难度。学生的依赖性在加强，学习方面的主体意识在逐渐沉睡或者在消失。用个不恰当的比方，站惯了的人，你要让他坐着，开始是很不习惯的。但是时代是发展的，学生习惯了的东西如果是不正确的，我们就要设法去改变它。新的教学理念要求尊重学生的主体地位，实践中首先要做的是唤醒和培育学生的主体意识。学生不明白他的主体地位，不知道怎么发挥他的主体作用，教师就成了一厢情愿者。所以，新课程改革的关键点之一是学习方式的革命。之所以是"革命"，就因为它有艰巨性。培育学生的主体意识，需要坚持不懈，需要耐心精心，需要综合治理。

　　我主张构建主体探索式教学，关键的一步就是培育学生的主体意识。可以从三个方面入手。第一，教师转变观念，改变教学行为，更新教学设计模式，变换话语方式。而这些又都必须落在实际操作中。比如，备课，一方面，教师自己理解教材很重要，博览群书，广泛借鉴，这都不可少，但这只是备课的一个方面。另一个重要方面，是备学生。学生现在状况怎么样，他们对文章理解到什么程度，还能理解到什么程度，怎样才能让他们感兴趣，怎样的问题才是适合他们的，等等。同样是提问，观念不同，方法也不同。教师中心观，用的是教师提问为主的方式，这些问题是教师反复钻研教材后提出的，教师认为很简单，学生没有思考过，当然难以回答，所以不发言。学生主体观，用学生读书提问的方法，学生自己读书中发现的问题，思考过的问题，是很有兴趣讨论的。这里存在一个学生不会提问的问题。需要教给学生质疑的方法，比如知识质疑法、比较质疑法、反思质疑法、联想质疑法、延伸质疑法等等，在教方法的过程中，培育学生的主体意识。第二，给学生讲道理，唤醒自主意识，要与教方法结合起来进行。第三，要营造环境，任何改革都需要舆论宣传，动员各种力量支持。学习方式的革命也需要宣传。通过宣传营造校内环境，也营造社会环境，主要是让家长理解支持配合。

　　我想，你下了不少功夫，只要在观念上变化一下，在方法上改变一下，是会有用武之地的。这就是设法把你的理解过程、思考过程问题化，找到一个路径，让你的理解过程变成引导学生去读书、去思维的过程。做教师的要理解学生，要给学生钻研的时间。教师钻研了许多时间，还有参考书，才"设计"了几个问题，如果你突然提出来要学生很快回答，你想该有多难！

　　读者：我也认真学习过"学生是学习的主体"的教学理论，知道教学必须激发学生的学习积极性，但是操作起来很困难。往往是不得已只能因袭分析课文结构、体会写作特点、总结主题等套路。的确，"这种教法的单调连自己也感觉得出来"。这样分析来分析去，自己也怀疑对学生是否有帮助，学生的语文水平几乎没有提高。我力图寻找出路，改变教学风格。一段时间，以学生自学为主；一段时间，创造情景，激发感情；一段时间，以读写为主；但收效甚微。

　　答：激发学生学习积极性很困难是个现实问题，但是，办法总比困难多。我想激发兴趣最好的办法是让学生感受到乐趣，享受到成功，看得到提升。这里的具体途径有很多，比如，充分利用不同教材的内容，引导学生感受形象美、理趣美、语言美、人情美，感受作者在这文中隐藏自己想说而不会说的话，文章告诉了自己一直困惑的答案，书中的东西让自己明白了那些不曾明白的道理，读了书，自己在人面前说话动听了，说话准确了，说话能被人赏识了，自己受到别人关注了。教学中，多用比较法，让学生明白话有三说，巧说为妙，课文或优秀文章，就是优在"妙说"，即说得恰到好处，说得富有新意，说得入木三分。教师要欣赏学生，激励学生，鼓动学生，增强他们的自信心，相信他们也能口若悬河，也能妙语连珠，也能神思飞扬，也能雄辩滔滔，不要总是以自己的"深刻"去看待学生的"稚嫩"。语文需要诗意，要教导学生走向成熟，不要以牺牲诗意为代价。多一点浪漫，多一点想象。教师需要激情昂扬，敢恨敢爱，过于理性地来教语文，恐怕难以激发学生兴趣。教学中最好用建立"学生进步档案"的办法，积累学生的进步。有的学生总是说语文学了不见长进，有些情况是因为自己进步了自己却没发觉。教师要帮助学生看见自己的进步。同时，这个档案还可以起到督促作用、暗示作用，有利于学生增强学生主体性。教师还可以设置情景，让学生体验成功，享受尊敬，有意识地把课内课外结合起来，让学生展示某一方面的特长，从一个地方打破缺口，取得胜利，"让少数的富裕带动多数的富裕"。这是培育学生主体意识的一个重要方面。

在培育学生主体意识的时候，教师的素养很重要。教师要不断学习，不断提升自己。教学需要灵活性，需要兼收并蓄，也需要去短扬长。逐步积累，逐步提升，需要一个相当长的过程，才能形成风格，这是需要下一番很大的工夫的，是需要耐心的，是需要毅力的，没有十年磨一剑的沉静，急于求成，心气焦躁，是会影响进步的。我急切希望青年教师快快成长，但不主张青年急于求成，要有坐"十年冷板凳"的功夫。这里，我并不是倚老卖老，我也才到"不惑"之年，其实，我还有许多不解之"惑"，也需要和大家一起探讨。我想我们还是做一件事，认准了，就盯住做一个段落，不要换得太勤，当然这和灵活运用多种方法是两回事。

读者：谢谢！你的话让我明白了许多道理，我还得好好学习。为了提高寻求真经，迅速提高教学水平，我不断地拜师学艺，闭门读书，自费订了《语文教学通讯》《中学生读写》等语文教学报刊，希望从中获取可供操作的方法。可是，这些刊物理论性都较强，和实践结合难度非常大。我发现您的文章写得很实，提出了一些方法，并且取得了好的效果，希望您能给我讲讲怎么学习和借鉴，给我推荐几本操作性较强的书，好吗？

答：你的话让我想到了目前语文教学中一个头疼问题，就是"急功近利"的社会病影响了学生对语文的学习积极性，有些人认为学习语文没用。什么叫有用？功利的"有用"和科学的"有用"标准是不同的。汽车、工具有用，那汽车理论、工具原理有什么用？直接能赚钱的技术有用，哲学有什么用？如果这样看待问题的话，学生喜欢数学，那他解的那几个数学题就有用了？到市场买菜用上啦。如果这样地看问题，可能我们的社会就难得进步了。思维的激活很重要，而激活思维，是需要理论的，是需要哲学的，当然也是需要基础学科训练的。教学理论与具体操作方法对于我们来讲都需要，这二者是互为呼应的。如果用一个不十分恰当的例子来说,报纸杂志中,具体方法是给你"鱼",而理论原理是给你"渔"。有了具体方法,可以直接应用,但是没有弄懂"方法"的原理,也只能机械模仿,很容易画虎类犬;相反,吃透了理论,没有方法,也可以创造出方法。重要的还是理论与实际结合。现实中有些人一听"理论"就烦,其实我也有过这样的一段经历,但是真正读出了理论的味,才发现那真是有用。在理论上弄懂了,许多问题都会迎刃而解。至于书目,如果要很实用,一些教学设计类的书,如《语文教学通讯》就组织一批名师编写了《新教材教学设计》初高中全套的书,就很不错。还是要读点理论,教育部推荐的中学教师继续教育丛书应该读读。另外,山东教育出版社的一套"特级教师教书艺术研究丛书",广西教育出版社的"学科教学理论丛书(语文部分八本)",青岛海洋大学出版社的"新世纪语文教师发展丛书"和"语文教师新视野丛书",上海教育出版社的"语文教师必读丛书""语文教育新论丛书",都值得一看,可以选读一些。各类语文教学报刊,尽量多订一点,经常看,收获会不小的。我一直坚持订十几种语文报刊,觉得一天不读,就感到有一种缺憾。

读者:非常感谢,第一次请教,就占用了您不少时间。我按照您的指点再实践,有问题,还会继续向您请教。

答:不必客气。你很好学,且很有些教学功力,很有前途。能与你一起探讨教学问题,感到很高兴,这就是我的工作,也是我们的事业。希望我们能经常联系,共同探讨。教学就是这样,一个问题解决了,新的问题又来了,问题永无止境,我们的求索永无止境。

第三节 问题探讨课的实施

一、问题探讨课教学的要点

问题探讨教学始终要把握两个要点，就是引导学生学会发现问题，引导学生思考问题、探究问题。这是创新意识培养的重要方法，是学生最应该形成和具备的基本素养。

1. 引导学生探求发现问题的方法

引导学生发现问题有三种基本方法。

（1）教师示范，呈现发现问题的思考过程，让学生明白这种思维方式。

可以从引导学生读书开始，读到某个地方，教师说"文章从这里写到那里，但有一事尚不明白"此时把问题抛出来，学生感受到把文章的某处与某处联系起来就会发现问题。一节课一节课教下来，教师总结出一条一条的发现问题的方法，过一段时间，引导学生回忆一下，发现有了一系列的发现问题的方法了。如从文章主旨方面发现问题，从表现手法上去发现问题，从表达效果上去发现问题，从作者的思想感情上去发现问题；从比较的角度发现问题，从深层追求的角度发现问题，从反向思考的角度去发现问题；于有疑处发现问题，于生僻处发现问题，于新异处发现问题，于重复处发现问题，于潜台词处发现问题，于无疑处发现问题。如《劝学》里，作者所劝之"学"是怎样的"学"，一般读者不会在这里发现问题，过去我们学习的时候也没有发现这里有什么值得探讨的问题，教师突然提出这个问题。让学生吃了一惊，我怎么没想过呢，这就是于无疑处生疑。作者为什么会提出"君子博学而日参省乎己"与"积善成德"，是从写作目的角度来发现问题的，最终指向还是作者的主张到底是什么。我在提出《念奴娇·赤壁怀古》为什么要写"小乔初嫁了"时，没有看到其他资料，是在构建我的学习语文三个不一样的观点时突然想到的。于是一层层追问下去，就追出了这样一个问题，探究到了苏轼在这里隐含的深层情感。

（2）创设情景，诱导学生自己发现问题。

学生发现问题需要逐步引导，逐步培养。在教师教给学生一定的发现问题的方法之后，要引导学生自己去发现问题。首先要引导学生先接触文本，钻研文本，在钻研的过程中发现问题。这期间要运用已有的知识，运用已有的经验。在钻研的过程中，教师需要创设一定的情景，比如，读一段相关的文字，诱导学生的情感方向，创设轻松自由、民主和谐的人际环境，播放适当的音乐，展示某幅图画等。总之是能够诱发学生开始思考，展开联想、想象，把思维的大门打开。对于学生提出的问题，即使不怎么样，也不要嘲笑，对所有学生提出的问题，最好都能有反应，要顾及每一个学生的心理需求和期待。别人的冷漠，有时会熄灭一个人的思考火花。特别是对那些本来就内向、胆小、自卑的学生，尤其要关注，要鼓励。我在教学《麦当劳里的中国文化》时，课前让学生读课文，提问题，学生把问题写在条子上，我收起这些条子，数出共有多少问题，对这些问题进行分类，然后排出一个探讨的序列，引导学生讨论。学生对自己提出的问题进行讨论，情绪格外热烈。在探讨过程中，一环套一环，学生一路探讨下去，一个个问题迎刃而解，有些问题是明显地解决了，有的问题在探讨过程中被化解了，学生享受了成功的愉悦。

（3）放开手脚，让学生自己在阅读中发现问题。

这是一个较高层次的目标追求。学生自觉养成了提出问题的习惯，读文章、读专著，都会带着研究的眼光来看，都会自觉地发现问题，提出问题。我们的课堂也可以安排就学生自觉提出的问题进行专项研讨。这就有了把课内学习引向课外拓展的味道，有从课内学习向课外专项活动拓展的意义了。在读完宋词四首之后，学生对李煜、李清照的词发生了兴趣，课外找来这两人的词来读，在这基础上提出对这两人的词到底有什么相同和片段问题，大家探讨，进一步增加了兴趣。学生杜乐鹿等人提出了"二李"写词异同比较研究的课题，并写出了一篇有一定质量的文章。

以上这三种形式，有时是互相影响的。灵活运用，达到运用自如的境界，学生的学习也就会上升一个层次。

2. 引导学生寻找探讨问题的思路

探讨问题的思路很重要，教师必须认真研究和总结探讨问题的思路，在给予学生指导时，润物无声地引导学生循路以入，也引导学生自己有意识地探求研究问题的思路。这是科学素养、研究性素养形成必不可少的路子。

主要的探究问题的思路有：

（1）从背景知识角度探讨

文本是产生在特定历史时空中的产物，作者的思想情感、观点态度等，肯定与当时社会情况有关，与当时作者的人生遭遇有关，作者的思想情感的形成也与当时的社会背景有关。理解文章，必须知人论世，就是这个原因。在问题探讨过程中，我们应有意识地引导学生学会运用知人论世的研究方法。在教学《在我们走投无路的时候》一文时，学生提出"庄子为什么不去做官"的问题，理解这个问题，就应该从庄子所处的时代和庄子的人生境遇以及由此环境中形成的庄子思想来探究。

（2）从对比拓展角度探讨

运用比较探究思维来探讨问题，是文学鉴赏常用的一种思维方法。对同一个作家的作品，可以从不同时代进行比较探究，如李清照的作品，以靖康之乱为界，分为前后两期，其前期作品主要写少女、少妇的闲适生活，情调风雅清新；后期因国乱家难，其作品多忧郁感伤，情调凄凉哀婉。对两个时期的作品进行比较，就能对其作品有个比较深刻的认识。对同一时代的不同作家也可以比较，杜甫的沉郁顿挫，李白的飘逸洒脱，王维的清新幽静，在比较中就会显得清楚明白。对同一题材的作品也可以进行比较，如同是歌颂祖国，黄药眠的文章与刘白羽的文章有同有异。运用比较思维探讨问题，要确定比较的角度，须有细致的分析；比较中要发现同中之异，异中之同；需要有较为宽广的阅读积累。

（3）从体验经验角度探讨

对有些问题的探讨，可以设身处地地想想作者或者作品中人物当时的情感，当时的内心状况，做一些在彼时彼境下可能有的推测，设想一下，假如当时是你处在那种情况下，会怎么想，会怎么做，会怎么写。要理解《渔父》中屈原的选择，就要假设你就是屈原，把自己与人物合二为一。以那样的身份，以那样的性格，做出那样的选择就是合理的，不容置疑的。探讨史铁生从困境中走出，寻找到生命的另一条出路的问题，可以设想当时的那种情景，体验史铁生走过漫长的心灵痛苦的历程，就会有助于理解作品中的情感表述。可以唤醒类似的经验，以帮助理解，如自己的生病时的体验等。如果人生经历丰富一点，体验会更深切一些。也可以借助大量的作品阅读，间接积累生活经验，帮助探讨问题。

（4）从假设论敌角度探讨

《渔父》就是典型的用假设论敌的思维方式来写的文章，实际上也是作者内心的两个我的斗争，也是表达自己经过心灵选择的过程，显示一个真实的屈原。在探讨问题时，我们不妨也借鉴这种方法，假设一个论敌，提出反面的说法，会出现什么样的情况，你去怎样进行辩解，借以对作者的选择或内心的情感有一个深刻的认识。

（5）从资料搜寻角度探讨

学生借以往的阅读记忆，对此时的问题进行佐证，借以说明自己的看法。如探讨祥林嫂之死因，可以从文本自身挖掘，也可以借助阅读过的资料，从别人的看法中吸取观点或者材料，以佐证自己的观点。如有的同学引用名家的观点，有的同学借西方文学理论来解释等等，都有利于对问题探讨的深化。

二、问题探讨课的设计思路

问题探讨课的教学设计，一般要注意下述三个方面的问题。

1. 遵循三条原则

（1）针对问题原则

问题探讨教学设计，必须针对问题，即使是生成性问题，也必须是针对问题的，是针对理解文本的"问题"，而不是其他的"问题"。"问题"是这节课设计的主脑。在阅读这篇（组）文章的时候，学生在理解上的困惑是什么，针对这个困惑，组织探讨性教学。在教学活动中，如果是针对解决问题组织的为理解而进行的"诵读"，这是属于问题探讨课的，如果没有明确的问题理解要求，是一般的欣赏性、记忆性的"诵读"活动，则不属于问题探讨。也就是说，问题探讨课，必须有一个主问题，也可以在主问题下有一系列分支问题，这节课围绕问题解决而设计。一般而言，一节课最好只有一个主问题，一般不超过三个。毕竟一节课的时间有限，不可能解决很多问题。在听课中发现，有的教师在一节课里设置了许多问题，而某"专家"在评课时竟称赞他设计了"十二个主问题"。这是值得商榷的。

（2）探讨问题原则

问题探讨课的活动，主要形式是"探讨"。即学生与老师一起根据课文和相关材料，分析、辨析、逻辑推理，追索问题的答案。教师发言，但发言内容应该是引导学生从哪个角度、哪些角度探索，而不是直接告诉答案。教师可以对学生的发言应该有所"回应"，回应的内容应该更多的是"追问""延伸""补正""启发"。探讨，应成为学生的主要活动，在探讨过程中，如需要默读文本则是可以的。如果是文言文，为探讨问题，进行字词句辨析，是可以的，但是，不应该是自始至终地疏解文字，译解语句，而不涉及文本内容理解。为了"探讨"能够顺利进行，除了平时加强对学生探讨习惯的养成以外，课堂教学设计中，要充分考虑问题的引导策略，给学生设计适合的进入问题、探讨问题、解决问题的思维方法、思考路线和可以借助的工具。可以考虑把大问题切分成小问题，环环相扣，步步为营，让学生感受到"探讨"的可"捉摸"性，享受到"探讨"的快乐，获得"探讨"的成就感。

（3）系统思考原则

问题探讨课的设计要有系统思想，又是三个方面的内涵。第一，是指每一节课的教学，都是在整个学段学科核心素养观照下的教学活动。每一节课的探讨教学，都应该有一个明确的目标指向，是课程标准和整个教学计划上的一个"点"。点点相连，形成学生整体的语文学科核心素养。比如说，在教学计划中，这一段时间，或者这一类文体的教学，重点要培养学生哪个方面的思维能力、哪种思考方法、何种探究策略，就要把这些内容，划分到每一节课的具体教学中来落实，而不是习惯于哪种思维方式，很多节课都用同一种方式来引导探讨教学（当然，非常需要的巩固性重复另当别论）。第二，每节课的问题，要有系统性，要有条理性。如果问题较多，应该形成问题链，帮助学生找到问题提出的角度、思考问题的角度。贯穿一种方法论的思想，具有逻辑性的问题探讨，能给人以较为深刻的印象；散乱无章，往往使人思想混乱。第三，探讨问题时，应体现系统性、条理性。也就是引导学生思考问题时，有意识地注意"分点""分条"，注意从不同角度思考，理清不同角度的几个点或者几条内容之间的关系，避免懵懂混乱一大堆，思维不清，逻辑混乱。

2. 关注三个重点

（1）所提问题与文本理解的关系分析

问题探讨课的前提是"阅读课"，是指向阅读理解文章的问题探讨。问题探讨只是达到阅读理解目的的一种手段，一种方式。问题探讨务必以"问题"为解读课文的抓手，要实现的目标是，问题解决了，文本也就理解了。所以在设计教学时，必须把问题与文本理解的关系思考清楚。尽管这是课堂教学的前期准备，是隐藏在课堂教学背后的功夫，但它却是影响课堂教学成功与否的因素。理解文本的问题，可以是分析文本、进入文本的突破口，可以是理解文本、读通文本的关节点，也可以是文本的核心点、深意所在。

（2）分析问题与探讨问题的思路引导

无论是预设性问题，还是生成性问题，教学设计中都要有备用的分析问题、探讨问题的方法，如斟词酌句法，探幽发微法，灰蛇草线法，因果追溯法，佐证推演法等等，尤其要注重思路引导设计。考虑怎样引导学生分析问题，也就是理解这个"问题"的问法、所问要点，关键所在，防止在思考问题、探究问题的时候误瞄了靶子，错失了核心，找错了对象，讨论了半天，是"王顾左右而言他"，言不及义。要特别注意引导学生针对问题的分析思路，发现问题提问的角度、立足点、所指重点，有针对性地从问题本源出发，从相应的角度、立足点、重点思考问题。尤其注意分析问题的层次性、条理性指导。教师要善于在"复述"学生讨论意见的过程中，体现规律的总结性、条理性、层次性指导。

（3）探讨过程中的规律发现及其总结

问题探讨课，探讨问题是形式，理解文本是目的，培养发现问题、思考问题、解决问题的能力是重点。所以在整个问题探讨过程中，要重视在探讨过程中总结方法、培养归纳总结能力、概括提炼能力，在一个个问题探讨的过程中形成良好的思维习惯，形成用解决问题的方法读懂文本的能力。这种归纳总结，在课堂讨论中要体现。一般是教师的引导语、"复述"语、追问语等，在此中体现规律的总结性、提醒性，引导和强化学生的提炼意识。在结课中要体现。课堂总结的意义在于提升、归纳，给学生以规律性的提示。这个环节往往是课堂教学的高潮，学生一节课的收获，往往在这个环节中得到升华。教师要研究结课艺术。我与蔡伟教授等著的《语文案例教学论（导入与收束）》中做过初步探讨，可以借鉴。

3. 落实三个环节

（1）问题引入环节

问题引入环节的设计，要做到三个要求：快速简洁，清楚明白，具有精确力；目标清楚，直逼文本，具有向心力；鲜明生动，扣心引趣，具有吸引力。问题提得不到位，模糊不清，指向不明，学生就无从讨论；问题脱离文本，目标不清，就背离了文本阅读的宗旨；语言干瘪，过于平淡，则往往引不起学生讨论的兴趣，教学效果就会受到影响。

（2）问题探讨环节

问题探讨环节的设计要注意三个明确：探讨主体要明确，学生是探讨的主体，教师在课堂重要担当促进、帮扶、陪伴的角色；探讨主线要明确，问题与问题间的联系要清楚，环环相扣，步步推进，要经历哪些环节要清楚，该走的路要走到，该思考的问题要清楚；探讨问题的预设结果要明确，探讨要实现什么目的，收到什么效果，要想清楚，引着学生朝着目标走。

（3）问题解决环节

问题解决环节的设计要落实三个要求：理解文本要达到什么要求，通过问题探讨，理解文本的哪些方面的内容，是获得思想的启迪，还是获得写法的教益，是理解文本的某个疑难，还是发现某个作家作品的独特风格等等；思维训练要达到什么要求，通过本问题探讨，感受哪些思维方法，提升哪些思维能力；能力形成要达到什么要求，提出问题的能力，思考问题的能力，解决问题的能力等等。

【参考阅读链接】

说《师说》之"说"

　　韩愈之《师说》问世，拨纷乱舆论之迷雾，为从师学习倡风气之先，震烁国人耳目一千余年，然"师说"之"说"究为何解，传至现代，竟至有了众说纷纭。翻阅有关教案、辅导资料，有人直接说："初中时我们学过一篇课文叫《马说》，《马说》实际上是'说马'，今天，我们来学习一篇'说老师'，说'从师风尚'的文章，叫《师说》。"这样的说法有值得商榷的地方。就好比有一本书叫《国富论》，我们直接解说为"论一论国家富裕"，就有点不很确切。这个"论"不仅仅是一种方式，而且是一种文体。"论"是一种文体，"说"也是一种文体，文体本身也包含着方法。"说"作为文体，带有议论性，可以先叙后议，也可夹叙夹议，行文比"论"所受约束要少些。初中学过的《捕蛇者说》《马说》等等都属"说"一类文体。"说"字，古义为陈述和解说，因而对这类文体，就可按"解说（述说）……的道理（事情）"来理解。《师说》，就是解说关于"从师学习"的道理。

　　"说"作为一种文体包含着"方式方法"的因素。《师说》短短五百来字，却说得境界阔远，大气洒脱，层次分明，理由充足，令人信服，其"说"法大有嚼头。首先，高处起笔，细处解说。文章开头以一句"古之学者必有师"，高屋建瓴，以公理立意，力量千钧。作者以两汉以前所有学习的人为榜样来宣扬师道，把学习的人之所以有成就、有专长归结为从师的结果。然后细细叙说"师"的三大功能作用，证明人要有所成就，就需要"从师"的道理。然后更从人的具体情况细处叙说应该从师的道理。说得切近生活，析理入微，使人有醍醐灌顶之感。其次，正反罗列，对比说理。文章先从反面论述无师不能解惑，从理论上阐明从师的必要性；再从正面提出择师标准：凡先闻道者，都可以为师；在此基础上归纳出从师的原则：无贵无贱，无长无少，道之所存，师之所存。作者还嫌说得不充分，再拿出三组对比，让人自明其理。古之圣人与今之众人、巫医药师百工之人与士大夫之族、于其身与于其子的行为片段对比，实际上反映的是片段人的思想方法的不同，认识水平的不同，现象明摆着，无须辩驳，作者只以一句"其可怪也欤"，让糊涂之人猛醒。再次，贴近现实，说有所指。文章所说完全是针对现实而言，有所指而言，有所感而发，故有很强的针对性。师道之不传，作者为之心痛，不是为个人，而是为众人，为被迷糊了的士大夫。因而他是饱含深情地在说，是动情地劝说，是诲人不倦地对话，而不是霸道地训斥。所以，说得温柔敦厚，说得情理俱佳，故有永久的生命力。联想刚才读到湖北某刊物一则消息，某地语文模拟试卷选了某"作家"的一段话做修改病句的材料，另一"作家"便为之辩护，有点恼羞成怒地说如果说这也该拿来做病例，恰好说明了语文教育的失败。时下有些文章，说话似乎霸气十足，蛮不讲理，对学生负面影响很大。我想读读《师说》，研究一下"说"的方式方法，让一代人的文明素养，从会"说"好好养起，是大有必要的。

第四节　问题探讨课的误区

一、伪问题：提出问题的误区

问题探讨课的成功与否，与问题提出的正确与否以及价值大小有关。在教学实践中，发现有的课堂作为探讨的问题是伪问题。有的与文本理解无关，有的延伸拓展过度，有的脱离文本的核心内容，有的离开阅读课的属性。如教学《孔雀东南飞》，把"假如焦正卿与刘兰芝离家出走会怎样"作为探讨问题，显然这与文本理解相距太远。有些人喜欢"恶搞"，把文本理解变成游戏式教学，有悖阅读教学的规律。有位老师教学《诲人不倦》时，提出的讨论问题是"假如孔子穿越到现在做你的老师，你将怎样与老师讨论学习问题"，离开文本的理解，用现代人的对话方式讨论古代师生对话，脱离文本阅读教学，实在是一个误区。还有老师教学陶渊明的《饮酒》，提出的讨论问题是："陶渊明为什么饮酒？饮酒有什么作用？"

尤其是现在提倡批判性思维，如果错误地理解了"批判"二字，很可能滑入浅薄否定与指责的误区。所谓"批判"，强调的是理性分析，强调深刻分析，讲究有理有据地分析判断，而不是主观臆想，盲目否定，也不是简单结论。如鲁迅的《祝福》，文章里确实写到了四叔书房里的案头上有一堆未必完全的《康熙字典》，一部《近思录集注》和一部《四书衬》，但是不是就可以简单地认定鲁迅就是彻底否定"传统文化"呢？有没有批判讽刺读书食而不化、死板教条、装模作样的意思呢？

二、假探讨：教学设计的误区

有的问题探讨课缺乏"探讨"意识，忽视"探讨"的"主体"是学生，课堂上还是教师讲解为主。课堂上有问题，但解决问题的路径不是学生"探讨"，而是教师讲解。或者学生的发言只是简单地回答，基本上还是听教师阐述。教师的教学也缺少立足点、思考角度、探讨方法的指导。如教学曹文轩的《前方》，讨论的问题是"怎样理解'人有克制不住的离家的欲望'？"课堂讨论不是引导学生从文本中寻找相关信息，做出分析判断，帮助学生理解文本，认识作家的思想深刻性、语言精髓性，而是教师旁征博引，从社会学、心理学的高度分析这句话的合理性、真理性。

还有一种假探讨是，要么学生脱离问题，随意发言，只要学生发言，教师都给予"很好"的评价；要么学生发言无视文本存在，凭个人空想做结论，不做逻辑推理，不做事实证明。典型的说话方式是"我认为""我觉得"。如讨论《雷雨》中如何看待周朴园在家里保留着鲁侍萍在家里住过的房间布局的问题时，学生不是据文析理，探讨人性的复杂问题，理解作者的深刻思考，而是分成两派，各持己见，强调观点，牵强附会，缺乏理性分析精神；而教师也不加引导与指导，把一节阅读问题探讨课演变成一节口语训练课。

这样的伪讨论之所以存在，根本原因还是教师存在两大缺陷：一是对文本缺乏深入研究，自己的理解还处在混沌状态中；二是对阅读教学，对问题探讨教学缺乏深刻理解，缺乏应有的教学方法与教学机制。

三、无规则：组织教学的误区

由于缺乏教学设计，或者缺乏教学把控能力，问题探讨课便会变成"自由市场"，学生讨论的问题不聚焦，学生对问题的讨论也不聚焦，课堂成了"散马无笼头"的"聊天室"。有人还对这种课堂美其名曰"生成性课堂"。如前述的教学《荷花淀》演变成对"女性的社会定位"问题的争论一样，已经不是语文课了，还讲什么"生成"？有节课讨论《渔父》中学的渔父形象，结果关于形象倒没怎么涉及，学生却花了很多时间评价渔父的不合群、不知变通、自命清高、不合时代潮流等等。虽说这些内容，引导得当，也不会出"形象"的范围，但是，这节课的讨论不涉及形象，而成了哲学讨论课。况且观点偏激，与文本脱离。这样的问题探讨课，就不值得提倡了。

设计问题探讨课，实施问题探讨课，都要求教师有明确的教学目标，遵守基本的教学原则。可以有新的思路，但不能违背规律。教师要重点指导学生进行针对问题的讨论，不能把课文、把问题只当作"说话"的引子，课堂上成了自由言说的市场；这对培养学生的聚焦思维能力很不利。要引导学生坚持有理有据的讨论，不能不顾伦理道德，不要逻辑常识地随意言说。问题讨论课，必须坚持培养学生正确的理性思维能力，而不能不顾对象，不讲理序地蛮横霸道是言说。

第五节　问题探讨课的教学实践

一、"探究性教学"及其一般结构浅说——从一次教学观摩活动想到的

笔者参加某校"探究性教学"观摩活动，发现几位执教教师素质都很不错，课堂上挥洒自如，表述清楚，知识面宽，时有新见，使人受益匪浅，特别是敢为人先的精神更是难能可贵。这一有意义的研究性活动，引发了我对探究性教学的又一次思考。

作为"探究性教学"，出版物已经不少，但是，真正走进课堂，把理论运用于实践，用理论指导实践，往往还有相当遥远的距离，还需要认真探讨。对理念必须吃透，必须消化，并且需要在教学实践中反复观照，探究磨合。教学这活动，不能只玩名词，具体教学是需要认真推敲的，尤其是师生都已经习惯于传授式教学的情况下，更需要仔细揣摩。冠名容易求实难。真正拿出一个课例来进行认真"透析"，我们会发现情况并不像某些汇报材料上说的那么乐观。

探究性教学，首先应该思考的是探究的主体问题。这个主体的定位直接影响课堂教学的设计。有人可能会说，现在谁不知道学生是主体，但是，学生是主体仅仅停留在口头上不行，得在具体教学操作上体现学生是主体。有一节课，教师始终以提问者、评价者身份出现在学习过程中，学生根据教师的提问进行讨论，学生没有提问的机会，实际也可以看得出来他们也没有提问的欲望。我想这与我们所提倡的"探究性教

学"是有距离的。探究的主体首先应该是学生。问题最好由学生提出，问题也应该由学生探究解决，这个探究得出的"成果"是否正确或何者更合理，也应该由学生辩论、比较来评判。教师自始至终也应该积极参与，做一个很好的"合作者"。这个合作者角色具有特定性，与学生和学生的合作者角色有所不同，他有先一步广泛深入钻研的必要。但是，又不能把这钻研结果预先传给学生，要回过头来和学生一起再走一遍探究之路；在路上，还需要巧妙地引导学生、激励学生，让学生感到在和你一起探究，但是没有受到你的左右，在和你一起完成任务，没有受到你的命令和监督。这是需要艺术的。

教师既然是参与者，当然也可以提问题，但是，不能垄断提问权，培养学生提问才是我们的任务之一。就提问而言，有三个问题要研究，一是学生没有问题怎么办；二是学生的问题很多、很分散，在一节课里怎么处理；三是出现教师见识范围以外的问题或者与本课文无关的问题如何处置。课堂教学设计中，应该有意识地培养学生的问题意识，寻找问题的思维方法，训练梳理问题、合并分类、分清主次、快速排序的能力，多思考和应用善于应急、恰当引导、适时转化、化不利为有利的机智。我们应该深入了解学生，发现他们提不出问题的原因有哪些。一般而言，没有深入文本，就提不出问题；缺乏质疑思维方法，就提不出问题；没有思索习惯，就提不出问题。那么，我们应该做的就是让学生进入文本，引导学生探求方法，熏陶学生思索的习惯。有位教师教学《项链》，让学生粗粗看了一遍，就让学生提出问题，当然碰到了冷场局面。我们不妨多给一点时间让学生深入文本，集中力量找问题，让学生先进入"俯而读"的状态，然后启发学生"仰而思"，激发学生内思维活动，这个时候可以给予适当质疑方法指导。这样，学生可能就有问题了。学生的思路一旦打开，问题会很多，这时，我们又要引导学生筛选，引导学生分类、合并、排序、组合，然后确定这节课重点探究的目标。经过讨论，假如我们确定玛蒂尔德的性格为探究的重点，那么，就可以组成这样一个问题链：人物性格——人物命运——生活哲理——启示联想，具体化一下就是，作者写了怎样一个故事，这个故事突出了怎样一个人物，作者是怎样刻画玛蒂尔德这个人物的，她经历了哪些历程，展示了怎样的性格（怎样展示的）；这种性格与她的命运有怎样的关系；这样一种性格与命运的关系给我们以怎样的启示；它可以引发我们哪些联想。这些问题环环紧扣，步步为营。学生如果学会了这样提问，他们的探究就将入轨了，探究的路子有了，兴趣也就来了。这个时候，教师不是把自己研读的成果设计成问题，由自己一口气提出十几个问题来，而是要以自己的研读经验，引发出学生的疑问。对零散的问题一定要理清一个序，要有恰当的组合。如果我们的问题比较散乱的话，一节课东一榔头西一棒子，学生的思维也会被搞乱，一节课下来，只能留下糊里糊涂的乱账，这样不利于良好探究思维品质的形成。

探究性教学，引导学生找出了问题，理清了顺序，就是一个很了不起的成绩。提出问题是解决问题的一半。有了问题，就需要探究。而就探究而言也往往有三个问题：一是面对问题茫然无措，课堂冷起来了怎么办；二是探究深不下去怎么办；三是意见出现分歧，出现剑拔弩张的局面怎么办。其实，这只需要我们巧妙利用学生提问的思维过程就可以解决一两个问题。提出了问题，就说明他已经走进文章了，没有对文本的熟悉，就提不出问题；没有对文本的深入思考，就理不清问题的序。能够理出一个序来，实质上，就已经解决了许多中间问题。学生自己提出的问题，是学生自己探索的成果，这样的问题是他们思考过的，再由他们来讨论这些问题，既有成就感、熟悉感，又有亲切感，自然会提高兴趣。我们可以做四个工作：一是利用学生的成就感，激发其思索钻研，二是启发提问人把中间思维过程明朗化，三是还原问题产生的思维路径，四是在必要的情况下，引导学生走出文本，启动联想，展开想象，综合体味，寻求解说。第三个问题，可以从技术的和思想的两个层面来解决。做人和做学问在这里就体现了有机的结合，思维方法、人品、胸怀、学术道德在这里都要发挥作用。探究就是求解。求解的过程是寻求与作者思想情感共鸣的过程。教师在这时的职责是引导学生搜集解决问题的工具、方法、途径。要讲解必要的获取这些东西的基本方法，指点一般探究思维方法。指导学生怎样运用理论指导，怎样紧扣文本据文本语言、材料进行推断，介绍必要的推断方法。

在探索过程中，经常要使用评价手段。使用评价，教师也应该充分调动学生积极性，引导学生自己进行评价。就评价而言又有三个问题：一是对同学的发言没有全面关注怎么办；二是对同学的发言理解不准怎么办；三是发言语言词不达意、措辞偏激、语体失当怎么办。解决这些问题，需要教师研究和引导学生正确掌握说话方式，在探究中学会思考，学会表达，学会倾听，学会合作，也学会质疑，学会辩解，训练思维的灵敏性，训练注意的品质，训练一种大家学者的胸怀与风范。

在"探究性学习"中教师究竟居于何种地位？我不同意那种极端的思维方法，一说学生是主体，似乎就意味着教师是"客体"。在探究中，教师应该是学生的伙伴，是胡明道先生所说的"学长"。作为"学长"，我们必须考虑如何组织探究的问题，必须把学生在探究过程中的问题多预测、多求解，提高随机应变、灵活机动的调控能力。

探究性教学，可以有集体的探究，也可以有个体的探究，课外的功夫会远远大于课内。无论集体探究还是个体探究，一般过程可以概述为：感受——质疑——筛选——定标——求解——延伸。感受是基础，没有感受，就谈不到探究，一定要让学生走进文本，与文本亲密接触，获得一定感受。质疑是关键，没有质疑，就没有启动探究的思维之闸，探究思维就只能处于休眠状态。质疑思维能力是需要教师着力培养的。筛选、定标是策略，没有筛选，就没有政策，就没有条理，就没有逻辑，眉毛胡子一把抓，就什么也抓不好。"众鸟在林，不如一鸟在手。"问题只能一个一个地解决，关键是抓联系，巧排序。在筛选排序后，确定探究目标，是决定本次探究是否成功的重要因素。定目标关键在于选好角度，选择恰当的切入点，最好能收到牵一发而动全身的效果。求解是重点，求解过程，重在思维活动，需要特别重视学生思维方法和品质的训练。求解中还要注意引导学生积累总结，学有所长，探有所得，应该是我们理直气壮追求的目标。要养成随手记笔记的习惯，谨防雨过地皮湿。热热闹闹走过场，回首所获心茫茫，是当前应该极力避免的弊端。延伸是形成能力走向创新的必经之路。如果我们的探究性教学这样进行，那么，学生每完成一次相对独立的探究，就会有许多收获，思维和能力都会有所变化，一种营养就在不知不觉中被吸收了。有了这样的过程循环，学生的语文素养就会在探究中增强，语文能力就会在探究中提高。学生在探究一篇课文或一个专题过后，会留下无尽的研究兴趣和话题，这就是走出文本，这才是探究性教学追求的最好境界。

探究教学能调动学生读书求知的兴趣，激发学生学习钻研的内动力，为学生终身发展奠定良好基础，将是我们最大的收获。

二、横溢矫健之气，蕴涵精巧之理——《过秦论》片段细读①

当代学人吴承学说"《过秦论》代表了一种文人追求的文章理想和创作的价值标准"，那么，从《过秦论》里到底能看到这是怎样一种文章理想和怎样的创作价值标准呢？

【观点梳理】

吴承学认为："《过秦论》之所以历久不衰，就是它直接触动了中国封建社会最为敏感又生命力最强的神经。经典的形成是历代人们审美

---

①曾发表于《中学语文教学》2009年第4期，此处略有改动。

价值观选择的结果。《过秦论》文本所具有的丰富价值内涵差不多可以满足古代文人各种心理需求与期待。""许多古人把《过秦论》作为文人之抱负与不平的经典符号，《过秦论》的经典化，也是因为他们在《过秦论》和贾谊身世上，投射了自我的用世怀抱与块垒。""《过秦论》兼有文学性和实用性。"①

陈霞东认为："作者的深意在于昭示出秦很快灭亡的原因，要汉朝统治者引以为戒。文章前面部分以众多笔墨追叙秦逐步强盛的历史过程，极写六国攻秦反而失败，终究为强秦所并。强调秦攻取天下之势顺乎潮流，锐不可当。后面写陈涉领导的条件极差的农民起义军迅速地瓦解了秦王朝，突出秦的亡国之速。"②

曹权认为："对于这个结论的依据，我们往往是从秦王朝统一天下后施行暴政和贾谊的政治思想入手进行分析，而忽视了它从崛起到灭亡的整个历史过程；即使注意到这个过程，也只是关注其前期的辉煌，而忽视了形成辉煌的原因。""其实，作者在极力渲染从秦孝公到秦昭襄王四代君王辉煌业绩的同时，从来就没有忽略他们之所以辉煌的原因。"③

【学习指要】

研习古代文学作品，一般有两条路可走，一是从阅读原文开始，从文字理解走向问题探讨，向课外拓展，寻求更宽阔更深刻的思路，接受古典文化的熏陶，养成探究思考的习惯。此可以叫作文本研习式。另一条路是从过去名人对该文的著名见解开始，追究其何以这样说，向文本寻求答案。在探究过程中，遇到文字等问题，逢山开路，遇水搭桥，始终指向解决问题的目标，此可以叫作问题探讨式。两种方式，学习路线

---

①见《文学评论》2005年第3期。

②见《学子》2004年6期。

③http://www.teachercn.com

尽管不同，但其指向目的仍是统一的，即实现接受性理解化的语言文字掌握目标和创造性个性化的思想内容探究目标。文本研习式利于由浅入深、循序渐进，而问题探讨式则便于激发兴趣、提纲挈领。今沿第二条思路走，借名家言论进入，设计主问题，以问题为主线，进入文本细读过程。

鲁迅先生在《汉文学史纲要》中称赞："唯谊尤有文采，而沉实则稍逊，如其《治安策》《过秦论》，皆为西汉鸿文。沾溉后人，其泽甚远。"其"沾溉"后人之处何在？这么一篇"稍逊""沉实"的文章，仅仅依靠"尤有文采"就可以反映一种文人追求的理想和创作的价值标准吗？要解决这个总问题，需要解决若干个分问题：《过秦论》的文采体现在何处？"沉实"是什么意思？该文"沉实"之处的具体表现是什么？怎样理解该文"文采"与"沉实"的关系？贾谊选择这样写作的意图是什么？在文章中体现了怎样的理想？由此推出文章是怎样反映了一代代文人想说而没说出的话，文章是怎样为文人们提供了一个怎样的写作思路？而这一个个问题的提出以至探讨解决，都需在紧扣文本的基础上进行。紧扣文本，就意味着要准确理解文言字词句，理解作者的行文构思。即如文章第一句，本能地会感到这是很有文采的，然而，其文采体现在什么方面？体现在对举、排比句式，变文、夸饰修辞手法。"据""拥"两句对举，"据""拥"同义，"固""地"近义。"固"为形容词用如名词，"险固之地"意。一个"窥"寓雄心理想之意。其后排比，又是夸饰，尽显豪迈之气。"席""包""囊"的名词做状语等知识，皆为理解文采做铺垫。

【导学过程】

1.抛出问题，激发兴趣。

2.分解问题，逐层深入。

（1）铺垫性提问，搭知识背景之桥。

a. 本文的文采体现在哪几个层面？

点拨：由表而里，由文字而入文意，发现其文采主要体现在三个层面：第一，初读文字，就会感受到一种酣畅的语流、夺人的气势，给人一种强烈的形式美感——感触层面。第二，造成这种语流气势的原因是，使用了多种语言技巧，如对仗、排比、变文、同义叠句等。如第一段，"据""拥"相对，同义变用，是为变文，避免了单调，而两个字的本身也显示出咄咄气势；"席卷天下，包举宇内，囊括四海"，"并吞八荒"，既为排比，又是同义叠句，既造成气势，又反复强调，渲染其勃勃雄心。整段语句又表现出夸饰的成分，一个由弱到强的漫长历史，在作者笔下竟如此酣畅淋漓，竟然是"拱手而取"。其后语言多处体现这种色彩。整篇文字，句式整散结合，长短相间，节奏明快，富有韵律感——技法层面。第三，层层对比的显示，落地有声的结论，给人以强势的震撼力。如秦国内部的对比，秦与九国的对比，陈涉与九国的对比，陈涉与秦王朝的对比，思路之开阔，气势之充沛，令人击节；多处使用"灭六国者，六国也，非秦也。族秦者，秦也，非天下也"这样的结论句，显得既水到渠成，又斩钉截铁——思想层面。

b. 何为"沉实"？鲁迅说本文"沉实则稍逊"有无根据？你如何理解？

点拨：沉者，落也。沉实，即为落实，"沉实则稍逊"即有虚浮之嫌。论说文最讲事实可靠，其说服力才强。鲁迅说其"稍逊"不仅确有依据，且还是很客气的。文章以滔滔不绝之势铺陈夸饰，有多处与史实并不吻合，如列举六国之士时，一些人并不生活在同一时代，拉在一起做论据，显然失实。如何看待？可以在仔细读文的过程中得出自己的见解。姜夕吉先生的见解可以参考，他认为贾谊对史事的运用采取了几种策略：横云断山，倒后为前，化难为易，化繁为简，张冠李戴，舍形存神，舍功谈过。

（2）细读性追问，探文本内隐之秘。

a.对本文长于"文采"而稍逊"沉实"的选择该做何理解？

点拨：基本思路可从原文主旨分析入手，发现该文是作为一个谋士向皇帝提出实行仁政的治国建议，写秦是为向汉帝提出建议，先以文采引人，再以结论警人，意在引起注意。灵魂为文之帅，衣饰皆为其表，略其细节，抓起要略，明其宗旨，也无不可。

c.对一篇有"沉实"稍逊瑕疵的文章，为何一直受到文人的尊奉？请从文本内部和外部寻找一些原因。

点拨：可从作者对秦之成功原因的探析、文章饱含昂扬的激情、文章实际的感人作用等几个方面探究，就外部而言，反映了历代知识分子关心国事、赤诚报效的心态。

（3）综摄性联问，悟作者构文之窍。

a.求文采而舍沉实，体现了作者怎样的写作思想？你如何评价这种思想？

点拨：且不说言之无文，行之不远，就眼下而言，一个文句平淡、毫无文采之文，恐怕"领导"也没有看下去的兴趣。若要发挥文章的作用，必须研究打动人心的技巧，那文采是为第一要素。至于对史实的运用，讲究巧妙，存乎一心。当然，我们也不可盲目模仿。文章合为时而做，文章当要写真情。贾谊借"过秦"实为浇自己心中之块垒，对秦的成功原因的探析和对汉帝的建议，除了希望国家强盛外，难道就没有为自己实现人生价值求得良好环境之潜在愿望？

b.由本文实际来推测一下中国古代文人追求的理想和创作的价值标准。

点拨：恢宏大气，恣肆汪洋，报效国家，有所作为。文章要张扬正大弘毅志气，追求气吞山河之魄，实现撼心动魄之效。

3. 总结问题，享受收获。

细读一篇经典文章，仔细推究其何以成为经典的主要因素，是为提升素养之要津。

【资源链接】

（1）朱昌元：《过秦论》备教策略，载《语文教学通讯》（高中刊）2008年7、8期合刊。

（2）樊玉仙：《〈过秦论〉教学设计ABC》，载《中学语文教学参考》2000年10期。

（3）杨志芳：《〈过秦论〉教学设计》，载《语文教学通讯》2000年11期。

（4）姜夕吉：《古为今用 以古讽今——谈〈过秦论〉对历史事实的改造》，载《中学语文教学参考》2004年4期。

（5）陈水大：《议论文对长篇叙事材料的处理——兼谈〈过秦论〉对写作的启示》，载《现代语文》2005年3期。

（6）江熙：《〈过秦论〉论点的教学资源生成》，载《语文教学通讯》（高中刊）2007年1期。

（7）陈伟红、刘光虎：《浅析〈过秦论〉的艺术特色》，载《徐州教育学院学报》。

2003年第3期。

（8）张永琪：《再读贾谊〈过秦论〉》，载西《北第二民族学院学报》2003年第1期。

三、确定问题探究方向，总结文体探究方法——《项链》探究性教学的对比

【对比内容】

探究性教学思路的确定。

【对比项】

教学目标：围绕人物命运发展的多种可能，与学生共同探究人物。

教学过程：第一，学生讲课文，多媒体展示主要情节；第二，请学生设想，如果丢掉项链，人物命运会如何走向。第三，课文序幕：梦想。玛蒂尔德的现实与梦想有很大差距，如果差距不能拉近，她就会很痛苦、伤心。那么这对矛盾有调和的可能吗？从现实这一角度先做思考，能否让"现实"到达"梦想"的高度？从梦想这一角度，拉近现实与梦想的距离，主动降低梦想，调和内心追求，但是玛蒂尔德会主动降低梦想追求吗？第四，转入莫泊桑的思路，理解玛蒂尔德的生活大变故。探究：她的外表已有了巨大变化，她的内心是否也有变化？理解："人生是多么奇怪，多么变化无常啊，极细小的一件事可以败坏你，也可以成全你！"探究：玛蒂尔德丢掉项链以后有可能摆脱困境吗？你赞成玛蒂尔德这种女人的成功观（四个陶醉）吗？你赞同玛蒂尔德对梦想的追求吗？第五，总结人物。第六，作业：把未尽的话说完。

【实验项】

设计六个步骤进行教学。

第一步，感受。让学生充分走进文本。请学生把自己阅读过程中认为最精彩、最能引人思索的地方挑出来诵读，并谈谈这样诵读的理由。第二步，生疑。暗示学生从文本中找出问题。学生进入"仰而思"的状态，文本故事在脑海中回映，内思维在剧烈活动。教者只用了这样几句提示语：从整体把握，由细部入手，展开联想想象，运用对比思维方法，就可以发现问题。学生经过思索，提出了大大小小几十个问题，教者一一把这些问题打出。学生发现自己提的问题被打到屏幕上，很兴奋。第三步，筛选。先由学生对所有问题按照逻辑关系排列顺序；然后，按照归属关系进行归类合并，按照大问题下的小问题的形式重新排

293

列；再引导寻找能够牵一发而动全身的关键问题。第四步，定标。在筛选的基础上，我们确定重点讨论"从玛蒂尔德这个人物形象身上我们能得到什么启示"这个问题，并把相关的问题挂靠在这个问题上，形成一个问题链：玛蒂尔德是怎样一个人物，她经历了哪些波折，展示了怎样的性格，这种性格与她的命运有没有什么联系，这种联系给我们以什么样的哲理启示，它能引发我们哪些联想，从这里我们可以感受作家怎样的思想和艺术技巧。第五步，求解。学生联系课文，结合社会，讨论、补充、完善，问题逐渐明确。第六步，延伸。学生总结探究一篇课文的一般思路，有兴趣的同学写一篇关于玛蒂尔德人物形象的研究文章。

【对比启示】

探究性教学，之所以与传统教学不同，就在于要帮助学生选定探究目标，实践探索方法，掌握探索技巧，形成探索思维品质，提高探究思维素养。两节课都确定了相同的探究目标，即探究小说所塑造的人物形象。但是，采取的探索教学途径有所不同，前者，教者思考的问题是不少的，也是深刻的，但失之于散，探究的思路不够明显，还在以教师为主。从课堂效果看，学生的主体精神没有得到很好的焕发。后者始终盯住目标，体现探究思路，极力想给学生一个清晰的探究文本某个问题的一般路径的启示。应该说这个目标是达到了，对一堂课来说这便是"授之以渔"，是我们应该追求的。课堂教学设计，首先要定目标，一节课要让学生收获什么，这是"红线"，是万"目"之"纲"。然后，思考怎样让学生得到这个收获，这是"珠子"，是"纲"下之"目"，是落实目标的实际过程。没有这个过程，目标就只能是光杆司令，是没有生命力的空话，但是，任何做法，都必须在目标统一之下，有序组合。语文探究教学一定要引导学生扣紧文本，先走进文本，再可左右勾连，脱离文本，缺少切身体验，就提不出探究问题，就得不出独特感受。给学生一点时间，让学生先进入"俯而读"的状态，然后启发学生"仰而思"，激发学生内思维活动,这个时候可以给予适当质疑方法指导,是很重要的过程。学生只有在俯而读,仰而思之后,才能产生关于文本的有效问题。学生的思路一旦打开,问题会很多,这时,我们又要引导学生筛选,引导学生分类、合并、排序、组合,然后确定这节课重点探究的目标。对零散的问题一定要理清一个序,要有恰当的组合,如果我们的问题比较散乱的话,一节课东一榔头西一棒子,学生的思维也会被搞乱,一节课下来,只能留下糊里糊涂的乱账,这样不利于良好探究思维品质的形成。教学过程忌讳一盘散沙,忌讳散乱无章。

实验例力求问题环环紧扣,步步为营,连成一个有序的整体,并且,这些问题都是学生提出来的,而不是教师把自己研读的成果设计成问题,由自己一口气提出十几个问题来,而是要以自己的研读经验,引发出学生的疑问。这是把教者的阅读经验转化为学生探究方法的过程,是现代教师很重要的一个基本功。学生如果学会了这样提问,他们的探究就将入轨了,探究的路子有了,兴趣也就来了。

【导师点评】

该实验是颇为大胆、较为大气的教法。我们常说不能以教师的阅读代替学生的阅读,我们常见先让学生提出问题然后教师归纳导读的做法,但结果多是把学生的阅读导入事先拟定的框架中。当然这是保险的做法,也是无奈的做法。但该教例放手让学生质疑,学生对所提问题排序、组合、筛选,最后确立关键问题,做"牵一发而动全身"的探究,放手而不放任,是谓大胆。确立关键问题后,指导学生探究问题的答案,最后做延伸性总结,使学生明确探究一篇文章的一般思路,从典型到一般,从技巧到素养,着眼于整体,是谓大气。

真正的探究性教学是需要学生的探究习惯做支撑的,而学生探究习惯的养成,并非一堂课所能奏效的,教师平时的辛苦经营并不是以上一堂课所能见出的。

四、《一滴眼泪换一滴水》问题探讨课例①

【教学目标】

1.引导学生探究并把握本文的主旨。

2.引导学生发现本文表现主旨的方法。

3.总结一点欣赏小说的路径。

4.接受一点人性情感的熏陶。

【教学课型】

问题探讨课

【教学过程】

1.问题引入

我对学生说："欣赏小说，如果能找到一个通贯全篇的突破口，一点即通，全篇即活，即可势如破竹，触发感悟，便会思如泉涌。"学生既兴奋又疑惑。我见已经吊起了学生的欲望，便说："今天我们就来阅读《一滴眼泪换一滴水》，试着寻找一个突破口，达到欣赏全篇的目的。"

学生开始阅读，寻找自认为可以突破的口子。七嘴八舌一阵后，交流。学生谈出了各种意见，我在简要评价后，抓住两位同学说的"卡西莫多奇丑"和"爱斯梅拉达奇美"两点入手，引进对主问题确定：雨果以奇丑与奇美的两个人物贯穿全文，勾连起众多人物的关系，究竟要表达怎样一种思想？我们能从中得到怎样的写作启示？

探讨这个问题前我做了点拨：探讨这个问题，可以用"比较"的方

---

①本文原稿曾发表于《语文教学与研究》2008年4期，中国人民大学书报资料中心2008年8期目录推荐，此处略有改动。

法。请学生抓住这奇丑和奇美的比较，深入研读文章。"所谓'比较'，就是运用相关联系思维对作品进行相关分析，以达同中求异，异中显同，深刻认识作品意蕴的目的的方法。比较，可以有内部比较、外部比较之分。外部比较，主要指不同作家的比较、同一作家不同作品的比较等；内部比较，只指同一作品内部的比较。我建议今天咱就用内部比较法来欣赏课文。"

接下来，同学们进入问题探讨状态，先是静悄悄的读书，细心时能听到笔画纸张的声音，一会儿便有细细的交流谈话声。我看读得有一定深度了，便说大家可以自由交流，并不时地参与学生的交流，然后班级交流。我根据回忆，把主要内容记录如下。

2.问题探讨

师：我们先把大家找到的对比因素交流一下。

周默：我发现卡西莫多本身就是处在对比中的。他外表极丑陋但内心善良。他是"聋子！独眼！驼背！怪物！"人们从他"奇丑的脸上""只能看到一个野人或笨人受惊后的表情"，他"脊背像圆拱顶，两腿像弯曲的柱子"，胸脯"突起"，肩膀"长着许多硬皮和汗毛"。然而，就是这个"可怜丑恶的家伙"，有着人的善良的本性，他在受刑时表现出超人的顽强和忍耐，可在爱斯梅拉达给他送水喝时，他"生平第一次流出了眼泪"，这是感激的泪水，是人性的泪水。他后来拼力保护爱斯梅拉达，把邪恶的克洛德·孚罗洛推下高楼，他自己甘愿以死陪伴在死去的爱斯梅拉达身边。

师：这是人物自身的内在与外貌对比。

史静耀：两个主人公也是对比。卡西莫多的奇丑无比与爱斯梅拉达的美若仙子对比。外貌简直是两个极致，却有着内在的一样，都有一颗纯洁、善良、美好的心灵。卡西莫多受人指使劫持爱斯梅拉达，而爱斯梅拉达却以德报怨，在其受刑时，从内心里同情他，为他送上最需要的水，她的行动连卡西莫多最初也误以为是来报复他的。她的行动让卡西莫多第一次感受到了人间的温暖，就连那么麻木的"看众"也受到人性复苏的启示，拍手叫好。

师：如果说周默同学说的人物自身内外的对比，那么史静耀同学说的应该是——

生：（热烈讨论后）不同人物的异同对比。

陈晨：我看到的是卡西莫多与其养父克洛德·孚罗洛的对比，一个外貌丑恶，却内心善良；一个则道貌岸然，却内心自私阴险。克洛德·孚罗洛，可谓英俊文雅，但他指使卡西莫多劫持爱斯梅拉达；在卡西莫多替他顶罪受刑时，他却不闻不问，装作没看见，"用两只踢马刺踢着骡子急忙转身走开了，好像在逃避一声耻辱的呼唤似的"。还是不同人物的异同对比。

陈雯玲：我看到了在对待卡西莫多的态度上，爱斯梅拉达与克洛德·孚罗洛的对比。这两个人外表都是"美"的，而内在的心灵却大不一样。卡西莫多受刑，从渊源上讲，罪源在克洛德·孚罗洛，受害者是爱斯梅拉达；从亲情关系上讲，克洛德·孚罗洛是卡西莫多的养父，卡西莫多在为他服务，而爱斯梅拉达是"外人"，是受害者。但是，卡西莫多最需要关爱时，两人表现出截然片段态度，内心的美丑昭然若揭。这也是不同人物的异同对比。

周颖：在对待卡西莫多受刑这件事上，爱斯梅拉达与围观群众的态度也是一种对比。围观群众对一个可怜人被打得死去活来，不但不同情，还起哄，嘲笑，辱骂，向他投石块、垃圾，在卡西莫多求水喝时，无人理睬；而爱斯梅拉达却伸出人性之手，放出人性的光彩。这是中心人物与环境人物的对比。

金婧：围观群众的前后态度也是对比。在爱斯梅拉达送水之前，他们极显帮凶者、落井下石的丑态，而之后，又是一个一百八十度大转弯，为爱斯梅拉达叫好，他们也受到了教育。

师：由此看来，全文都在用对比，大家找出了六组对比，从这六组对比中，我们是不是可以发现小说用对比方法的一点思路？

生：（七嘴八舌后）进入作品中人物可以对比，不同人物可比，其实同一人物外在和内心、此时与彼时也可以比较等。

师：就节选部分而言，卡西莫多是核心人物，以他为轴心，有六重对比。第一重是内对比，即人物自身的外在形象与内在品质的对比。后五重是外对比。原来作者看似信手安插的人物，却处处在相互对比的位置上，引发我们进行联想思考，推究作者所要表达的真谛。而这些内容的获得，都是借用比较的手法来发现的。

3. 深层探究

大家见讨论如此有收获，异常兴奋。我问大家还有什么疑问。大家似乎感到很满意，一时没有疑问了。我抓住刚才的话尾说："作者处处对比，引发我们思考，推究作者要表达的真谛，那'真谛'到底是什么？"

是呀，刚才只顾兴奋，没有深究真谛是什么。学生感到了自己的缺陷，又陷入阅读思考之中。

师：这些对比究竟表现了什么？这可能也不是一眼就能看透的，需要渐悟。所谓"渐悟"，就是对一个现象，对一个问题的理解把握，对一个艺术手段的欣赏，需要反复阅读，几经思考，逐步接近本质。比如刚才找出六重对比是一次性找出来的吗？

生：不是。是逐步悟出来的。

师：那我们现在对每一重对比进行再感悟，看看其用意是什么。

学生沿着这个思路，逐步理出了感悟，我们一起做了一些归纳：

王雨薇：第一重对比，让我们想到，外表的丑并不一定决定内在的丑，极丑与极美在一定情景下能够完美结合。

师：那是不是、能不能由此推出外表美的人内心就一定丑呢？

虞雪骐：不是。第三重对比，似乎在引人入彀。一个外表极丑而内心极美，另一个则外表极美而内心极丑。但第二重对比，却又否定了这种推测。爱斯梅拉达外表是极美的，而内心也是极美的，外在与内在达到了和谐一致。外在丑的也有内心美的，外在美的也有内心美的，内心的人性之美与否并不必然的与外在形象有关。

史家乐：第四重对比加深证明了这个观点，两人外在都美，但并不一定内在心灵都美。

师：至此，我们发现，关于人性美的哲理思考，才是这一系列对比安排的真意所在。人性之美是内在的，它并不以人的身份、地位、外貌等等来决定。那么，究竟是靠什么来决定的呢？在选段中似乎也并没有回答这个问题，但是，另外两个对比，却使思考再加深了一步。我们探究一下，写另两重对比的意义在哪里。

陈晨：爱斯梅拉达与围观群众的对比，让人想到一般人的善良、淳朴，往往与麻木、愚昧相一致。善良、淳朴，往往缺乏思考，导致容易相信，很会上当受骗；而麻木、愚昧，则往往被掩盖了人性，成为看客，甚至成为客观的帮凶。

陈佳：围观群众对卡西莫多的可笑、可悲的态度，似乎是因为他们觉得卡西莫多是干坏事的人，理应受到侮辱、惩罚。其实，深入一步思考，会发现这是一种人性的美被蒙尘的体现。爱斯梅拉达的人性之举，很快唤醒了他们的人性意识，于是，他们的转变就显得顺理成章。

师：陈佳用了一个"唤醒"，这个词用得具有很大的创新价值，让我们一下子朝作品的主旨迈进了一大步。其实，这种唤醒，还体现在卡西莫多身上。爱斯梅拉达的以德报怨之举，是极其自然的，这就是内在的素质，而恰恰就是这种内在的美，让卡西莫多感受到了人世间的温暖，唤醒了他潜在的内美特质。人性美是需要以爱来唤醒的。

学生有了豁然开朗的感觉，趁机引导学生逐步讨论，得出一个结论：

把上述种种对比的意义综合起来思考，它启示我们：人性是错综复杂的，人性中的美与丑是相互冲突的，也是对立存在的，人性中的美是需要唤醒，也是可以唤醒的，人们追求美是有希望的，人应该追求和拥有美的德行。

4.问题余声

在总结了课堂学习后，我按常例给学生提供了三则语录，供同学们品赏，并结合本节课学习总结欣赏小说的一点方法：

一部文学作品，它更多地像一部管弦乐谱，在其演奏中不断获得听众新的反响，使其从物质形态中解放出来，成为一种当代的存在。

——（德）汉斯·罗伯特·姚斯

语言作为人之表征，是人的生命的呈现，是人的基本生存方式。生命的冲动、生命的激荡、生命的困顿、生命的觉醒，生命中所有的悲欢离合、阴晴圆缺都投射在个体的语言之中。

——曹明海

没有立足点，书读得再多，它们也不过是过眼烟云，是手边的流云，是不住的东逝的流水。建议你们一边读一边寻找自己的立足点，一边问"我该怎么做"，"我要做什么"。

——王一川

第五章　活动体验课型①

　　活动体验课虽然是一种在先进理念指导下产生的符合学习规律的先进课型，但如果对概念没有正确的理解，操作不规范或者盲目无序，势必导致语文课堂教学的无序和低效。所以，对活动体验课型做深入地研究，廓清概念，明确活动体验课的实施原则等对于纠正当前语文教学实践中的不当或偏差有重要的意义。只有正确理解活动体验教学，才能很好地发挥这一种课型在指导教师教学行为和学生学习方式转变上的积极作用。

---

　　①本章中有部分内容为作者与潘爱华老师共同做的课题，已经征得潘爱华老师同意，采用部分相关内容。

第一节　活动体验课的课型特点

作为一种课型，我们把它定位在阅读教学的范畴之内，是针对阅读课堂教学来说的，它不同于作为一门社会实践活动课程的语文活动课，也与作为阅读课堂教学活动的补充、立足于丰富学生生活的语文课外活动、兴趣小组不同，它是针对语文阅读教学的一种常规教学方法，倡导学生在课堂的语文活动中体验文本的思想情感，在独特的自我体验中发展感悟能力，提升语文素养，生命也不断地圆润丰满。活动体验课课型有以下特点。

一、内隐外显兼具，以内隐性为主

活动体验课，既包括外显性的语文实践活动，如课本剧演出、情境性表演、绘声绘色的朗读、图片画面展示等，也包括内隐的思维情感活动，如感受语言滋味、体味情景格调、进入状态的思考、走进人物内心的体验、想象彼时彼境的感受等。内隐的活动和外显的活动，都是语文实践活动。根据杨四耕老师的观点，"体验可以划分为实践体验（原体验）与心理体验（再体验）两种类型"，"从活动过程的角度来看，实践体验是指主体在实践上亲身经历某件事并获得相应的认识和情感，包括主体扮演和不扮演客体角色的两种情况。心理体验指主体从心理上对自己和他人的'亲身经历'进行体验：对自己而言，是从心理上重新'经历'以前的经历，具有回顾和反思的性质，可称之为'对己体验'；

对他人而言，是主体设身处地、从心理上扮演彼主体的角色，从心理上'经历'彼主体的'亲身经历'，仿佛是自己的经历一般。实质上是一种'移情性理解'，可称之为'对他体验'。"①语文阅读课中的活动体验，其宗旨是深入理解文本，接受健康思想和情感的熏陶，达成思想与情感的共鸣或者引发思考与批判，在这样的活动中形成和提升语文素养。在这样的观点观照下，我们分析课例发现，外显性活动是体验的一种平台，或者是一种体验结果的外显，外显的活动也可以是触发内隐体验的媒介，甚至在某种情况下，可以通过活动实际达到实际的体验目的。但是，这一切的外显活动，真正能促使实现体验目的的却是内隐的思维活动、情感渐变的活动，也就是学习主体的内在的心理、思维体验。外显的表演是不是到位，取决于内隐体验的到位与否，外显的活动也是为促使实现内隐体验的萌生与发展。外显的活动是形式，内隐的活动是实质。外显活动是桥梁，内隐体验是彼岸。所以，活动体验课离不开外显性活动，更不能缺少内隐性活动，二者兼具，而以内隐性为主。

有这样一个课例，某教师在教学《鸿门宴》时，抛弃传统的浅表层次的文本研习，而是采用活动体验课来进行教学，让学生以编排演出课本剧的形式来理解把握文本。学生自由组合剧本改编、演出小组，大家看注释，读背景，析文章，充分挖掘文章的内涵外延，分析人物言行，揣摩人物心理，设计表演场景，编写演出剧本，分角色体味台词、体验情感，学生自导自演，把鸿门宴上剑拔弩张的紧张气氛，把刘邦的卑躬屈膝、老谋深算，项羽的沽名钓誉、刚愎自用，范曾的言行于色、怒不可遏，张良的机敏冷静，樊哙的勇武豪壮都表现得很有些味道。这样的已经超出一个或者三个课时的活动体验课，大家看到的也是最热闹最显性的也许就是课本剧表演，而次显性的就是学生小组讨论剧本和排演，

---

① 杨四耕.《体验教学》［M］.福建教育出版社.2005年版，第9页。

但最关键的还是学生对文本的理解研究、对情景和人物的深切体验。如果没有对文本的深入理解这样的内隐活动，没有对环境、形势的分析体会，没有对人物的对话感受，即使是演艺水平很高，也很难在演出时传达相对准确的文本意思。这个课的最重要部分在于内隐的体验活动。表演这样的外显性活动，只是内隐体验活动的外在表现或成果显示，同时也有深化体验的作用。这样的课需要留给学生足够的内隐活动时间，如果纯粹为了变换形式，活跃课堂，在还没有足够的理解活动的前提下，"因为时间关系"，就匆匆让学生分角色表演，就很可能在热热闹闹的形式下造成学生语文知识的浅表化和理解能力的低俗化。这是我们的活动体验课所竭力避免的。

活动体验不仅仅是表演，朗读也是融显性活动与隐性活动为一体的好形式。抑扬顿挫的吟诵，能把读者渐渐地、静静地带入美妙的境界，使人进入体验状态。西晋陆机认为诵读是"思风发于胸臆，言泉流于唇齿"，南朝刘勰说"吟咏之间，吐纳珠玉之声"诵读是熟读精思、口诵心惟的体验活动，而不是"小和尚念经，有口无心"的乱吼吼。诵读，能够入于眼、出于口、闻于耳、记于心，把自己的情感投入进去，在口诵心惟中体味情感，才算是真正有效的活动体验。有位教师教学《雨巷》，①设计了"四读"作为活动体验主线的教学方案，教学实录留下了一些值得研究的地方。第一个环节是"参读"：先由学生交流从网上、其他资料中获取有关戴望舒的资料，教师引导既要知其生平经历，更要重点了解他写《雨巷》时的情况，即所谓论其诗知其人，了解诗人的生活经历，知其创作背景，明其文学主张，教师做适当的补充。在这样的背景铺垫后，初步进入诗人作诗时的情感状态，学生诵读诗歌。第二个

---

①广东省教育厅教研室，高中新课程语文优秀教学设计与案例［C］.广州：广东高等教育出版社.2005年版，第37—45页。

环节"美读"：先请女同学集体朗诵几段，教师评价后，请一女生朗读，师启发大家评价，教师再做指导后，请学生自由朗读一遍，然后提出"注意语调、节奏、轻重，下去以后再好好体会"。接着，要求学生"在自己理解的基础上，能否通过自己的想象和联想，把诗人笔下的文字转化成画面，请同学们拿出纸笔，试着画一画"。花了很长一段时间，师生有说有笑，煞是热闹。教师在总结了把文字转化为画面的意义后转入第三个环节"议读"：讨论了学生提出问题：诗人为什么用"丁香"来形容姑娘？丁香般的姑娘是写实还是有象征意义？为什么诗人把《雨巷》写得那么悲凉？教师投放五幅丁香图片，介绍丁香的特性，介绍古诗人写丁香的诗句，学生问答。在整个过程中，多次记载学生大笑。学生一起"有感情地朗诵一遍"后转入第四个环节是"比读"：投影《我用残损的手掌》，学生齐读。教师评价说"大家刚才读得比前几次好"，交代明天早读再好好体会，最好能完整地背下来。简单交代几句后就下课了。这节课的亮点是设计了读为主线的活动体验形式，注重学生的读和提问以及求解，引导学生实践体验的方法。教研员王土荣先生还总结了四个优点。但可惜的是，第二个环节本可以在体验诵读上多下些功夫的，一句"下去以后再好好体会"使教学滑向了无效的边缘，接着便是边画边笑，脱离了"美读"。这大笑的情景岂是体验《雨巷》感情所应该有的！这完全是为了课堂的"活跃"而添的"蛇足"。第三环节的引进古人诗句是相当好的，是个亮点，不足的是这个环节名之为"议读"，却只在最后读了一遍，有议而少读。第四个环节，实际上是空的，没有实际的落实，且"好好体会"还要等到"明天早读"。限制得过死，没有必要。试想，如果课堂真的有效，那学生课下就会去自觉"好好体会"的。遗憾的是整个课例没有教师的泛读。我有幸观赏了翟晓宁老师上的《茅屋为秋风所破歌》一课，一节课师生一起读了八遍诗歌，边读边议，在读中议，以议促读的提升，在步步深入的体味中诵读，学生甚至连听课教师也在诵读中深切体味到诗歌所表达的那种情味。没有旁逸斜出，却又层层递升，整节课就是一篇近似于无懈可击的美文，学生确实是在享受中体验美的熏陶。这才是诵读活动体验课的境界。为活动而活动，忽视内隐性即内在体验的主要地位，是有悖于活动体验的宗旨的。严羽说："读《骚》之久，方识真味，须歌之抑扬，涕泪满襟，然后为识《离骚》。"语文活动就是要追求这种内在的体验，深切的感悟。

语文阅读的活动体验课，强调学生内隐的感受体验。这与强调学生主体性，尊重学生作为学习的主体性的观点是一致的。活动是学生的活动，体验是学生的体验，学生是活动体验的主体。具体表现在课堂上，学生不是"配合"老师组织活动，而是主动设计和自觉活动；不是某些评奖表演课上老师习惯说的"请同学们配合""谢谢同学们的配合"，而是强调或者暗示这活动是学生自己的事情，是你们应该做的，不是我要你们做的。学生活动的目的是对文本获得深切的和感受和体验，而不是以热闹好玩为目的的。学生对文本的重新编排、重新改编这样的内隐性活动才是主要的。有的教学评比课在读了一遍课文的情况下，就叫几名学生扮角色上台表演，有一点创设情境，促生体验的意义，但是，毕竟为活动而活动的色彩太浓，有悖活动体验课的宗旨。

内隐型活动体验课是相对于外显型活动体验课说的，它强调的"体验"不再是实践层面的体验，而是学生心理层面的一种"经历"——对自我过往生命体验的唤醒和反思，对他人经历的设身处地地感受和理解。设置这一概念是为了让大家更好地、更全面地理解"活动体验"之"活动"的内涵，更清楚地明晰活动体验课之于语文学科的重要意义。竞赛、表演、参观是活动，阅读本身也是活动；动手、动口是活动，动脑也是活动；活动是活动，体验本身也就是一个涵盖着"感受、理解、表达"以及"建构并生成新意义"的一个内隐的综合活动过程。因此，心理体验是一种内省式的特殊的活动，是自主的个体在特定的情境中，知识内化、经验升华、反思建构的过程，是自得自悟的生命活动状态。正是在这个基础上，我们发现语文的文本阅读与活动体验有高度的一致性，语文阅读的活动体验课完全可以常规化、常态化。

内隐型活动体验课就是强调通过创设情境，唤醒学生的内在情感体验，让学生重新去回顾、反思、体验自己的生活，凭借自己的情感、直觉、灵性等直观感受、体味、领悟，去获得对教学内容理解的直接经验，去设身处地地经历、体验彼主体的经历，深化对教学内容、思想的理解，让自我生命与阅读文本互相印证。所以内隐型活动体验课，其不可忽略的环节就是情境的创设、活动氛围的营造。我们老师特别需要通过唤醒学生的情感体验，通过创设心与心交流的平台，去聆听每一个孩子的声音，走进每一个孩子的内心世界。但又因为人的情感体验是个性化的，每个人的体验都是独特的，体验作为一种和生命、生存密切相关的行为，总是和主体自身的经历联系着，个体对对象的理解、解释、欣赏必然受到自己出身、经历、情感、气质等的影响，而成为个体独特的心理内容。世界对每一个人的意义是片段，每个人都有他自己的"世界"，世界因此就是人所体验的世界。所以体验是个性化的，也是私人化的，因此通常情况下，学生的自我的真实的内心情感会被隐藏，不轻易在公开场合暴露，如果不去营造情境氛围，学生的情感没被激发到足够强的程度，老师就急着去实施活动体验的教学步骤，去强制学生和他人分享情感，那么学生的情感分享就可能变得虚伪，学生的体验也便流于虚空。

我们能够看到，成功的活动体验课总是有一个精彩的情境创设环节，而失败的活动体验课往往是一活动就混乱，一体验就搞笑，根源就在于没把握好情境创设这一环节。比如在学习毕淑敏《我的五样》时，很多老师想尝试让学生通过模拟毕淑敏的游戏感悟生命中值得珍惜的人事，悟得生命的哲理，但在交流中却总听到抱怨说学生没感觉，乱糟糟的，效果很不好。这个游戏潘爱华老师让学生做过，收到了相当不错的教学效果，基本上达到了教学的目标。因为我在上课时注意到了氛围的营造，也想到了要预防虚伪。我是用了自己的真实讲述赢得了学生的信任。再比如在教学《十八岁和其他》这篇课文时，慈溪中学黄孟轲老师运用了轻柔的音乐、深情的导入语等来营造情感交流的良好氛围（配乐《虫儿飞》）："父亲母亲，你们好吗？从呱呱坠地到牙牙学语，从童年稚气到青春意气，我们一步步走来，跨过了成长历程中的一个个生命驿站。可是，在我们路程的起点上却永远有那么一双眼睛一直关注着我们，就算我们走得再快再远，那爱的目光永远是那么深情。开学了，还是你们提着我的包进校，妈妈铺好我的床，额头渗满汗，爸爸帮不上就走出寝室去，回来是笑嘻嘻地拎着两大袋吃的，下午临走，又说上句'饭要吃饱，别调皮'。'谁言寸草心，报得三春晖'，从身上的一点血一块肉成为心头的丝丝牵挂，这是人间的至情。同学们，你们是否在心中经常说，父亲啊，母亲啊，你们好吗？"[1]这样动情的叙说，怎不令学生动容。用一颗心去拨动另一颗心，灵魂只会与灵魂对话，要让学生投入情感与体验，首先要老师自己真诚地表达自己的情感与体验。

内隐型活动体验课较之外显型活动体验课有着更大的优势，因为不追求活动的浩大与声势，所以能够切实做到关注学生的情感体验，真正做到活动为体验服务，唤醒体验、深化体验是更大的目标。这也使得活动体验课能够常规化、常态化，活动不一定要准备好长一段时间，体验也不一定要到课外去考察，课堂跟原先的相比，不需要太多的变化，只要比以前多留一点空白的时间让学生有体验的时间；只要创造一个合适的情境，让学生有体验的空间。活动体验不一定是要声

---

①黄孟轲.《十八岁和其他》教学设计B案［C］.南京：江苏教育出版社，2007年版，第85页。

光电全上的、热热闹闹的,它也可以在课堂上静静地完成。外显型活动体验课和内隐型活动体验课结合,能更好地更全面地发挥活动体验课在调动学生的学习积极性、增加学生学习的成功体验以及促进学生生命发展和个性成长上的作用。

二、获知陶冶并存,以陶冶为主

活动体验课既肩负获取知识的任务,更承担陶冶情感的责任。之所以以活动体验的形式来教学,就是因为其有别于文本研习课与问题探讨课。主要以获取知识为目的,那更适合于用文本研习与问题探讨来教学。所谓体验,就是侧重于情感方面的。要能够很好地体验,需要一定的知识为背景,所以,活动体验离不开对知识的获取,但更主要的是对性情的陶冶。如设计李清照《声声慢》的活动体验课,仔细体味词人设置的情景,仔细体验期间的感情波涛,需要对背景知识的了解,需要知人论世,需要知道一些叠词知识,知道"乍暖还寒"的季节特点等等,如此才好深入体味词人哪一个无法"了得"的"愁"字,品出充溢于全词的抑郁情调,感受词人国破家亡之恨、背井离乡之苦、丧夫独居之哀所汇成的难以排遣的深重愁思。在知识辅助下,有如此的内隐性体验后,才能显性地诵读出词的深沉情调,借那叠词,读出藕断丝连、若断若续的轻吟低唱,读出山间幽泉的缕缕悲咽,读出似在寻找,似在追问,似是迷茫的恍恍惚惚、空寂无托、令人心碎的情调。在这样的活动体验中,感受人的内心世界,丰富学生的情感世界,吸收多彩的情感熏陶,使学生的情感世界趋于丰富。

活动体验课强调要在诵读实践中增加积累,发展语感,加深体验和领悟,注重熏陶感染作用,尊重学生在学习过程中的独特体验,使阅读成为"充实精神生活,完善自我人格,提升人生境界"的活动。①这里侧重要求的是阅读教学另一个方面的任务,是指向情感人生的,这是活动体验学习形式要重点担负的任务。在一定的知识背景下，学生潜心涵泳，有意积累，丰富体验，感受情景，接受陶冶。"自古至今，一篇篇名诗佳作，之所以传诵不衰，就是因为作家文人笔墨饱蘸着自己的思想感情，甚至凝聚着自己的心血和生命。"②要读懂这样的作品，必须要投入体验，设身处地去感受，才能获得比较真切的理解，在这样的理解过程中，自然而然地获得情感的熏陶。此时的活动体验，则必然应该是内隐性的也是须投入情感的陶冶性活动。披文以入情的活动往往"不是起源于对作品句子、语段的划分和理解，而是要投入自己的情感体验，否则我们就会与作者擦肩而过，成为作品的过客，更不能打消我们与现实的帷幕，进入那心醉神迷的瞬间"。③这样的过程是求知性活动无法代替的。

王一川说："体验首先是一种生命历程、过程、动作，其次才是内心形成物。"④体验就是主体带着强烈情感色彩的、活生生的、对于生命之价值与意义的感性把握。"陶冶性体验阅读，呼唤回归情感，正是因为对作品的理解来源于我们对作品的情绪反应、情感体验。体验意味着理解与生成，意味着作者与读者精神世界的碰撞与融合，在情感世界里漫游，以激发我们对社会对生活的美好情感，它带给我们的不仅是对现实世界的深刻认识，还有对人类、对彼岸世界的向往和理解。"⑤所以，浅表的热闹，茫无目的的噱头，徒有其表的忙碌，不是真正意义上的活动体验课，起码不是阅读教学的活动体验课。

我们以韩军《〈登高〉教学实录》⑥为例来说明这个特点。

韩老师先设置活动体验情景："同学们愿意听电影故事吗？"得到

①②③⑤曹明海，语文陶冶性教学论［C］.济南：山东人民出版社.2007年版，第93—101页。

④王一川，意义的瞬间生成［M］.济南：山东文艺出版社，1988年版，第5页。

⑥韩军，《登高》教学实录.中学语文教学［J］.2007年第7期。

肯定回答后又卖一个关子："不过，这不是一个欢乐的故事，而是一个凄楚悲凉的故事。听着，心情会很沉重。我还给大家提个要求。因为是电影故事，请大家边听边在脑海中把这个故事幻化成电影画面。我相信大家都是杰出的'电影摄影师'，一定能够把画面在大脑中构想得场景逼真，而且每人都能够确实地身临其境。"这是在做情感引导和入境默化。老师讲述："（语调低沉、语速缓慢、满怀感情）一千两百多年前，一个秋天，九月初九重阳节前后。夔州，长江边。大风凛冽地吹，吹得江边万木凋零。树叶在天空中飘飘洒洒。漫山遍地满是衰败、枯黄的树叶。江水滚滚翻腾，急剧地向前冲击。凄冷的风中，有几只孤鸟在盘旋。远处还不时传来几声猿的哀鸣。——这时，一位老人朝山上走来。他衣衫褴褛，老眼浑浊，蓬头垢面。老人步履蹒跚，跌跌撞撞。他已经满身疾病，有肺病、疟疾，而且'右臂偏枯耳半聋'。重阳节，是登高祈求长寿的节日。可是，这位老人，一生坎坷，穷愁潦倒，似乎已经走到了生命的冬季。而且，此时，国家正处在战乱之中，他远离家乡，孤独地一个人在外漂泊。面对万里江天，面对孤独的飞鸟，面对衰败的枯树，老人百感千愁涌上心头……（放音乐《二泉映月》。）情景渲染已经达到一定程度，就进入诗歌文本感受，还是教师诵读。听了老师的诵读，一名学生红着脸，噙着眼泪请老师"再朗诵一遍吧"，全体学生都应声附和。这是学生在情景陶冶下，开始进入感受体验的境界了。在获知性"知人论世"后，教师说："我有这样一个观点，不知对不对。即，要想读好一首诗或一篇文章，你就把你自己当成作者，化身为其人，就当这首诗或这篇文章就是你自己写的。老师在读这首诗时就真是这样想的，我想我就是杜甫，就是那个老病孤独的杜甫。我就站在长江边上，衣衫褴褛，蓬头垢面，登高望远，怀想家乡，思念亲人，牵挂祖国，同时更凄凉地想自我人生，想自己这一辈子。所以，读好一首诗，理解——这是首先要做到的。注意，所谓理解，就是理性地把握。

这应是诵读好的一个前提。可是，同学们，你们想过没有，你们并没有跟我一样非常理性地、深入地理解这首诗呀，你们为什么也读得这么好呢?"（课堂中一时沉寂，学生都陷入思考。）教师引导学生进入体验的境界，在陶冶学生。学生的思考，是主动性、主体性的体现，不是教师硬给答案。学生思考后提升了隐性感受："我们被你开头的描述感动了。""你开头的描述，非常凄凉，再加上我们一想象，让人家挺难受的，我们就不由自主地就被感染了。""我们不知不觉就进入到一种意境中去了。"老师再提升："老师形象而动情的语言描述，是非常重要、非常关键的。老师力图营造一种氛围，用这来'冲击'大家，使大家受到感染。"表明这活动的目的还是在陶冶。接着，教师继续引导学生体验感受：首联共写了几种景物?分别用什么词描写的?急风、高天、哀猿、清渚、白沙、飞鸟，各给人什么感觉?设身处地想想。学生感受到："急风使人感到非常冷。既有身体的，又有心灵的，但更主要是心灵的。心寒。天高，显得天底下的人很渺小，很孤单。哀猿，使人听到它的叫声非常悲凉。"教师又引导："巴东三峡巫峡长，猿鸣三声泪沾裳。飞鸟，你们想象一下，应该是一种什么处境的鸟?"学生感受到："我想，应该是一只找不到食物的鸟。因为是深秋了，食物很少了。是一只找不到家的鸟。它在到处盘旋，寻找自己的巢。我觉得，这是一只跟鸟群失散的鸟，这是一只孤独痛苦的鸟。"教师启发："我们为什么不把它想象成一只欢乐的鸟呢?而且为什么大家都认为是一只，而不是多只?"学生："因为我们都是根据杜甫此时此刻的处境去想象的。此时杜甫孤单地一个人在外漂泊。这就是在对话活动中的体验，不是以求知为目的，而是以陶冶为指归。"

教师继续引导学生投身体验："就让我们化身为杜甫，站在高天下、急风中，面对清渚、白沙、孤鸟，诵读一下这两句：风急——要读得很凄寒，似乎在牙齿间颤抖着读出这两个字；天高——调子要很高并

315

带拖腔，冲上去，描绘得很辽远，但内心很孤单渺小；猿啸哀——要有欲哭的调子……读鸟飞回——要想，我杜甫孤独漂泊，远离家乡，我多么想回家呀，我已是晚年了，我还有回到家的那一天吗？语调、表情、动作都要配合上。天高——要仰视，渚清、沙白——要俯视，鸟飞回——要远望，向着家乡看。""颔联，写了几种景物？""由落木，我们想到什么？由树及人，还是要联系杜甫的此时此境来联想。"学生的体验又跟上来了："我想，杜甫看到落叶飘零，肯定想自己像树一样，已是晚年，已老了。""人已经到了生命晚秋。"教师继续启发："如果说'落木萧萧'是有生命短暂之感的话，那么，'不尽长江'呢？"生："应该是时间的无穷。""是历史长河的永不停息的感觉。'大江东去，浪淘尽，千古风流人物。'""历史和时间越悠久，个人生命就越显得短暂。"接着学生在这种感受的前提下，进行诵读体验。"你就是杜甫，面对萧萧落木，你应该是什么心情？读这句你应该想什么？你心里的潜台词是什么？""读的时候，大家应该把那种豁达、坦荡，那种气魄，读出来。应该读得昂扬一些。站在长江岸边，面对汹涌的波涛，目光远望，音调略高。尤其'滚滚'二字应该读出磅礴的气势。诗到这里，已经是第三句了，前三句一直低沉，此时应该高昂一些。"（全体读）。在感受颈联时教师启发："我们在读的时候，要努力传达出杜甫老人的那种沉郁顿挫的深层次的内心感情。首先心中要有具体实在的体验。如读'万里悲秋常作客'，要心中眷念着家乡，'万''悲''常'都要重读。如'万'，开口要大，腔调要拖长，以描绘迢遥万里之状；读'常作客'要倍感身世凄凉。'百年多病独登台'，要深感自己老病孤独，孤苦伶仃，形单影只，无所依傍。'百''多''独'都要重读。如'独'字要读得特别痛苦。跟老师一块读。"在这样的诵读中，一步步进入杜甫的人生境界，感受到杜甫颠沛流离，坎坷伴随的一生，感受他既有国家的艰难，又有个人的苦难，既忧国忧民，又忧身，无论穷达，都兼济天下的独特之处。

在这个课例中，我们可以发现，教师组织学生的对话、诵读活动，重点是始终放在情感陶冶上的。由情景引入，再从字词中体味感受，再化身为诗人，身入其境，体验诗人的思想情感，在体验中获得情感的陶冶。

三、活动自悟同在，以自悟为主

学生主体活动是学生认知、情感、行为发展的基础，无论学生思维、智慧的发展，还是情感、态度、价值观的形成，都是通过主体与客体相互作用的过程实现的，而主客体相互作用的中介正是学生参与的各种活动。语文阅读教学课堂学生活动指的是在课堂上在语文教师的组织与指导下，以学生学习兴趣和内在需要为基础的，以实现学生语文阅读素质综合发展为目的的，学生凭借语文阅读教材主动进行思考、探索、建构和创造的主体性实践活动。

1.活动性是活动体验课的主要特征

要确保课堂的"活"，学生的"动"首先就是要选好内容，使学生"可以动"。哪些教学内容可以开设活动体验课呢？其一是实践性内容，比如搜集积累家乡的对联，寻访身边的文化古迹等。其二是需要性内容，比如必修一专题一"向青春举杯"中的"体悟人生"板块，活动体验要求之一条：把《十八岁和其他》及《致家长》带给父母看。仔细阅读他们表化的语句或给你的信，结合文章内容，与父母交流谈心。我们可以设计"给父母的一封信"活动，邀请家长参加读信与回信的填代沟活动。这样的活动是学生实实在在需要的，虽然可能是隐含的，因为父子之间、母子之间或多或少都会存在着矛盾。其三是竞赛性内容，魏书生说："即使对毫无直接兴趣的智力活动，学生因渴望竞赛取胜而产生的间接兴趣，也会使他们忘记事情本身的乏味而兴致勃勃地投入到竞赛中。"必修二专题二"和平的祈祷"中"历史的回声"有"活动体验"

的要求。因为战争离我们学生有些遥远，我们有必要强化他们对战争的体验，所以可先安排学生看电影《东京审判》，然后再设计关于"战争与和平"的演讲比赛。结果发现，各小组成员都非常积极地到网上搜集图片资料。演讲中，同学们的表情也完全不同往日，看着张张图片上日寇令人发指的罪行，听着演讲者列数侵略者的桩桩血腥暴行，联想到当今美国、伊拉克变幻莫测的政治风云，所有学生的神情变得凝重起来。在这样的活动体验中，三个维度的教学目标也可较好地落实。

　　2.活动体验的"动"，要求师生双边活动到位

　　活动体验的"动"，要求师生双边活动到位，更要求这种动是真正的动，不仅是手动、口动，更要求是脑动、心动。要求学生在活动中，思维能力得到锻炼、增强合作意识、协同能力。首先从活动的设计、准备到实施、总结，都要放手让学生参与，使学生感到这是自己的"活动"，从而真正动起来。其次，要创设情境，使学生乐意动、真正动。我们可以布置活动场地，营造活动氛围；也可在活动开始和活动过程中利用富有感染力的语言、情境渲染、教师的动情演绎等方法，激起学生想看、想说、想做的愿望，通过对自我内心体验的表达以加深体验。再者，要优化活动程序的设置，使学生全体动、全程动。活动体验要持续、深入，可设置多层级的活动。比如邓彤《红楼梦·林黛玉进贾府》的活动体验教学设计：1.标题比较。若把标题换成"贾府迎黛玉"你觉得怎样，两者有何不同？2.对比阅读。提供《刘姥姥进大观园》的阅读材料，与课文比较，指出哪些东西林看到了而刘未看到？哪些东西两人都看到了但侧重点不同？3.自由点评。认真阅读课文，体会黛玉的感情，选择你最感兴趣的一点进行点评。4.做一次导演，最终明确"视点"的意义。这样的活动设计是丰富的，逐层深入的，又是有序的，保证了学生对课堂的高参与度，提高了课堂教学的效率。

　　活动体验课需要动，但这"动"是不是能达到其预期目的或者较好

地实现目的，起决定作用的还是学生的主体自我体味，自我感悟。缺少学生的自我感悟，活动很可能是热闹有余而实效不足，学生经过活动体验之后依然停留于原有的认识和情感发展程度。

"沉思默想""倾听"等内隐活动，虽无明显的肢体动作，却是主要的活动形式。韩军老师的《大堰河——我的保姆》，设计的"倾听"活动，让很多听课老师热泪盈眶。艾青的这首诗较长，但韩老师沉着而又饱含激情地朗诵了全诗。在连续近十五分钟的倾听过程中，全场鸦雀无声，这便是生命的体验过程。学生被文本中所蕴藏的"母子情"深深打动，不少学生、听课老师及韩老师自己都几次擦眼泪，在这里活动体验已经完全被唤醒。随着韩老师语调的抑扬顿挫、感情的含露收放被演绎得绚烂多姿。这毫无疑问是一次高质量的语文活动，是能促进学生发展的生命活动。

心理学研究表明，创造性思维的形成一般要经过准备期、酝酿期、明朗期和验证期，表面上的"静"可能正是思维活动最激烈之际，在阅读教学中，我们要正确面对"冷场"，也要敢于、善于让学生倾听，只要活动能促进学生的发展。

第二节　活动体验课的分类

一、主题型活动体验课

所谓主题型活动体验课，是指一节课或一组课以某一内容为主题的专项性活动体验课。其特点有五，一是主题集中性，围绕一个主题，组织一系列活动。二是全员参与性，这种活动需要师生全员参与，而不是只选定几个"表演者"参与，让大多数人做"观众"。三是创造生成性，这种活动有一个框架性的预设，但具体到学生个体、学生小组怎么活动、得出什么样的体验结果，可能是各不相同的。四是综合性，这种活动往往要沟通课内与课外，综合读书与写作，甚至有点专题研究的味道。五是评价多元性，对这种活动效果的检验与评价，很难用目前常用的考试方式来完成，更多的是要用观察描述法，看看学生实际的收获、发展情况，有些效果是潜在的，暂时可能还看不出来。

如有位教师在组织《项链》一文的活动体验课时，就围绕对玛蒂尔德的认识与评价这个主题，安排了三个主要活动环节：第一步是自组小组、查阅资料活动，体验上网搜索，去图书馆做专向借阅，体验按图索骥搜寻资料法。第二步是整理资料做分类与质疑体验，设身处地探究彼境彼情体验，形成自己的看法，整理成文。第三步是班级交流，各小组推荐代表介绍，其他同学补充，不同意见详讲，相同内容不讲或略讲，最后编印活动文集，人手一册，作为活动成果，也为后续活动埋下伏笔。这个活动体验课，目标很明确，集中在一个问题上，活动的主人是学生，教师隐在后面做指导和掌控，具体的活动则是学生自主发挥。情况千差万别，活动的收效是多方面的，既有实际进行专题研究的学术性体验，又有走进人物心灵、设身处地探究人物内心的情感体验。在体验中，学生慢慢走出一味地接受别人的观点、贴政治标签式的文本解读框子，也避免一味地追求反向思维、直觉性地怀疑、浅薄地标新立异的极端化问题。

有位教师组织《相信未来》的活动体验课，组织了五个环节。

第一环节，入境渲染活动。

教师先铺设体验情景：1968年，一部伟大的作品诞生了，它用诗歌般美妙的文字，用所蕴含的巨大力量，用闪烁着人类思想精华色泽的内涵，注定要改变无数读者的命运。它的名字就叫《世界最伟大的推销员》。请大家诵读：今天，我开始新的生活。我要用全身心的爱来迎接今天，我要笑遍世界；我要坚持不懈，直到成功，我现在就付诸行动。因为，我是世界上最伟大的奇迹。接着教师介绍食指的一段艰难经历。

第二个环节，入境体验活动。

学生先看课文，听歌曲，谈对这首歌曲的印象。学生得出"节奏紧凑，刚健有力"，"振奋人心，有男子汉味"这样的感受。学生再看课文，第二遍听歌曲，可随着轻声唱，感受诗人的意象选择。感受到"排浪"大海"曙光"等意象所表现的力量感，感受诗人情感的变化，由阴暗转到色彩明亮，转到奋发崛起，感受诗人在无助中，理想不灭，年轻人的豪气、青春的锐气犹存。感受到作者反复强调"相信未来"的坚定信心。学生三看课文，第三遍听歌曲，全班大声唱。加深对诗歌意境的体验。

第三个环节，模仿CCTV"艺术人生"节目，由节目主持人向主角"食指"提问。

第四个环节，拓展体验活动。

屏幕显示故事内容：有三个人要被关进监狱三年，监狱长给他们三个一人一个要求。美国人爱抽雪茄，要了三箱雪茄。法国人最浪漫，要一个美丽的女子相伴。而犹太人说，他要一部与外界沟通的电话。三年过后，第一个冲出来的是美国人，嘴里鼻孔里塞满了雪茄，大喊道："给我火，给我火！"原来他忘了要火了。接着出来的是法国人。只见他手里抱着一个小孩子，美丽女子手里牵着一个小孩子，肚子里还怀着第三个。后出来的是犹太人，他紧紧握住监狱长的手说：这三年来我每天与外界联系，我的生意不但没有停顿，反而增长了百分之二百，为了表示感谢，我送你一辆劳斯莱斯！"就此，请同学们联系自己的生活实际谈谈应该怎样"相信未来"。学生各有各的认识，在互相交流过程中，认识得到了提升：相信未来，应有明智的选择。

第五个环节，背诵体验活动。

这节课以活动为主线，是主题理解式感受课，侧重在体验诗人所表述的情感和思想，陶冶学生健康的面对生活的情感，滋养乐观向上的人生态度。形式多样，但指向向心，背景介绍、音乐渲染、学生齐唱、对话问答、延伸讨论，都是为一个目的：理解诗意，体验诗境，养育诗情。活动多而不乱，活跃而不喧宾夺主。

二、环节型活动体验课

环节性活动体验课，是指就一节课而言，或者就一组教学而言，活动体验不是贯穿自始至终的，而是只是作为整体教学的一个两个环节，它们只是为实现整体教学目标的一个方面，一个措施，在与文本研习或问题探讨等课型的配合中实现教学目标。

环节型活动体验课有三个要素。第一，这个环节在整节课或一组课中占据重要地位，这个活动是实现教学目的的最佳选择，而不是为了活跃课堂的装饰或陪衬。第二，这个环节具有情感陶冶性、自悟体验性的特点，是学生置身其中，在活动中与作者与人物对话，切身体验某种情感或体验做某种事情的甘苦。第三，这个环节必须与其他环节珠联璧合，衔接吻合自然，功能作用互补。

刘笑天老师教学《琵琶行》设计了四个环节①，第一环节是美文品读活动，教师先设置体验情境。

接着用五个步骤来悟读文本。第一步，同学自由读一遍，先抛开小序，直接接触正文。然后逐段朗读，逐段点评，重点处理断句、轻重、快慢、长短几个问题，适当标注，结合情景加以完善。在疏通字词，读准细节，理清脉络的同时，让学生初步感受诗歌的内在韵律。第二步，用一个词概括诗人的出场情景，联系诗歌及序文解释。引导学生整体感知情感基调。第三步，请猜一猜琵琶女出现的第一支曲子该是何种旋律？热闹喜悦还是凄凉感伤？让学生进入诗句，感受感伤凄凉的情调。调动生活体验，感受诗歌的情景。"主人忘归客不发"，因为弹得好，旋律对，听者才会凝神去听；后文有"去来江口守空船""梦啼妆泪红阑干"，弹者心情暗淡，勾起听者内心的波澜。有了投入的弹奏，还有投入的倾听，才有了"转轴拨弦三两声，未成曲调先有情"的领会，才有了精彩的上演。第四步，学生自由读，选择诗歌中的一两个片段，加以丰富，形成较为完整的画面：（间关莺语花底滑……凝绝不通声暂歇：曼妙鸟鸣唤回美丽的春光，解冻大地。白天小小的冰河苏醒，河水迫不及待拥向原野，到了夜里温度下降，它们才变得安静，在冰层下游走冲撞，受了委屈似的呜咽，这是春天呱呱坠地的声音。别有幽愁暗恨生，此时无声胜有声：不知是琵琶女驾驭着旋律还是她被音乐控制着，

①史建筑：走进名师课堂高中语文［C］.济南：山东人民出版社.2008年版，第95—100页。

她与音乐结缘，从春到秋，从冬到夏。时过境迁，在浔阳江船上，她更多时间是抱着琵琶，遮住半边脸庞，静静地看着江水东去，生命中间的休止，或许是宿命）。第五步，思考诗歌顺序安排的理由，按照常理音乐描写之前出于礼貌应该是两位主角的互相介绍，那么是不是我们可以把第二段和第三四段调换一下位置呢？感受琵琶女出场的光彩照人，感受音乐描写所引起联想想象的广阔空间。

第二环节是问题探究。重点探究两个问题，第一个是同桌配合，共同完成两位主人公的对话设计，并到前面展示出来。注意动作、语言。第二个问题是，明四大家之一宋濂有诗："佳人薄命纷无数，岂止浔阳老商妇。司马青衫太多情，一曲琵琶泪如雨。"①这首诗的评价你是否赞同？帮助老师设计一个板书出来解答这个问题，并说明。

第三环节是背诵比赛。第四环节是作业。第一个作业是整理知识，形成表格，包括字音、字形、古今异义、专有名词、修辞方法、艺术手法等。第二个作业是模仿白居易的语气写一段告别的话，给诗中即将远行的朋友和萍水相逢的琵琶女。

这节课的四个环节，第一环节以活动体验为主，兼有文本研习。不过从设计来看，没有自觉意识到要用活动体验式，而是凭一种直觉使用了活动体验，所以到后面的步骤中就没有明确强调读的体验了。其实，这个环节的内容都可以以读的活动体验贯穿，在读的体验过程中，解决哪几个问题。第二个环节以问题探讨为主，但有明显的活动体验过程。两位同学的对话设计，对宋濂诗的评价，实际上存在着对诗歌的体验要求。第三个环节是典型的活动型，虽然体验的倾向不是很明显，但也是客观地体验活动。第四个环节的第二题也是属于一种活动体验。

---

① 宋濂、题李易安琵琶行、古诗文网 https://so.gashiwen.org/shiwenv_40ab8ad922b8.aspx.

三、延伸型活动体验课

一节课上完了，常常会意犹未尽，余音袅袅，于是需要课后的延伸，课后的活动体验常常带有更多的专题性和综合性。

有的把阅读与写作、积累联系起来，用写作的形式进行延伸体验。如教完《锦瑟》一诗后，安排三个活动：第一个是朗读比赛，在继续揣摩诗歌意境与情感的基础上，有表情的朗读诗歌，分四个组，开展是个朗读对抗赛，非本组同学进行评点打分，并进行全面点评。第二个活动是将原诗歌改写成三百字左右的情景交融的散文。第三个活动是课外阅读李商隐的其他诗歌，搜集整理自己喜欢的诗句，做个性化点评，制作成卡片。这第一个活动是阅读理解的直接延伸，第二个活动是与写作的联姻，第三个活动是文化的积淀。

有的把阅读与专项研究结合起来，用比较、探究的方法进行延伸体验。教完《再别康桥》后，安排这样的活动体验：印发徐志摩的另一首诗歌《康桥，再会吧》，让学生对两首诗进行对比阅读，比较其异同，写成小论文，在班级交流或编印文集或向外投稿，这就带有研究性的味道了。这样的活动才是比较深层次的内活动，也是对提高学生语文素养最有效的路径之一。

有的把阅读教学与社团活动联系起来，与学校整体教育活动结合起来，组织课本剧演出等活动。如让学生在读了小说之后，改写小说为剧本，根据剧本排演，参节学校的艺术节比赛。还有的老师在诗歌单元后，引导学生写作诗歌，举办诗歌朗诵会。

有的把课内阅读与课外阅读结合起来，读了节选，引导学生读全本作品，读了某人的一篇作品引导学生读这位作家的正本甚至全部作品，写读书感想，或者写作家作品评论。如课内教学了《最后一片常春藤叶》，安排延伸活动，读《欧·亨利短篇小说精选》；教完《荷花淀》，安

排阅读孙犁小说选的延伸型活动体验；教完《听听那冷雨》，安排阅读
《余光中作品精选》的延伸性活动。

有的教完当代作家的某篇作品后，安排与作家对话的延伸性活动那
个体验，根据片段条件，可以举行实地访谈，可以进行电话采访，可以
写信探讨等。

总之，延伸性活动体验是拓展语文学习渠道的一个重要途径，也是
充分发挥教师创造性的有效性形式，教师可以充分进行创造。

第三节 活动体验课的实施

一、活动体验课要处理好几组关系

1.教师与学生

教师要重视学生的经历，尊重学生的个性，构建新型民主平等的师生关系。

活动体验教学强调的是"为了体验""在体验中""通过体验"这样的教学目标、方法和过程，所以学生的主体地位不能打折，学生的经历和主体性必须受到重视和尊重。只有尊重学生的主体性，重视学生的经历，才谈得上联系学生的生活，调动学生的体验，用生命体验去解读文本，让生命与文本互证，实施有效的活动体验教学。这就要求构建新型的师生民主平等的关系。师生关系的民主平等是指在教育过程中，师生具有强烈的民主意识，享有同等的地位，相同的权利，且以主体性人格自居，平等地、自觉自愿地参与各种活动，其核心是把老师和学生都看成是完整意义上的"人"，具有独立人格和鲜明个性的生命体。虽然教师与学生相比，在某一方面的知识掌握上占有优势，在思想和心理上更加成熟，但语文教学塑造的是人的灵魂，是要全面发展学生的情感个性和修养。只能用生命亲近生命，用灵魂与灵魂对话，以人性提升人性。所以只有构建民主平等的师生关系，才能有效地实施活动体验教学。

　　教师和学生在活动体验中平等交流、有效对话，提升精神视野，形成合作互动的师生关系。

　　在合作互动的师生关系中，师生的交往方式将发生根本性的变化，教师不再专制，学生不再盲从，师生之间的双向影响、交互作用，师生都将成为共同学习、共同生活的主人。教师既不再是教育活动的唯一组织者，也不再是知识信息的唯一拥有者。取而代之的将是教育活动内容由师生共同确定，共同感受，共同研究、分析、讨论；教育形式由师生民主协商选择，从而高效率地完成共同的活动任务，达到教育的目的。师生关系的合作互动性体现了师生相互关心，互相帮助，共同发展的集体精神，将为师生的不断社会化营造一个更加自由健康的人文环境，是时代赋予师生关系的新特质。通过师生的合作互动能够使师生拥有基本相同的目标，即使存在差异甚至是冲突，也能够在师生的合作互动的过程中，通过真诚的、温和的对话得以调整。在文本的阅读理解上，师生双方通过坦诚的对话，彼此进入对方的精神视野，进而使老师更加了解学生的学习水平、情感体验和个性特点，使学生通过和老师的精神对话而获得知识和情感体验的重构，提升精神视野。

　　2.文本与活动

　　语文活动体验教学中设置活动，引导学生体验、促进深化学生的体验，最终目的都离不开提升学生的语文素养。所以，语文阅读教学中的活动，不同于一般的社会活动、自然活动，它要为提升学生的听说读写能力服务，要为学生的情感发展、个性发展、全面发展服务，所以要处理好文本与活动这两个要素的关系。

　　活动体验课强调教学与学生的生活实践相结合，强调教学内容可以和社会实践联系在一起。但这并不是说活动体验课，在语文的主题活动中语文可以被边缘化、模糊化。活动体验课中的活动设计应该是根植于语文本身的活动原色，是语文本身的实践性质、综合性质的教学体现。①在课堂教学中，语文不能被悬置、被空洞化。"活动体验"是应该伴随一定的情感活动的，它要求在活动过程中对课文设置的情境做出相应的反应，并积极地对课文的情景和当前的情境进行比较、反思，进一步再认、重新产生一种情绪表征和情感表现，触动情感变化，形成新的情感基础。但是，这个过程还是应该立足文本，并伴随着"感受、理解、表达"以及"建构并生成新意义"的过程。在教学过程中教师要有意识地引导，充分调动学生个体的阅读兴趣，使文章的内容与原有的认知结构相联系，并加以内化，从而实现学生内心自主性精神的生长。保证活动的语文性原则，才能保证活动体验课是语文课，进而确保教学方式与教学目标和教学内容相契合。

活动可以超越文本，重视对文本的拓展活动。

活动体验课毕竟不等同于文本研习课，活动体验方式下的文本，不再被当成范文来教，它强调让学生以适宜的方式阅读文本，使学生通过各种活动来感悟文本、深化文本、理解文本，利用一切辅助形式来帮助学生达成对文本的深刻体验。所以为了丰富学生的情感体验，为了让学生更好地体验，我们应该重视提供文本的相关背景，重视从整体上把握文本，重视引导学生进行联想想象、读写结合等方式深化学生的体验。对文本的拓展活动，可以以选的文本为基点，向整部作品拓展，如教《林黛玉进贾府》，可以有选择地向学生介绍《红楼梦》，以教材中的"文本"为激发点，引导学生去阅读《红楼梦》原著；也可以以某一文本为基点，向同类题材的作品拓展。比如教学食指的《相信未来》，可以搜罗其他朦胧诗派的作品，让学生综合阅读，从而深化对那个时代的体验，更完整地了解朦胧诗的美学特征，进而更好地体验食指在诗歌中表达的情感和精神力量；还可以以某位作家的文本为基点，向该作家的

---

①李海林.语文教育的自我放逐［J］.课程教材教法.2005年，第6页。

其他作品拓展，以更好地体验到该作家的风格特征，比如毛泽东，比如欧·亨利，比如卡夫卡。当然还可以通过拓展探究、主题辐射等方式展开拓展活动，但也要坚持活动的语文性原则。

3.活动与体验

语文教学不论要实现什么具体目标，都要通过学生对语言的接触来实现。为学生创造一个活动的情景，让其去"亲历"是必要的。但有些活动体验课堂，教师用声、色、光、电代替了学生对文字的想象，从而也消灭了学生对文本的主体体验。比如上余光中的《乡愁四韵》，就播放罗大佑的歌，配着歌曲再打出蜡梅花的图片、长江水的图片……看起来真是生动形象，但其实却消解了学生体验的自主性、独特性、深刻性。体验不是通过认知活动而产生的，而是在经历、亲历的实践过程中产生的。体验也是需要以一定的知识经验背景为基础的，但这些都不能代替学生的主体体验，不能代替以学生的主动体验为主要方式的有意义的构建。阅读首先是一个体验的过程。体验是主观的，但体验不是走过场，不是搞形式，它注重将认知的过程及方法同认知的结果统一起来；注重学生与课文进行对话交流、获得个性化生命情感的体验过程；体验的结果往往超出预定对课文内容一般意义的获得，具有较强的开放性、创造性。因此，"活动体验"更应重视阅读过程的亲历性和自主性，这就决定了其教学的最佳方式应当采取参与式、探究式和主体活动式，促进学生自得自悟，在实践中体验，在体验中发展。这也就是那句话，活动是载体，体验是关键。要实践活动的体验性原则，在活动设置上就要注意以下两点。

基于学生的需要设置活动，保证活动的趣味性，才能激发学生的兴趣参与活动，在活动中体验，在活动中提升。活动体验课型倡导为学生创设良好的学习情境，激发学生学习的兴趣，引发学生主动学习的动机，所以活动的设计也要遵循趣味性原则，遵循学生身心发展规律和心理特点，依据学生的现实需要、兴趣爱好，寓教于乐，在积极快乐的活动中提升发展。只有保证活动的趣味性，才能使学生乐于参加活动，使学生真正地"动"起来。

活动设置有层次性，保证每个学生的真实体验。

因为体验具有亲历性、个性化的特征，所以针对班级学生设置的活动及其目标就应该有层次性，确保不同学生都能找到相应的活动参与个性的体验。在活动展开的过程中，活动内容由易到难，活动程序由简到繁，活动水平由低到高，主题体验由浅入深，由简单到丰富，活动本身应呈现层次性，以适应班级学生间的差异性。一个班级的学生有不同层次，不同年级的学生层次差别更加明显。所以，活动要与学生的心理、需要相契合。比如，"低年级的学生比较喜欢和适宜以游戏和表演为主的活动，高年级的学生则更喜欢创造性和知识性更强的活动"[1]。教学中应该基于学生的现有水平来设计恰当的活动，活动最好能控制在学生的"最近发展区"，这样才能满足学生展现和体验的要求。

二、活动体验课的实施过程

语文课堂上的活动体验形式，可分为个人活动、小组活动和班队活动，而主题活动则常有主题深化模式、主题分解模式和主题辐射模式，按照学习方式，可包括积累探究、鉴赏体验等。一堂活动体验课，可综合采用多种活动形式，也可采用一种主要的活动形式。不同语文活动体验课型在实施的具体环节上会有不同设置，在活动环节的侧重上也会各有不同，但总体概括来说，活动体验课型的教学流程一般包括以下几个阶段。

---

①杨四耕，体验教学［M］.福建教育出版社.2005年版，第105页。

1.确定主题、设计活动方案阶段

（1）确定活动主题

活动主题的确定首先要基于对语文核心素养的整体理解，根据教学任务来设计活动体验，其次要基于对学生学习主体的学情分析。学生在校内外的生活和交往中形成的经验，构成了他们在学习中产生新的体验的基础。教师要通过了解学生的过去，观察学生在学习中的表现，把握学生的兴趣、爱好、行为习惯、性格特征等，较好地分析学生的总体经验状况。在此基础上确定相应的活动主题和教学目标，保证能真正激发学生的体验。

在确定主题阶段特别要把握的原则是学生先于主题，因为学生不是为了活动而存在。教师应考虑的首先是活动主题对学生语文素养的发展是否有价值，能否让学生获得并深化体验，是否符合学生的特点、兴趣和需要；其次才是结合教师的能力、围绕教学的要求来寻找最佳的主题。

（2）设计活动方案

首先，要让学生共同参与活动方案的设计。在活动体验教学中，学生是学习的主体，所以让学生参与活动方案的制订有助于激发学生参与实践活动的积极性，也有利于培养学生的思维品质和规划能力。在长期的教学活动中，教师往往把一切细节都考虑到、安排好，然后只是让学生参加一下活动而已，学生缺乏自主设计、主动策划意识。而让学生和老师一起参与活动的组织策划，可逐步培养学生规划人生的意识和能力。

其次，活动方案要具备可操作性。制定活动方案的目的是让活动开展得更有序，所以可行性是方案的灵魂。具有可调整空间的方案可行性较强。按方案实施活动，不是一个简单的按图索骥的过程。因为在现实活动中，学生活动的情景千变万化，所以活动方案要处理好预设性与生成性的关系，要能根据实际情境及时对活动方案进行调整。另外活动体验课型不同于其他课型的重要方面就是强调语文实践，它以活动为平台，以体验为通道，促进学生情感体验的发展。而语文实践活动，要求学生直接与人、物、环境发生联系，在直接经验中发生体验，在虚拟情境中唤醒体验，所以活动的设计必须考虑时间、地点、场地、人员、器具、道具等的配备。

2.营造氛围、激发兴趣阶段

发扬教学民主，营造和谐的课堂气氛。

俗话说："冷冰冰的人也许可以很好地操作机器，却无法启动心灵的闸门。"活动体验课型特别强调学生的内心情感体验，不管是实践还是虚拟实践都是为了让学生更细腻、更真实、更深切地获得和发展体验，而体验必须真实。所以要让学生敞开心灵，投入真挚的情感参与学习，必须要营造和谐、民主的课堂气氛。这是情感对话的基础和起点。

精心导入，激发学生学习的兴奋点。教师是活动体验方案的主要策划者，所以在学生亲历之前，教师有一个启动体验教学的阶段。"转轴拨弦三两声，未成曲调先有情"，一个好的开头是师生间建立感情的第一座桥梁，它既能引起学生的兴趣，又能激发学生的求知欲，为整堂课的氛围定下基调，使整个教学过程进行得活跃、生动、自然。

在这个阶段，需要教师通过各种方式引发学习者的个体需要，产生动机。语文的实践体验活动往往通过设置外在的物质或精神激励来提升学生参与活动的热情，比如竞赛类活动的奖项设置、表演类活动的舞台设置都能满足学生的表现欲。而营造氛围、创设情境，教师最大的、最便捷的武器还是自己。教师可以利用富有感染力的语言、自身的感染力激发学生进入情感体验的兴奋点，当然也可以通过多媒体等手段创设教学情境吸引学生的关注，还可以将教材中的情感与学生的生活体验迅速连线，引发学生的主动体验。方法众多，不一而足。

3.自主体验、自得自悟阶段

在教师为教学营造氛围、激发兴趣，为学生做好了心理、情感上的准备之后，就进入了让学生全身心参与到学习中，自得自悟形成体验阶段。因为体验是个体在与世界交往的过程中产生的，具有亲历性和独特性。在教学过程中，每个学生都是一个独特的个体，有自己独特的思想，对教学内容有着各不相同的理解，必然导致学生在教学过程中产生片段体验。这一自我与学习材料交往的过程是不可缺失的，也是旁人不可替代的。所以，活动体验教学必须留给学生自我体验、自得自悟的时间。深化体验也应该在尊重学生阅读的原初体验的基础上进行。

不管是朗诵比赛、课本剧表演等竞赛类类活动体验课，还是情境再现、经验唤醒类活动体验课，都需要这一阶段，且是这一课型最重要的阶段之一。只不过在前一类课中，自主体验、自得自悟可能更多的是在课前，课堂上主要是自得自悟的结果呈现；而后一类课，它明显强调课堂导入之后，就应该是对文本的整体感知，这首先就是一个自主体验、自得自悟阶段。而课堂教学中，在老师点拨之后，老师为学生的体验搭好台阶之后，又要求再有一个学生的咀嚼消化、自主体验阶段，就是要有足够的时间让学生切身地去体验，将外在的经验内化为自己的体验，促进审美体验、情感体验的发展。

4.多方引导、深化体验阶段

学生的原初体验是一定要尊重的，但停留于原初体验是不行的，"阅读教学的第一要义，在于善待学生，善待学生的'初感'；但是'初感'是一个要超越的对象，而不是一个目的对象"。①所以必须进入第三阶段。在这一阶段，要充分发挥教师的主导作用，教师可以把自己的文本体验、感受、领悟和学生交流，可以把专家的文本分析和学生交流，

①李海林，李海林讲语文［M］.北京：语文出版社，2008年版，第213页。

也可以让学生与学生互相交流,在交流过程中提升学生的原初体验;还可以通过教学文本和其他文本的有效链接、互相印证方式来深化体验,或者是文字、声音、图像等全方位的感官刺激来强化体验;或者用形象性的语言引导学生开展丰富的想象,多层面、多角度开辟审美通道深化体验。引导、深化体验的方式是多样的,要注意的是在教学方法上不能流于传统的灌输,以致让教师的体验湮没了学生的体验,或者用文本分析代替学生的感受、体验。在这一阶段,教师也依然要运用教学策略和教学智慧保证学生对活动体验的兴趣和高参与度。

5.促进反思、评价反馈阶段

评价反馈是学生活动体验的重要部分。活动体验课的着眼点和落脚点都是体验的内化,要把外部的客体的东西转化为内部主体的东西,需要通过个体反思、同化或顺应等方式将新知纳入旧知,或者将对情境、人物的情感体验内化为自身行为或观念。而如果评价缺失,也就不能很好地实现活动促进发展的目标。评价决定着学生活动的方向和价值,对体验起着调节和强化的作用。根据活动体验课型的特点,教师应注重对学生活动过程的评价,根据学生的学习态度、活动过程和体验效果,选择适当的时机,组织学生交流评议,引导学生将亲历进行归纳、印证并提升自己的感悟和体验。在评价反馈阶段,教师要注意用宽容的心态对待学生在体验过程中出现的不同感受体验和学习表现,以激励为主,让学生获得成功体验,从而进一步激发学习兴趣。当然评价并不是一味地赞扬,而要针对学生的具体学习情况进行活动体验的点播指导,肯定学生的表现,同时让学生明晰提升的空间、更广阔的发展前景,从而能更上一个台阶,深化体验。

这一阶段,通过对学生学习状况的评价和反馈,起到对学生的激励和促进的作用,同时也指导着教师反思活动方案的设计、教学策略的运用,和学生的情感交流等等,在总结反思中不断促进教师的专业成长和教学智慧的生成。

三、活动体验课的实践方式

1.朗读类活动体验课

《语文课程标准》强调,语文教学要注重进行语言的品读。诵读也是语文教学最常采用的活动。真正有效的朗读是通过朗读让学生直接感受作品中的生活气息,唤起他们的情感体验,进而探求隐含在作品中的内涵。即通过有感情地读,培养学生的语言感悟能力,使之能体验语言的分寸感、和谐感、情味感,从语言的气势、韵味、节奏、停顿中,引领学生辨别语言的感情色彩,感受人物的喜怒哀乐,进而领悟作品的思想内涵。[①]王荣生先生则说:"诵读的要义,是得他滋味。……以得滋味为要义的'诵读',是双向的运动,它既是一种理解文本的方式,也是一种读者表现与传达理解的方式,是读者与文本的情感'交融',而绝不是单向度的'感知'与'把握'。"[②]根据黄老师和王老师的理解,诵读是使学生的外显活动与内隐思维情感活动紧密相结合的有效而便利的方式,活动体验课自然要用好诵读模式。

朗读类模式的主要活动方式就是朗读,兼以品析、讨论、讲解等等,但诵读贯穿整堂课始终,只是课堂伊始的诵读与收束课堂的诵读滋味水平已是不同。这种模式较适用于诗歌、文言文教学,也适用于精短的散文教学。在教学策略上,可进行整体反复式设计,即将一篇课文作为阅读教学中的一个板块来处理,在每一次的阅读品析之中都以"全文"的面貌出现是为"整体";而"反复"就是从片段层面、片段角度由浅入深地多次地组织阅读品析教学。可以"以读带讲","读读讲讲",于反复阅读品析之中理解课文的丰富内蕴。在这类模式中,教师

---

①黄占宁.体验式教学的六种方法 [J].语文教学与研究.2007年,第5页。
②王荣生.高中语文新课程课例评析 [M].北京:高等教育出版社,2006年版。

要能调度课堂运行的节奏，调控现场的气氛，使学生不断获得新的诵读体验以不觉得活动单调。

在新课程背景下，朗读被提到了非常重要的地位，朗读活动体验课案例非常多，比如李海林老师的《〈我爱这土地〉教学设计》[①]

（1）朗读诗歌体验诗歌的情感内容

a.用下面提示的方法朗读诗歌，并回答问题。（具体方法点拨略）

b.体会标点符号的表达效果，揣摩朗诵技巧。（具体引导略）

（2）感受诗歌内在韵律的起伏消长

a.下面是为《祖国土》画的情感曲线图，模仿这种方式，给《我爱这土地》也画一张情感曲线图。

b.《祖国土》用错行排列强化了诗歌韵律变化。试将《我爱这土地》也用错行形式重新排列，看看诗歌给你的感觉有什么变化。

（3）应用与拓展

a.再一次朗诵课文，说说与你第一次读这首诗歌时的感觉有什么不同。

b.搜集艾青的诗歌，在班上举办一次艾青诗歌朗诵会。

2.成果展示类活动体验课

成果展示类活动模式往往以学习小组为单位，活动主要包括两个阶段，一是准备阶段，多在课外进行，包括活动主题的确定、人员的分工、资料的搜集和占有、对资料的整理和分析等；二是成果展示阶段，利用一节或两节课的时间集中展现学生的学习成果，小组交流，点评提升。比如宁波中学林晓萍老师在必修二"和平的祈祷"专题后开展的"正视战争，呼吁和平；守卫和平，自立自强"主题活动体验课，教学流程如下：

---

①李海林，李海林讲语文［M］.北京：语文出版社，2008年版，第149—151页。

（1）活动准备

a.搜集资料：每组搜集有关"战争和和平"的文章、图片、歌曲和影视（文章和图片为必选，内容均不少于两项）。在分析比较之后，确定小组的推荐文章、图片、歌曲和影视。

b.品评

给推荐文章写点评，包括文章的内容、主题及引起的思考等。

给图片写解说词，包括图片说明、图片内涵及带给自己的震撼等。

c.设计呼吁和平的公益广告词

（2）小组学习成果展览活动

a.书面展览小组的推荐文章、图片。

b.表达交流本小组的学习过程、体会、心理震撼，表达自己珍爱和平的决心及守卫和平的策略。

这样的活动体验模式促使学生利用课外时间学习语文，拓展了学习的内容和方式，加强了学生间的协同合作，培养学生的探究能力和表达能力。这种模式能充分体现学生的学习主体性。再比如学习文言文时，也可让学生开展制作文言卡片活动，在卡片上分门别类地整理重点虚词、实词、词类活用、特殊句式等，学生整理完后在课堂上交流，最后在师生的合作下加以订正、补充、规范。再比如课本剧表演，也是学生对小说、戏剧等文本本身的学习的成果展示。

3.经验再现、情境还原类活动体验课。

托尔斯泰认为好艺术是人与人交流情感的"工具"，他认为："艺术是这样的一项人类活动：一个人用某种外在的标志，有意识地把自己体验过的感情传达给别人，而别人也为这些情感所感染，也体验到这些情感。"①基于文学作品的这一特点，我们提出了情境体验这种鉴赏方

---

① ［俄］托尔斯泰，张昕畅等译.艺术论［M］人民大学出版社，2005年版，第9页。

法。经验再现、情境还原这类活动就是注重学生在学习中的入情入境、亲历体验，重视学生的生活经验，强调学生在情境体验的基础上进行感悟、内化、交流和研讨学习成果，把课堂教学活动看作是师生、生生之间的生命交往活动和生命质量不断得以提升的过程。在这个过程中，强调人与环境的交互影响，强调以情境体验为主要教学手段，以实现真正意义上的多维互动。可采用经验再现法、情景模拟法、设身处地法、联想想象法等方式把学生带入文本描绘的情境或体验作者当时的情感和心理。比如李海林老师《〈雨霖铃〉教学设计》①：

（1）还原离别之景

a.找出描写离别时间的句子，并说说这个时刻对人物情感的影响。

b.说说离别时的环境特征：为什么这样的环境最使人感受到离情别意？

c.反复揣摩诗歌，说说诗人可能是在送别之后的什么时候、什么情形下写作这一首诗歌的？

（2）体验离别之情

a."念去去千里烟波，暮霭沉沉楚天阔"和"今宵酒醒何处？杨柳岸、晓风残月"是诗人设想离别之后的情景，发挥想象，体验词人的情感。

b.想象诗人面对"千里烟波，暮霭沉沉楚天阔"时的心理感受，说说"沉沉"和"阔"传达出词人什么样的情感内容。

c.分别说"杨柳""岸""晓风""残月"的情感特征，想象诗人面对"杨柳岸、晓风残月"时的心理感受。

d.试删去下列诗句中加点的词，说说诗句的情感表达有什么不同。

竟无语凝噎/更那堪冷落清秋节/便纵有千种风情/更与何人说

---

①李海林.李海林讲语文［M］.北京：语文出版社，2008年版，第182—183页。

（3）想象离别之人

a.课文写了离别之情景，但对离别之人未着一词。试揣摩词意，为告别者和送别者各做一个肖像描写。

b.猜想送别者可能从何种途径读到这首诗？试代送别者写一首词以回应柳永的《雨霖铃》。

这样的教学设计，充分运用联想和想象，通过各种方式的引导让学生进入文本创设的情境，调用自己的生活经验和情感积累，去体会诗人的情感和心理。这一类模式在具体操作上要注意为学生搭好进入情境的台阶，采用某些教学策略唤醒学生的生活经验和体会，像李老师那样一小步一小步走，最后现出全境，而不能只用一句"你们自己去想象体会，进入情境，读懂文章吧"来消解教师的作用，放任学生的无意义联想或想象。

4.鉴赏、点评活动体验课

文本对象也以文学作品为主，但它的活动不仅是理解、感受，更多的是鉴赏。具体讲，就是通过活动体验鉴赏散文的意境美、细节美，鉴赏小说的情节美、环境美、人物美，鉴赏诗歌的韵律美、节奏美，鉴赏戏剧的矛盾冲突美等。鉴赏、点评就是对文本的美学特征的一种揭示。

比如瑞安第四中学陈诗智老师在教学《林黛玉进贾府》时就设置了以下几个活动。活动一："我是红学家"，引导学生利用网络、图书馆查找有关的资料，更好地了解《红楼梦》一书，做到知人论世。活动二："我是红学家"，我和名家一起评点《红楼梦》。在这一阶段，先要求查找有关评点《红楼梦》的书籍，包括课后练习中出现的王蒙与脂砚斋的评点。要求他们根据名家评点来深入体会文本精彩语段。活动三："红学名家，我有不得不说的话"。让学生质疑名家，当然不是为了质疑而质疑，而是让学生更好地发表自己的见解，读出真正的自我。这个过程里学生基于他们的知识积累、人生经验及个性特点，对文本的解读肯定有区别于教师的地方，教师应尊重学生的个性特征及独特体验，引导学生以自己独特的视角去解读、品味，创造氛围让学生畅所欲言。活动四：《红楼梦》，我要好好读懂你。让学生带着兴趣继续品读，培养独立的文本研读能力。[①]潘爱华老师认为这样的活动设想很好，更能逐层深入，使学生对文学作品的体验领悟不断深化。但由于欣赏的对象《红楼梦》实在不是一本很薄很浅的书，所以真要落实活动，是一个很庞大的工程，一定要学生真正花费一点时间和精力，否则活动只会流于表层。这样大型的鉴赏、点评活动，一个学期一次就足够了。

潘爱华老师在教学《我有一个梦想》《边城》（节选）等文本时，指导学生对课文进行圈点评注，取得良好效果。让学生在读、议、注、说的过程中，更好地理解文本，学会欣赏文本的艺术美，提高审美能力。采用欣赏、点评活动体验这种区别于传统的教学方式，力求所有的学生都能参与到合作探讨中来，让学生自己完成一次对文学美的探寻，不失为一种好的活动体验模式。

活动体验教学的其他模式，还有游戏类活动体验模式、专题探究类活动体验模式等。

---

①陈诗智.苏教版高中语文活动体验课模式探究［J］.语文学刊.2008年，第8页。

第四节　活动体验课的误区

语文活动体验课在实际操作中往往会有一些误区，在实践过程中我们要特别注意。

一、只追求活动形式而忽略个体体验

我们在前文中曾经说过，活动体验课中"活动"只是手段、方式，而唤醒学生的内在情感体验、提升语文素养才是目的。语文活动体验课绝不能片面追求活动形式的趣味性、生动性，而忽略切实有效的指导形式和语文能力的提高，变得热闹有余，实效不足。比如设计一个"大胆开口，模拟拍卖会"这样一个活动体验课。虽然"模拟竞拍，让学生感悟并体验自己的人生选择"这一教学设想相当不错，课堂设计也活泼、新颖，可以激发学生的兴趣和参与热情，并且使学生成了课堂的主体，老师成了幕后工作者。但是，因为不同年龄的学生对于课堂游戏的态度是片段，游戏是低年级儿童感兴趣的活动，年龄越小越容易进入游戏情境，在他们参与活动时，游戏和生活并不是相互分离而是相互融合的。但进入高中阶段以后，学生的心智已经相当成熟，他们能很清楚地区分游戏、生活和学习，这个时候再要他们把游戏当作真实的生活情境去经历，唤醒真实的生活体验是比较困难的。要想获得比较理想的效果，就必须由高明的教师通过语言、环境布置等和学生共同创造出生活情境场。如果只把关注重心落在活动形式的新颖完美上，在唤醒学生的内心情感体验上不甚着力，活动就很难达到应有的教学目的。

二、忽视活动参与的普遍性

有些活动体验课，老师为了保证活动的"质量"和"水平"，往往只让"优秀的"学生"活动"，却让大部分没有此项活动特长的学生保持缄默。我们看到很多诸如诵读课、辩论赛、主题探讨课等，站起来发言的总是那几个学生。比如诵读，老师抽到的肯定是班级里普通话很标准又有一定表演能力的同学，自然读得不错。如果是诵读比赛，当然更是少数人的表演。老师们有时会有一种误解，认为老师的诵读指导水平只能通过具有表演才能和朗诵才华的学生才能表现。其实恰恰不是，诗歌诵读最重要的是把握诗歌的情感，理解了、懂了自然就能读好了。读好的标准，不是声音多么动听、感情多少慷慨激昂，而是他有没有用心去读一首诗，他是不是理解了这一首诗，他有没有发自内心的愿望想要去诵读这一首诗。如果从内心深处激发了学生诵读诗歌的欲望，你的诵读课堂就是成功的，而不是要求每个学生都表演性的朗读。因为表演性的朗读是需要天赋的，否则就不会只有一个倪萍一个赵忠祥了。在电视中我们看到余光中读他自己的诗，从表演的角度看读得并不好，但是他懂诗，所以读的还是很有味道。我们的诵读指导课，就是要让大部分没有表演性朗读天赋的人敢于大声诵读，喜欢诵读，享受诵读，这样就是非常成功的活动体验课了。

三、活动脱离教学目标

活动是根据教学目的和教学内容的实际需要设置的，在活动的各个阶段也要引导学生扎实掌握学习内容，认真检查学习效果，使活动体验课既有声有色，又实实在在。如果针对课文的阅读活动课，我们就不能进行"无文本"或"反文本"的活动。比如，有的教师上《奥林匹克精神》这篇课文，用五分钟时间匆匆浏览了课文之后，就开始演讲比赛，教师先做示范，然后由学生分头准备，选派代表演讲，一直到下课铃声响。虽然演讲的内容就是课文的内容，但如果是课文的阅读教学，那么简单的背课文就背离了阅读教学的目标，缺失了对文本内容和艺术的赏析。再比如有一类"拓展活动体验课"，有一段时间曾经非常流行，读到一篇《宝玉挨打》公开课设计，任课教师别出心裁把家长也请来一起上课，一开始请一位学生把宝玉挨打的故事说了一遍，然后就是拓展："生说自己是否挨过打——家长说为什么要打孩子——集体讨论'打'是不是教育孩子的好方式"，最后专家发言，介绍家庭教育的思想与方法。这种活动体验完全不顾及语文教学的本质特征，没能抓住该有的教学内容，只把优秀的文本作为活动的一个引子或由头，活动实际上未能围绕该有的教学目标进行设置。

第五节　活动体验课的实践案例

一、吟诵品味　欣赏词艺

【教学文本】

《沁园春·长沙》

【对比内容】

教学设计的立足点。

【对比项】

教师设计精彩导语，从众多的写秋诗词引入：

自然四季，与人共舞；各色景物，点染人间。但是，面对自然，人的情怀、人的际遇、人的阅历、人的抱负不同，感悟也就迥异。以秋天为例，面对秋天不同人有着片段看法与感受："月落乌啼霜满天，江枫渔火对愁眠。"（忧国伤己）"空山新雨后，天气晚来秋。明月松间照，清泉石上流。"（清静无为）"落霞与孤鹜齐飞，秋水共长天一色。"（少年壮志）"自古逢秋悲寂寥，我言秋日胜春朝。晴空一鹤排云上，便引诗情到碧霄。"（老而弥坚）我们看无产阶级革命领袖毛泽东面对秋天，有着怎样的感悟。接着，诵读一遍课文，指出应该注意的字词读音"橘、舸、遒、遏"等以后，便开始依次提问和讨论：词的前三句点明了时间、地点及人物，请找出相应的词语。"寒秋"做何理解？由"看"字领起的秋景，写了哪些内容？请用一句话概括这里秋景的特征。面对着如此富有激情、活力的景色，作者想到了什么？上阕用了什么艺术手法，表达了词作者怎样的情怀？下阕为我们塑造了怎样的少年形象？上、下阕的最后一问是否相同？若不同，则请说明。然后比较毛泽东的《沁园春·雪》和苏轼的《沁园春·孤馆灯青》，理解"沁园春"词牌知识，再选三首"咏蛙"的诗，进行分析判断，理解毛泽东诗词的风格特点。

【实验项】

按照三部分设计整个教学过程。

第一步，进入情景。从科学家、政治家的语文素养谈起，说到毛泽东何以感慨"秦皇汉武，略输文采；唐宗宋祖，稍逊风骚"，激发情趣，设置情景，引入课文。

第二步，吟诵品味。全班放开歌喉，自由诵读吟咏，同学之间互相听、评、点拨、讨论，力求读出原词意境，并模仿表演，再现情景。教师深入学生之中，参与、倾听、帮扶、激励。学生情绪高昂，十几分钟便几乎能背。这时，各组选派代表吟诵，并谈读音、腔调、轻重、快慢处理的理由，师生相与讨论，各抒改进意见，包括读音、字形问题也在此解决了。诸如前后两阕快慢、轻重处理的不同，"怅寥廓"是读出惆怅味，还是读出深思味，还是读出胸有成竹味等问题，在辩论、试读、品味、联系背景及作者的思考中，许多问题都解决了。学生基本走进语境。

第三步，欣赏词艺。学生分别用口头和书面描绘词作所表现的形象，有的学生表达不准，甚至说或写不通顺。这时师生讨论结症何在，运用知识迁移法，逐渐悟出词序、句序、词类活用、移就等在本词中的体现，再体会出诗词思绪跳跃的特点。在学生描述情景的基础上，引导学生比较上下阕所写内容的不同，思考、讨论两阕间的联系。在讨论中体悟出情景交融的艺术特点，并再次诵读，体味全词所表现出来的

"味"，即风格。最后，留两道作业：从本课学习中归纳一点最好是几点学习诗词的一般方法；有兴趣的同学找有关资料阅读，选取一个角度，写一篇欣赏文章。

【对比启示】

学生是学习的主体，是现在谁都承认的命题，但是，具体到课堂上，怎样体现学生的主体地位，却是值得思考的。说实在的，让学生主动学习的活动，就应该是体现学生的主体地位的。那么，教师讲学生听，教师问学生答，这"听"，这"答"也不能说不是学生在学习，也不能一概说是没有体现学生的主体地位。但是，"讲"和"听""问"和"答"的关系、方式、时机等处理不好，往往剥夺了学生体验文本的机会，学生便处于被动状态了。我的实验，就是想从教学设计的立足点出发，立足于学生体验文本、学生体验语文，充分创造情景，让学生更多地进入文本，体验情感，把发现问题的权利还给学生，把思考的机会留给学生，让学生自己走一个完整的阅读历程。开课的导言，试图营造一种氛围，使学生情悦之、意欲之，行动之，进入良好的学习状态。后面的两个大步骤，中间也还有些小环节，都是给学生以实践的机会。自己诵读，自己争议，自己修改提高，把我问你答的小问题，融进诵读研讨实践之中；把对诗词鉴赏中的理解形象、品味语言、欣赏技巧几个关键点，融进表述评价之中。学生一直处在实践状态中，自己在实践中反复比较、发现问题、寻求解决的途径，自己得出答案，这个过程比老师出问题、老师给答案可能要费时间一些，但是，学生完全走出了等待老师给答案、等待老师出问题考的被动境地，自己在享受一种实践的乐趣，自己在感受一种遇到疑难的困惑，自己产生一种寻求答案的激情，自己品尝收获的甜蜜，这种积极的效果是前所未有的。最后的作业虽然留在了课外，但却是非常重要的环节。每一节课，如果学生都能自己总结出一点东西，并且产生了继续钻研的兴趣，那将是功德无量的事，尽管总有部分同学还不能达到这个境界，但这也符合学生个性差异规律，按照因材施教原理，也允许有差别。

二、耳听八方善捕捉，口吐莲花巧表达——"问答之间"活动体验教学设计

1.围绕中心串问题，针对问题做解说

"问答之间"板块设计了三个活动方案，训练侧重点各异，但又有一个共同的主题，就是在人际交往中，怎样恰当提问，面对提问如何得体地回答。这不仅是一个人语言素养的问题，更是一个人人格水平的问题，所以，我们可以补充版块题目——问答之时显素养，交际之间亮人格。

《作为偶像》是人物访谈录。访谈是记者为报道某个事物、人物或研究者为研究某个问题对专门人员进行有专门指向的一种对话交际活动，要求访问者有清晰的问题中心，在中心问题下有合情合理的问题思路，有得当的问题语言，并能进行随机应变地拉近对方感情、启发对方答问思路等等的语言技巧。《作为偶像》是在"神舟五号"成功飞天、杨利伟成为国内外媒体和大众聚焦的新闻人物的时候，记者方宏进为进一步探求杨利伟的性格、思想、心灵深处的丰富内涵，把新闻报道引向纵深而进行的一次访谈。访谈的中心是作为"偶像"的杨利伟有着怎样的个性特色。围绕这个中心问题设计了三个方面的提问，第一组提问围绕"偶像"有着怎样的影响来设计，第二组提问围绕"偶像"有着怎样的心理素质来设计，第三组提问围绕"偶像"有着怎样的意志品质来设计。关于这个问题设计的思路，作者在前面写了一段"感言"，实际上既是访谈后的感受，也是访谈的目的宗旨。这段文字联系到杨振宁与某歌星同机到达某地的故事，意在表明作者心目中真正的"偶像"当是具有怎样的人格内涵的人，这也是作者设计问题之前的一个假设前提。被采访者杨利伟也不愧是富有内涵的人，他在答文时表现了很好的个人人格素养，一是善于倾听，准确把握提问信息，针对问题回答，不枝不蔓，没有遗漏；二是答问言简意赅，信息准确；三是应对有度，语言得体，风格谦和，反应敏捷。

《白发的期盼》是用对话串起的新闻分析，是为了揭示一个现代社会值得引起人们重视的"精神赡养"问题。文章先以一个令人伤感的故事引出问题，然后围绕问题，用人物对话来完成对事实的分析。问的是老、中、青三类人物，具有片段性。作者的问话具有很强的亲和力和诱发被采访者的谈话积极性的特点，被采访者的回答也是紧扣问题，直指目的。

2. 直问曲问显机敏，正答侧应出品格。

采访和被访都是需要良好思维水平和语言表达水平的，究其底还需要有很好的人格修养。方宏进的采访提问，其高超的提问技巧值得欣赏和借鉴。首先，事先对采访对象的深入细致了解，为选取问题角度、设计问题提法奠定了基础。比如杨利伟从太空回来后的生活状况、曾经的训练生活状况，甚至连一些小插曲都有所了解。这样的了解使采访问题紧贴采访对象的实际，容易找到交流的切合点，避免问题提得对方没法回答而陷入对话僵局。其次，提问对话亲切自然，营造了良好的交流氛围。首先从关心对方生活问起，这既是全国广大观众的关心，也是记者本人的关心，一开始就让人在一个宽松和谐的环境氛围里对话，这样有利于人思考和表述。在问答过程中又不断拉近双方的距离，比如方宏进从两个细节出发发问，语言表述显得很自然随和，但又有准确的指向。当有些问题杨利伟巧妙回避了时，方不是穷追，而是巧换角度，迂回涉及。第三，问题看似随机提出，但是条理清晰，层次分明，既有事先的充分准备，又显示一个成熟记者的专业素养。三个方面的问题都没有像写论文那样直截了当用提出分论点式语言向对方提问，而是找一些小切口迂回指向问题核心，一问一问看似有些跳跃，但是内在联系紧密。第四，也是最显技巧的提问的机敏，有些问题直问，如第一问。有些问题是侧问，如第二问。看似问忙不忙一类应酬话，实际上是了解对方对待事业的态度，了解对方的人格精神。有些问题很敏感，如第二部分的前两个问题，第一问直问，被对方巧妙回避了，他看似转换了话题，实质上还是就这个问题变了一个角度进行了曲问，也可以说是隐蔽地诱导对方继续回答"被选中"的重要因素。再比如对托付手表的那个细节的提问也是曲问，实际上是想了解对方对待生死、对待个人、对待事业、对待科学等等的心灵深处的思考。还有最后的一个假设问题，更把一个航天英雄的人格升华到一个新的高度。

杨利伟的答问也是处处可圈处处可点的。他的回答非常得体，分寸把握十分恰当，充分显示了一个心灵高尚的人的伟岸人格。他准确把握每个问题的关键，绝不答非所问。对片段问题，有的点到为止，有的有所保留，有的深入阐述，这不是说他熟悉的好回答的就多说，而是体现了他自己对这个问题的思考。如涉及他个人的有些问题就简说，涉及航天精神的意义以及对青少年的影响时，就做了发挥；而涉及有些敏感问题，则一言带过。第二组第一问很尖锐，最能显示一个人的人格品位，他答得很得体，既回答了问题，又回避了自我张扬，显示了良好的合作素养和谦虚谨慎的个性特点。关于托付手表的细节的问题，他答得尤其精彩，一是说明了客观情况，二是说明了科技人员的责任，三是说清了科技工作者的必备素质和精神世界。他的整个回答显示了坦诚、务实、干练、严密和积极负责的科技工作者的人格品位。

3. 贴近生活出考题，语言表述分高低

【高考真题一】2004年高考福建卷第24题：

"神舟五号"圆了中华民族的飞天梦，请你以下列身份接受记者对此事的采访，谈自己的感想。

要求：谈话符合人物身份，表达自然、得体、流畅，每段话不少于30个字。

a. 中学生：

b. 中学教师：

试题分析：这道题要求写几句答记者问，问题明确，感想可以因人不同，具有发散性，但是又必须符合限定的人物身份，有专属性不许混淆，不许旁逸，表达还要自然、得体、流畅。做题时，首先要审清题目，除了刚才说的以外，还要明确须针对"此事"来谈感想，题目中也明示了"此事"的意义，这些都对"感想"有一定限定性。答题时，不仅要追求"想好""写对"，还要追求"想好""写好"，从锤炼思维与语言、提高语文素质上下功夫。如下面的答案虽然都是对的，但有高下之分：

答案示例一：

（1）我为我的祖国感到无比的骄傲和自豪。我要学习这种钻研精神，为祖国的明天努力学习。

（2）"神舟五号"上天鼓舞了我们中华民族的士气，我们会把这个作为很好的教育素材，让学生学习，以此培养他们的爱国热情。

答案示例二：

（1）当杨利伟在"神舟五号"上从容地向世界人民问好时，作为一名中学生，我感到特别扬眉吐气！这是中国人发自宇宙的声音，表明了中国的强大国力，也表达着中国的和平愿望。

（2）"神舟五号"成功的消息传来，全校沸腾。当教室里的电视荧屏上出现杨利伟的形象时，我看到了全班同学兴奋、自豪的神情。我相信，我的学生的精神在这一刻得到了升华！

答案示例二以小见大，对细节问题有独到而深刻的认识，写出了中学生的具有感染力的感想。又把教师与学生在一起的感受和表现写出来并在最后以一句话写出了此时的感想。如此看来，比示例一要优秀一些。

4. 活动体验悟真谛，多动多思练真功

【仿真训练一】某老师工作认真，讲课生动，有一套独特的教学方法，历年教学成绩优秀。他潜心研究教学，从不为名利所动，每当荣誉来临，他不抢不要，至今极少受到政府部门表彰，更不用说政府命名的"名师""特级"一类称号。但是，在民间，他的影响颇大。他的学生即使毕业十几年了，还是对他念念不忘，不少毕业的学生自办的网站显赫位置写着"××老师——引导我开始读书的人"，"××老师——一个值得敬仰的人"等等话语。民间学术团体多次授予他"优秀教师"荣誉，最近某专业杂志再次将他作为"封面人物"予以表彰。

你是学校校刊记者团成员，要前往采访这位老师，写一篇访谈录。请你先拟制一个采访提纲。

点拨：（1）采访提纲只有"访"而没有"谈"。设计的采访问题要有一个中心，考虑尽量周密一些。（2）问题需要分条列举，言简意赅，而有较好的逻辑顺序。（3）在每一条提问后面可以用括号提示采访技巧。

【仿真训练二】××同学热爱科技创作发明，曾三次获得国家创造发明专利，最近的一项专利，某国欲以一百六十万美元购得。学校记者对他进行了采访，提出的问题中有这样几个：（1）你搞小发明设计是不是影响你的正常学习，比如影响不影响你的考试成绩？（2）你搞小发明与你的任课老师的教学有没有关系？（3）你如果卖了你的专利，就成了"百万富翁"了，你认为还需要上学吗？

请你以搞小发明的那位同学的身份就其中一个问题答记者问。

5. 勤听勤说勤积累，临到用时有神助

【仿真训练一】从前有个村子里有四个能说会道的人，一个是厨师，一个是裁缝，一个是车把式，一个是船夫。谁家有什么事都请他们去帮忙。有一次，本村一户哥俩分家，请这四人去"说和"。这四个人先到厨师家碰头。厨师说："我看咱们去了，要快刀斩乱麻，别锅啦碗啦，分不清。"裁缝说："我们办事不能太偏了，要针过去，线也得过去才行。"赶车的接过话茬："咱们也不是没管过这号事，前有车后有辙，别太出格就行。"最后船夫怎么说呢？

【仿真训练二】"红色资本家"王光英飞赴香港创办光大实业公司，一下飞机就被将了一军。一位记者问他："你带了多少钱来？"这个问题确实很难回答，具体数目不能说。说多了，事关经济机密；说少了，事关个人及国家体面；说"无可奉告"，似太生硬；哼哼哈哈，难脱纠缠。王光英一看对方是个女记者，灵机一动，脱口而出，既遵循西方人普遍遵守的礼规指出女记者的提问悖情悖礼，出格了，又巧妙地挡回了这个难题，还不使对方感到难堪。他是怎么说的呢？

【参考答案】

1.咱们到那儿还是要见风使舵，看情况办事，实在不行，就来个顺水推舟。

2.对女士不能问岁数，对男士不能问钱数。小姐，您说对吗？

三、精读细嚼品书香——语文鉴赏练笔活动设计

【活动目的】

本活动配合语文课本教学进行，旨在培养学生专注读书毅力"力求甚解"的思维深刻性，既加深学生对课文的理解，提高教学效益，又培养学生多角度赏析文章、用多种手法挖掘课文精微的能力，提高写作水平和辨别能力。

【活动程序】

1.印发鉴赏文章范例，推荐赏析文章读物。

2.讲析赏析文章的一般写法与技巧。

3.习作与讲评。

4.择优与结集。

【具体做法】

这是一项长期性的课内外结合的语文活动。根据教学进度，每一课无论讲读还是自读都能持有赏析文字（可以按课分组重点鉴赏）。开始前，要有意识地给深长一些感性认识，并激发其兴趣。活动开始时，要给深长讲析一些不同类型、不同角度的赏文章。分析力求精美，归纳方法由浅入深，可仿可见，操作性强，力求引起学生创造的欲望。学生具体创作时，则引导学生从各个角度、各个方面选准突破点，拟出一个富有意味的标题。写出第一稿后，教师或集体或个别评点，指导学生修改。然后，同学间互相交流、评改。改定，挑出优秀者，按统一规格要求，组织学生设计图案、刻印或打印，妥为保存。待一个或数个单元完成后，即可装订成册。一册书读完，便形成了一套鉴赏文集，既保留珍贵的资料，又留下了同学们奋斗的足迹，给师生留下美好的回忆，为学生成才奠定一定的基础。

【材料示例】

1.鉴赏文章的一般技巧

这里所说的鉴赏文章是一个宽泛的概念。赏，既欣赏；鉴，既借鉴或鉴别。它是读过一篇课文后，就课文的思想内涵与写作技巧的某一个侧面，甚或是一词一字的妙用，一语一名的巧设，一景一意的奇效等等，进行分析评述的文字。它可以全面评价，但最好抓住某一点钻深钻透，析出令人惊语之处；它可以抓住思想闪光的一点，阐发文章的深刻处怎样得来的，可以就一个技法的运用现出的特点，一种词语得运用所有的效果来发幽掘微，给人以启迪。写这类文章，手法综合多变，可以叙，可以议，最好是夹叙夹议，根据主题可以用彩色浓烈的整句排偶，可以用逻辑严密地层层推导。笔法不拘一格，既有文艺性的多姿多彩，又有政论性的气势磅礴，还有说明性的晓畅清新。

写好鉴赏文章，一般要注意如下几点：

一是须反复咀嚼所鉴赏的文章，读出情，读出意，读出味。为了读懂原文，可以读一些与该作者作品有关的背景资料、作者简况、别人对该文的评论等。为了写好鉴赏文章，提高鉴赏水平，还可以读一点有关鉴赏的理论和指导的书刊。《名作欣赏》杂志就值得常读。

二是要思索。"俯而读，仰而思"，思出文章中某一令人忍俊不禁、拍案称奇之点，思出别人忽略而过而确实对人有启发价值之微，思出常说常新仁者见仁智者见智之处，并以此为写作的突破口进行写作。如对人物形象的分析，对情节发展的分析，对构思是否新颖、有无独创，语言有何特色与效用，论点提出方式的巧处，过程安排有何特点，语言风格怎样，说明技巧、说明观点等等的分析，也既凡是语文课中分析讲解所涉及的地方，都可以选出来作为评论点。

三是要做卡片资料积累。读和思的过程中要将有关的文句或思索的火花及时记在卡片上，以便成文时应用。

四是选定写法。鉴赏文章因其所评对象、内容不同，写法也应有别。一般地，评艺术技巧之类的，应用散文式的笔法。叙议结合，多形象性、证明性；评议论性的文章，应用散文式笔法，引议结合，多推理性。如重点讲解作品，可用分析法；如重在对作品成败优劣之点的探讨，可有评价法；如旨在表现读作品引出的由此及彼的联想，可用发挥法。就其形式而言，可以是笔记式、心得式、通信式、问答式、杂感式等等，不拘一格。

五是注意"叙（引）"与"议"的关系。"叙（引）"说明不了"议"的观点，都不好。"叙"的语言要简洁，可以用原文，可以用大意，但必须忠实于原文；"引"的语言要尽可能简短，但要以能说明观点而又不违背原文为度，不可断章取义。

六是拟一个漂亮的题目，注意语言的生动可读性。

2.鉴赏练笔活动指导示例

高中语文第一册第一课《雨中登泰山》鉴赏练笔选题指导。

本课是一篇散文，可以就"思考与练习"选五个点，拟题写鉴赏文章。拟题举例：

第一题，《借雨洗尘绘美景——浅议〈雨中登泰山〉的意境创设之妙》。着重分析文章是如何紧扣"雨"字，细描细绘，使雨中的泰山在作者眼中、笔下出现了奇观，何以"出现"这样的奇观，挖掘出作者热爱祖国山河的悠悠情怀，从而达到洗心涤怀、洁神净志、美化灵魂的目的。

第二题，《移步换点，层现奇观——〈雨中登泰山〉的写景艺术谈片》。课文中写景艺术很多，在此只选其以立足点不同写不同之景的方法进行分析。

第三题，《点面结合，远近相益，动静搭配，俯仰相宜——〈雨中登泰山〉所体现处的艺术辩证法》。要求就四个方面写出各自手法运用达到的辩证效果和展示出的艺术规律。

第四题，《简论〈雨中登泰山〉修辞之妙》。要求尽可能全面地找出文章所使用的修辞方法，然后，选取一两个重点方法加以细剖细析，找出运用之巧，效果之奇。

第五题，《安妥一个字，陡增千斤力——说〈雨中登泰山〉用字之秒》。要求选取几个用字妥当之例，结合语境进行细致、具体、深入地分析。可以正说、反说，进行比较，证明优秀文章一字不易的道理，说明文字的奇妙作用。

一篇优秀文章，其可供鉴赏、欣赏的地方是很多的，同学们还可以根据自己的阅读理解，选择其他突破点，进行协作。

四、天宽地阔总藏宝，心诚意挚字有诗

【活动目的】

诗，这个几乎与人类同时代产生的文学样式，伴随着人类成长，无时不在，无处不存。它是人类抒情达意的重要形式，是人类指挥的结晶。它以其独特的表现形式传达人类的喜、怒、哀、乐、欲望、鄙夷。中学生正处在诗的年华，诗的岁月，读过上百首古今中外的诗章，每每为"万条垂下柳丝绿"的春意所陶醉，常常被"黄河远上白云间"的气象所震惊；既被"国破山河在"激起强烈的爱国情思，又被"常恐秋节至"换起紧迫的奋斗意酾；还有"一片冰心在玉壶"，"直挂云帆济沧海"，还有好多好多的诗句，无不如涓涓清泉，荡涤着他们心中的俗尘，陶冶着他们的情操，拓展着他们的视野，丰富着他们的学识，激励着他们向更完美的人格迈进。他们每当读得情动意驰，或"怒发冲冠"或"溅泪""惊心"的时候，也总想那起神奇的笔湖，绘就心灵的颤痕。他们也想用美好的最精练的最准确的语言将那自己的观察、思考、情的浪花、心仪的闪光呈现在朋友面前，这是一个多么美好的愿望。组织他们一起来探寻一条通向诗的王国的光明之路，是我们义不容辞的责任。

我们期求通过这个活动，引导学生激活心灵的神光，去发现，去促长，去创造人类的美好境界、自然的美好境界，从而培养其积极向上的人生观、世界观，锻炼其执着追求的精神和坚毅顽强的品格。

我们期求通过这个活动，帮助学生发展读诗所活跃起来的创造欲望，使之变成艰辛但很幸福的创造行动，培养他们在活动中学习和探索，在社会生活中寻找诗，设法用文字表现诗的规律和技巧，也即培养和发展学生的观察、审美、选择和创造能力。

【具体做法】

活动前，由教师和部分热心的学生抄写刻印诗歌创作"成功经验示例"；再由教师精心编印供学生创作联系用的"素材"。活动开始，要求主持者以诗一般的语言报告活动的主题、意义及注意事项，创造诗歌氛围。在学生阅览"成功经验示例"的过程中，师生可以讨论；必要时，教师要做好点拨，尤其要注意让学生真切理解作者是如何在"平凡"的生活素材中发现了诗的矿藏，又是如何从这矿藏中炼出"金子"的，使学生在疑惑中产生"柳暗花明又一村"的喜悦。在实践创作练习过程中，可以搞竞赛，也可以放手让学生争论、辩驳，教师再视情况给予点津，使创造的火花越爆越亮，最后闪出一束光芒——创作出一批佳句。然后做总结评论讲话，对学生创作做恰如其分的评价，不妨多加赞美之词，让学生感到成功的喜悦，以再次激发学生的创作欲望。趁此东风，引导学生自己去生活中发现诗、创作诗，把短期活动变为学生的长期创造活动。

【材料示范】

1. 热爱生活总有诗，稚子少年亦有诗。

诗，在文学领域里，算得上是一种最高形式，它像文学皇冠上的宝石，闪烁着熠熠夺目的光辉。它"烛照三才，晖丽万有；灵祇待之以致飨，幽微借之以昭告，动天地，感鬼神"。有人会觉得诗是满腹才学之士的高级创造，中学生何敢涉足？其实不然，诗，象征青春少年，虽需才学，但只要热爱生活，愿意钻探生活的宝藏，舍得用心情去调和五彩，仍是会写出佳句妙章的。君不见晚唐韩渥八岁作诗，博得李商隐"雏凤清于老凤声"的雄心，金兑唱出"花间小燕随风去，也向云霄渐学飞"的壮志……当代几岁的儿童出诗集的不也大有人在吗？只要肯写，有一颗诗心，少年稚子尚有为，何况我们正在诗的年华呢？"莫道前程万里远，但肯学鞭有到时"。

2.锐目俊眼识奇境,妙心巧手留佳句。

写诗技巧很多,我们还是看几个前人写诗的佳例,以窥写诗窍门之一吧。

(1)雷抒雁见到闪电,触动了诗心,写道:"一匹白鬃野马/跃过黑色的围栏/咴咴长嘶/滚动在天边……"(想象奇特而形象)

(2)乔若鹏看到核桃,借以抒怀:"从秋天里得到的/只是满脸的皱纹么/不/还有一副成熟的大脑。"(类比巧妙,理趣十足)

(3)闻一多见黄昏而触诗兴:"黄昏是一头迟笨的黑牛/一步一步地走下西山。"(巧妙比喻,童趣若现)

(4)同时看到水,同学们却引发出了片段诗思:"宁化作瀑布来番凌空而下的壮举/也不愿身居高位庸碌一生","即使只有一滴/也能折射出阳光的七彩",无论足下是多么硬的土地,你却能溶进对它的深情。"

(5)看到水龙头,有个九岁的孩子说:"你不停地挥泪,谁欺侮你了?"

(6)尖刀缺月,小诗人说:"月儿举起金黄的钩子,勾起了我美丽的梦。"

(7)北风吹落树叶,台湾诗人林武宪说:"此风最喜欢和树开玩笑,害得树都笑弯了腰,连树叶都笑掉了。"

3.也把诗情勤培育,平凡之中觅佳句。

提供如下材料,请同学们观察、思考、触动诗情,激发灵感,写一两句诗:

一位幼儿在树下捡起一片一片落叶。

见到某老师房间里书架围住了四周。

观看电视里"斗鸡"的游戏。

当雷声在头上炸响的时候。

观看一副山水彩画。

见小鸟从空中飞过。

以"0"为触发灵感物，写一句诗。

当一个难关被你攻破时。

五、关于中学生阅读状况的调查

中学生课外阅读抽样调查报告

在经济竞争日益激烈的今天，青少年全方位素质的培养和提高自然引起了社会各界的高度注意，而作为培养学生全面素质的重要途径之一的课外阅读不能不引起我们极大的关注。

目前青少年学生课外读书读报情况如何呢？我们提出设想，设计了三十个题目，对部分学校中学生的课外阅读情况做了一次抽样调查。从收回的一千二百八十三份有效答卷中，我们觉得从一定程度上真实地反映了目前初中生的课外阅读现状的一个侧面，从中可看出一些值得思索的问题。下面根据调查的结果做一个综合的报告，并做一些粗浅的分析。

一

从调查看，中学生对课外阅读的热情是比较高的。一千二百八十三人中有百分之七十四的学生是喜欢阅读课外书刊的。充满青春活力的青少年追求知识，积极向上，兴趣广泛，视野开阔，是自然之规律，是可喜的。但是人人皆知，看课外书是需要时间的。而中学生的时间现状是怎样的呢？调查显示：学生用于听课和作业的时间都在八小时以上，大多数人在十小时以上，加上体育活动和吃饭时间，试想，学生还剩下多少时间可以用于课外阅读？尤其是面临中考、高考的学生，基本上就没有课外阅读的时间。他们每天用于上课和自习（包括兴趣小组辅导）达十三节课时之多，星期天、双休日已与他们绝缘，沉重的课业负担，使中学生们饭后、睡前还要做大量的作业，除必要的体育课以外，进行体育锻炼活动或搞些业余文化生活几乎成为奢侈的期盼。升学的竞争靠延长时间填压的模式呈向低年级甚至小学延伸的趋势。尽管如此，仍有部分学生对课外阅读的追求没有泯灭，内部的活力仍在奔突。我们看到课外读书日用时达六十分钟的仍有百分之二，达三十分钟的有百分之十六，在三十分钟以下的有百分之三十七，这个比例显然是太小了。从对现象的分析中，我们觉得情况十分令人忧虑。教育现状必须改观，要把学生从试题的汪洋大海中解救出来。学生在题海中挣扎的结果，只能是兴趣爱好被抹杀，广泛的追求被阻遏，造成知识面狭窄，心理状态畸形，厌学情绪日增，创造能力也几乎被扼杀，有的孩子甚至成了"高分低能"不会社会化生活的人，蓬蓬勃勃的青春火焰有被阻遏甚或熄灭的危险。这个问题，是值得教育界乃至全社会各界人士深思的。请不要忘记，青少年是21世纪的太阳，祖国未来的花朵，只有他们的素质全面提高，祖国的未来才有希望，花朵才能越开越艳，青春的火焰才会越烧越旺，民族才更有希望。对这一点，据我们了解，大多数老师认识是明确的，但是他们奈何不了学校的评比和社会的压力。我们感到对素质教育不能真喊假做，或只喊不做，而要实实在在有政策有措施，下真功夫地去实施。

二

提到课外阅读，便自然而然想到了书的来源问题。据经济发达省份抽样统计，百分之三十四的学生是靠买书来得到课外读物的。而所买的书籍则有百分之七十以上属于与各学科直接相关的"辅导类"书；学生月消费用于买书的在十元以下者占百分之七十三，月购书五十元以上者占百分之四；有百分之六十的学生称向朋友和同学借书是得到课外读物的重要途径，另有百分之六的学生也向书摊租书看，向学校图书馆借书看的仅占百分之二十三，在阅览室读书的占百分之二十八。以上统计数字都是在第一部分所述有限的课外阅读时间内的情况。由此我们发现两个问题：一是学校图书馆、阅览室藏书是否够学生阅读，有多少适合学生阅读。据我们了解，有些学校图书储量远远达不到规定的最低要求，且陈旧率高，借阅限制太多，不利于借阅。第二，就目前经济发展状况看，家庭收入较高的也为数不少，而智力投资、文化建设的资金与用于吃穿及娱乐消费比起来，则不成比例。有人在吃穿上一次可消费几千成万元，而在图书购置上却十分吝啬，甚至空白。

人的成长不可无书，成功不能无知。作为学校就应该努力营造一种读书的环境氛围，提供足够的图书供学生阅读，并注意存书更新，及时补充。学校也应引导学生购置自己的图书、订阅报刊，培养学生爱书的情趣和习惯。家长也应努力地不断提高文化档次，舍得为孩子搞智力投资，支持孩子购书订报、读书长智，让我们的青少年能徜徉在好书的海洋里，饱吸智慧的灵光，激起创造的欲望，撞击出生命的火花，使青春的岁月沐浴在五彩的阳光下，使学生在主动的、欢快的、乐趣无穷的读书生涯中孕育青春的能量，燃起建设祖国的熊熊烈焰。

三

在诸多的书类中，同学们对什么书热情最高呢？统计表明，喜爱文艺类书刊的占百分之四十五，占绝对优势。在文艺类书刊中，关注最多的是小说；在小说中，武侠小说被阅读率最高。什么《碧玉剑》啦，《射雕英雄传》啦，《神雕侠女》啦，在"写出你读过的书目"一栏中提及率高达百分之八十六，男同学几乎人人过目。言情小说在中学生中也是热门书，提及率较高的有《恋爱》《初恋》《吻》《我是一片云》等。令人觉得需要提及的是同学们对20世纪五六十年代教育和塑造过一代人的被团中央列为爱国主义教育图书的作品却无人读过，如《红日》《红岩》《青春之歌》《林海雪原》《保卫延安》等，竟无一人提及，而对当代作品如获茅盾文学奖的作品、反映改革开放的作品，无一人提到。这说明一个什么问题呢？误导乎？放任乎？无书源乎？令人思索，不能不引起人们的重视。

对文学名著的阅读，中学生的热情并非没有。中国四大古典小说，答读过的同学还是比较多的。但对答卷稍加分析，便知有些同学答读过，可能是读过书皮或听说过，对作者、书中人物则一概不知，更不知道故事情节。对于外国文学名著的阅读，中学生还是比较喜爱的，如有百分之十一的同学能列出夏绿蒂·勃朗特的《简·爱》，小仲马的《茶花女》，马格丽泰·密西尔的《飘》，雨果的《巴黎圣母院》《悲惨世界》等书中的一种或几种。相比之下，显得读中国作品的少，读外国作品的相对多一些，尤其对中国现当代作品几乎无人问津。是不是外国的月亮就是比中国的圆？这是不是从一个侧面映现了社会上流行的出国热、外语热的过激风？不管如何，我们觉得一个人还是应该有祖国的。连自己的国家、自己民族的作品都一无所知，你即使出了国，又会成为什么样的人呢？我们是不是该研究祖国的语言文字呢？这不能不引起我们的诸多思考！

中学生对科技物比较关心，是令人欣喜的。据统计，表示喜欢科技物的占百分之四十一，除文学艺术外它是列为第二的。这说明，中国的科技发展还是有前途的，科技的大旗将被21世纪的栋梁把它高高擎起，用科技来振兴我们的伟大祖国是大有希望的。

在调查中，我们发现学生对哲学、政治、经济类书籍普遍不感兴趣。这固然是由于年龄的原因占主要因素，但我们觉得作为学校仍应该加强这方面的引导和指导，培养学生产生对哲学、政治、经济的兴趣。随着改革开放步伐的加快，中学生课外阅读兴趣应该日趋广泛，他们不仅要消遣，还应该关心政治、经济等等。对于每个人来说，视野应尽量广阔，政治仍需关心。因为政治这一问题体现了一个国家的总体思想，政治上的认识提高了，考虑问题才会周全。我们不是常说，虽是一个军事家，但也必须具备政治头脑吗？任何一个有作为的人，无论从事什么职业，都应有政治头脑。

总之，就学生课外阅读内容来看，是有喜有忧的，我们不能忽视。如果不加注意，学生被不够健康的东西引入歧途，而引导人健康发展的书刊又不补上，青少年的花蕾将会枯萎，青春的火焰何以燃烧得璀璨呢？

四

根据调查，家长和教师完全反对学生阅读课外读物的为数不多，完全支持的家长占百分之二十一，教师占百分之六十二，放任不管的家长占百分之五十二，教师占百分之三十三，反对的家长占百分之三十七，但根据座谈情况看，家长和老师完全支持也是看与课程有关的辅导书。有的家长怕子女看了不健康的书籍或与课本风马牛不相及的书，分散学习的注意力，影响学习成绩，这好心虽可以理解，但采取"堵"的办法禁止，而又缺少必要的理性方法指导，使学生产生大人越禁的可能是越有趣的错觉，是不妥的。教师受考试指挥棒的束缚，对学生课外阅读也缺乏必要的指导和正确的引导，有些课外兴趣小组实际上变成了尖子生"补课"小组。学校和教师因反对不正之风"乱收费"的教条化，也不敢组织学生订书订报，而学生的课外阅读仅有的一点也是呈自由发展状态。所以，初中生跟随社会"炒"风转，随俗现象特别严重，武侠言情等通俗读物流行，甚或有不少学生热衷于荒诞的卡通画（喜爱者占百分之三十二），而应该阅读的书却没有得到及时的引导和指导，更谈不上阅读方法了。调查显示，学生阅读中能做摘记或写心得的仅占百分之一。不少学生只是把课外阅读当作消遣，而没有自觉地把它当作了解社会、认识世界、获得知识、提高能力的事去做。因而出现了一些令人忧虑的事。

为此，我们建议：

第一，切切实实抓素质教育，给中小学松绑，让学校和老师从狭隘的升学竞争中解放出来，把学生从应试教育的怪圈中解放出来。让老师们能安心地研究全方位地提高学生素质的问题。让学生能生动活泼地读书求知长智。

第二，学校和各社会团体要切实把课外读书指导拿到手上，认真研究，认真地做。因为，一本书就是青少年的一位引路人。一个青少年将来走什么路，形成什么性格，发展什么特长，在很大程度上说，是与读什么书有关的。我们千万不可忽视读书对育人的作用。要用健康的书籍教育人，用伟大的精神鼓舞人，用英雄的形象塑造人，用美好的作品感染人。老师要十分重视阅读指导，从选书到方法都要有计划地引导，通过开展各种有趣的活动，推动课外读书风气的形成。

第三，学校要把图书馆建设放在重要议事日程上来，认真清理库存图书，及时购进新书、缺书，制订图书教育计划，实施读书教育工程，改革图书管理制度，使之有利于学生阅读，有助于学生阅读，促进学生阅读。

第四，严格按教育部教学计划开课和安排日作息时间，把属于学生支配的时间还给学生，让学生有时间读书；把学生的课业负担减下来，让学生有精力读书。

第五，出版界多出利于青少年成长和适合青少年阅读口味的图书报刊，并且降低书价，为学生提供精优食品。而对一些不良书刊则应禁止发行或限制发行。我们热切盼望社会各界特别是教育界重视利用图书报刊教育下一代，为学生们出更多的精品图书，造福社会。

参考文献

中华人民共和国教育部：普通高中语文课程标准（2017年版）［M］.北京：人民教育出版社，2018年版.

中华人民共和国教育部：普通高中语文课程标准（实验）［M］.北京：人民教育出版社，2003年版.

倪文锦，欧阳汝颖：语文教育展望［M］.上海：华东师范大学出版社，2002年版.

尹道恩：中学语文教学建模［M］.南宁：广西教育出版社，2003年版.

王尚文：语文教学对话论［M］.杭州：浙江教育出版社，2004年版.

田瑞云，刘永慧：语文教育行为论［M］.青岛：青岛海洋大学出版社，2002年版.

曹明海：语文教育智慧论［M］.青岛：青岛海洋大学出版社，2001年版.

李冲锋：语文教学范式［M］.北京：华龄出版社，2006年版.

何更生，吴红耘：语文学习与教学设计［M］.上海：上海教育出版社，2004年版.

查有梁：课堂模式论［M］.桂林：广西师范大学出版社。2001年版.

魏国良：高中语文主要文本类型教学设计［M］.上海：上海教育出版社，2007年版.

何善亮：有效教学的整体构建［M］.北京：高等教育出版社，2008年版.

曹明海：语文教学本体论［C］.济南：山东人民出版社，2007年版.

曹明海：语文教学解释学［C］.济南：山东人民出版社，2007年版.

曹明海：语文陶冶性教学论［C］.济南：山东人民出版社，2007年版.

曹明海：语文教育观新构建［C］.济南：山东人民出版社，2007年版.

曹明海：语文新课程教学论［C］济南：山东人民出版社，2007年版.

王文彦，蔡明：语文课程与教学论［M］.北京：高等教育出版社，2006年版.

朱绍禹，傅永安，刘淼：语文课程与教学论［M］.北京：中国社会科学出版社，2007年版.

倪文锦：高中语文新课程必修课的学与教［M］.上海：华东师范大学出版社，2004年版.

李秀伟：唤醒情感–情境体验教学研究［M］.济南：山东教育出版社，2007年版.

刘绪菊：启迪智慧–问题探究教学研究［M］.济南：山东教育出版社，2008年版.

广东教育厅教研室：高中语文新课程语文优秀教学设计与案例［M］.广州：广东高等教育出版社，2005年版.

史建筑：走进名师课堂［M］.济南：山东人民出版社，2008年版.

吴冰沁，张志刚，孟祥英：走进高中语文教学现场［M］.北京：首都师范大学出版社，2008年版.

王荣生：高中语文新课程课例评析［M］.北京：高等教育出版社，2006年版.

孙绍振：孙绍振如是读作品［M］.福州：福建教育出版社，2007年版.

孙绍振：名作细读［M］.上海：上海教育出版社，2006年版.

王先霈：文学文本细读讲演录［M］.桂林：广西师范大学出版社，2006年版.

褚树荣：教室的革命［M］.杭州：浙江教育出版社，2002年版.

褚树荣：高中阅读教例剖析与教案研制［M］.桂林：广西师范大学出版社，2005年版.

后　记

　　阅读教学是语文教学的重点之一，也是难点之一。有些老师上课，学生很喜欢参与，因为一听就有收获，不但有知识的长进，更有思想的启迪。某些缺乏经验的老师，真还是"多上一节少上一节没有区别"或者"你不上我还喜欢读，你一上我就很不喜欢读了"。

　　语文阅读课需要研究。阅读课怎么才能上好更需要研究。多年来，我一直心存困惑，也一直苦苦求索，希望把语文阅读课上得好，成为学生喜欢的、对人有更大帮助的语文课。我曾经研究过阅读能力培养知识点，曾经构建过主体阅读学习论，其间发表过一系列的文章，或阐释我的主张，或陈述我的实验，或呈现我的案例，孜孜以求、矻矻探索。2007年，新课标颁布后，面对新的教材呈现形式，我开始听课、思考，从阅读课的呈现形式入手，探索这些阅读课到底应该怎么上。于是申报了课题"文本研习、问题探讨、活动体验高中语文三课型研究"，购买了有关课型、有关文本研习、有关问题探讨、有关活动体验等涉及语文教学以及学生教育等方面的大量图书，认真阅读，仔细研究。同时，自己设计教学，实践教学，也去各种课堂听课。陆陆续续，积累了几十篇课例，自己也发表了十几篇文章。在此基础上，形成了十万字的结题报告。

这个结题报告放在那里，时不时地拿出来看看，拿出来改改。经过几年的敲敲打打，慢慢扩容到四十几万字。自己看看，又觉得庞杂，再次修改，缩减到二十万字。时至"2017年课程标准修订版"出版，根据新的文件精神和新的研究思考，又再次做了些修改。恰值宁波市社科院2018年度社科专著出版资助征集项目，我又拿出书稿，再做了一次整理，申请资助出版，以就正于方家。也暗中想，若能对一线教师特别是年轻教师有所帮助，那岂不是好事一件。书稿送上去，宁波市社科院的王世龙老师鼓励我"好好研究"，社科院领导对我的研究也做出了肯定，成为基础教育界唯一获得资助资格的著作。想到宁波社科院，我心底深存感谢之意。2014年宁波社科院就曾资助我出版了《多维互动写作教学的理论与实践》一书。这次再出一本关于阅读教学方面的书，便可以把我关于语文教育领域里的两大分支写作和阅读教学的实践与研究做一小结了。

做一个称职的语文老师，是我一直以来的工作目标。做语文教师，必须会阅读，会写作，也必须会教阅读，会教写作。四十年来，我一直这么努力着。买书、读书、写作，成了我生活中的一种状态。经常读、经常写，让我感受到，一个老师要养成思考的习惯，思考与不思考不一样，思考了说与不说不一样，说了写与不写不一样。前几天在山西讲学，谈到了我的这个体会，会后，教育局局长鼓励我："因为记住了这句话，我记住了一位叫'纪勇'的老师。"我出版了阅读与写作的这样两本书，有家《作文与素材》的刊物2014年起为我开专栏，刊发写作讲座，第一系列四十八讲已经刊发完毕，但研究还在一直继续。我还想修改完善一部《践行明师之路》，对做好语文教师做另一个层面的思考。我认为教师的角色定位，首先是教育工作者，其次才是学科教师。

感谢冯铁山教授和崔仁发教授的热情推荐和鼓励！

感谢山西北岳文艺出版社的续小强社长、曹韧老师、薄阳青编辑，他们为我的著作出版付出了巨大的辛劳！

感谢几十年来为我的成长付出心血的老师们！每到著作出版，我首先想到的是从小学到大学教我读书写作的老师们，庞大举老师、岳松茂老师、李兴军老师、陈继先老师、张杰老师、刘生良老师、郭敏厚老师、李中合老师、李继高老师、杜春峰老师……

感谢为我的学习与研究提供支持的各位领导、同事、编辑、专家和同行们！

尤其是我的同事潘爱华老师，我们共同做过活动体验课研究，共享过许多资料。关于"活动体验"课的研究也应用了她提供的某节材料，书中还引用了一些老师的课例，在此深表谢意！

由于本人学力有限，许多问题都还没有探索得十分清楚，写着写着，又不断发现需要研究的问题还很多。书中的错讹之处需要商讨之处肯定还有，希望读者诸君多提宝贵意见，以便我日后完善，不胜感激！

2018 年 8 月 30 日